KB233065

세종조 종교 문화와 세종의 종교 의식

세종조 종교 문화와 세종의 종교 의식

금 장 태

차 례

Ⅰ. 종교 사상과 시대 의식 ·· 9

Ⅱ. 시대 상황과 종교 사상의 일반적 성격 ················ 15
　1. 시대 의식과 종교적 상황 ································· 17
　2. 종교 교단의 현실과 대중 신앙의 양상 ············· 27

Ⅲ. 세종 시대의 유교 ·· 35
　1. 성리학의 수양론 ·· 37
　　1) 세종 시대 성리학과 수양론의 인식 배경 ········· 37
　　2) 변계량(卞季良)의 '중도[中]' 원리와 수양론 ········· 39
　　3) 윤상(尹祥)의 성리설과 수양론 ···················· 47
　　4) 도학적 수양론과 독서법 ·························· 52

　2. 정통론(正統論)과 벽불론(闢佛論) ···················· 58
　　1) 정통론과 치도(治道) ······························· 58
　　2) 유신(儒臣)들의 벽불론(闢佛論) ···················· 63
　　3) 김숙자(金叔滋)의 벽불론 ·························· 72

　3. 예학(禮學) 체계와 악론(樂論) ···················· 78
　　1) '예·악(禮樂)' 개념의 이해 ···················· 78

2) 의례의 교화 기능과 쟁점 ·········· 82
3) 오례(五禮)의 정립과 제천(祭天) 의례의 문제 ·········· 88
4) '악(樂)'의 이해와 아악(雅樂)의 정리 ·········· 94

4. 의리론(義理論)과 도덕론(道德論) ·········· 98
1) 혁명론의 도덕 의식 ·········· 98
2) 강상론의 도덕 의식 ·········· 104
3) 도덕 규범의 사회적 확산 ·········· 109

Ⅳ. 세종 시대의 불교 사상 ·········· 113

1. 불교 교단의 활동과 현실 ·········· 115
1) 불교 교단의 억압과 허용의 양면성 ·········· 115
2) 왕실과 유신(儒臣)들의 호불(好佛) 활동 ·········· 119
3) 불교 교단의 활동 ·········· 123

2. 함허(涵虛)의 불교 교리 인식 ·········· 130
1) 선·교회통(禪敎會通)의 학풍 ·········· 130
2) 반야(般若)의 개념과 성격 ·········· 135
3) 반야의 구현과 수행 ·········· 140

3. 유교(儒敎)·불교(佛敎)의 조화론 ·········· 143
1) 유불 조화론(儒佛調和論)의 배경 ·········· 143

2) 조선 초기의 유불 조화론 ····································· 145

3) 함허(涵虛)의 유·불 조화론 ································· 149

4) 《유석질의론》의 유불 조화론 ····························· 161

5) 유·불 조화론의 특성 ····································· 175

V. 세종 시대의 도교(道敎)와 민간 신앙 ····················· 179

1. 소격전(昭格殿)과 재초(齋醮) ····························· 181

1) 소격전의 위상 정립 ····································· 181

2) 소격전의 구조와 직제 ··································· 183

3) 소격전의 제사 의례 − 재초(齋醮) ······················· 186

4) 지방의 태일전(太一殿)과 강화도 마리산(摩利山)

참성단(塹城壇) ··· 190

2. 조선 초기의 도교 사상 ··································· 192

1) 삼봉(三峯)과 양촌(陽村)의 도교 사상 이해 ··············· 192

2) 단학 도맥과 매월당(梅月堂) ····························· 196

3) 매월당(梅月堂)의 도교 사상 이해 ······················· 200

3. 자연 신앙과 민속 신앙 ··································· 211

1) 자연신과 제사 ··· 211

2) 풍수·도참 신앙 ······································· 214

3) 무 속 ··· 219

VI. 결론－세종 시대 종교 정책과 종교 사상의 특성 ·········· 225

참고문헌 ··· 231

Ⅰ. 종교 사상과 시대 의식

Ⅰ. 종교 사상과 시대 의식

우리 민족의 역사 속에서 조선 왕조 초기인 세종 시대라는 특정한 시대의 종교 사상을 해명한다는 과제는 몇 가지 문제점을 지니고 있다.

첫째, 한 시대의 종교 사상은 그 시대의 특정한 인물들의 종교 사상을 포함하지만, 동시에 시대 사회의 사상적 흐름으로서 구별되지 않을 수 없다. 물론 학자나 사상가 개인의 종교 사상이 그 시대의 사상적 조류와 분리되어 동떨어져 있을 수도 없고 한 시대의 사상이 개별적 인물의 사상을 떠나서 고유하게 존재하는 것이라 보기도 어렵다. 그만큼 시대 사조와 개별 사상가는 서로 영향을 주고받으면서 각각의 성격과 위치를 가지기 마련인 것이다. 따라서 때로는 개인의 종교 사상이 시대 사회의 종교 사상적 흐름을 앞서가기도 하고 방향을 이끌어 가기도 하며, 또는 시대 사조를 비판하거나 저항적 투쟁을 전개하는 경우도 있다. 마찬가지로 시대 사조가 개인의 종교 사상에 영향을 주어 그 사상 형성의 배경을 이루기도 히며, 또는 제약 조건이 되어 한계를 결정하기도 한다. 여기서 세종 시대의 종교 사상을 해명한다는 과제는 곧 세종 시대의 전반적 종교 사상 조류와 개별 사상가의 종교 사상이 지닌 특성을 양면적으로 접근해야 하며, 동시에 이 두 입장이 서로 어떻게 작용하는가에 관심을 가지면서 탐색되어야 할 것이다.

둘째, 한 시대의 종교 사상이 지닌 사상사적 성격을 이해한다는 과제는 종교 사상에 초점을 맞추어 조명해야 하지만, 동시에 종교 사상과 상관된 다양한 문화 현상에 대하여 시각의 폭을 얼마나 넓게 가질 것이냐 하는 문제가 있다. 종교 사상은 물론 사상사의 범위 안에서도 하나의 특수한 영역으로 자리잡고 있는 것이다. 그러나 한 시대의 현실 속에는 언제나 종교와 다른 사회 현상 내지 문화 현상이 서로 깊이 상호 작용하고 연관성 속에 존재하게 된다. 따라서 종교 사상도 그 확대된 무대로서 사회·문화 현상과 상호 조명할 때 더욱 명확하게 그 특성을 밝힐 수 있을 것이다. 더구나 한 시대의 종교 사상을 그 시대의 문화 현상 전반에서 추출해 낼 수 있는 공통된 사유 구조에서 귀납시킬 수 있다면 보다 명확한 시대성과 현실성을 드러낼 수 있을

것이다. 세종 시대도 새로운 왕조를 건설하는 과정에서 형성되었던 다
양한 문화 영역에서 창조적 활력이 넘치던 시기였던 만큼, 이 시대의
정치·사회·제도·과학·철학 등 그 사회·문화 현상의 다양한 폭에
서 종교 사상과의 상관성이 해명되어야 할 필요가 있다.

셋째, 한 시대의 종교 사상은 언제나 하나의 획일된 이념이나 사유
체계로 집약될 수 있는 것이라 보기는 어렵다. 오히려 개인의 종교적
의식이나 시대 사상에는 언제나 상이한 입장 내지 체계가 복합적으로
구성되어 나타나는 경우를 볼 수 있다. 신념 내지 신앙의 의식 내면에
자리잡은 가치관에 대한 관심과 사회적 기능과 조직이나 제도에 대한
관심이 서로 만나며, 주어진 가치 체계를 유지하려는 보수적 의식과
새로운 이상을 실현하려는 개혁적 의식이 부딪치게 되는 것이 현실이
다. 세종 시대의 종교 사상도 단순화하여 획일된 사상 체제로 귀결시
켜 파악하면 무리가 생기기 쉽다. 이를테면 유교 사상과 불교 사상이
상당한 긴장 속에 갈등하고 있는 모습을 엿볼 수 있으며, 유교 속에도
다양한 입장과 과제가 균형을 찾아 운동하고 또한 불교 속에도 복합
된 입장들이 일어나고 사라지는 현상을 발견할 수 있다. 유교와 불교
중에 그 시대의 주류가 무엇인가를 밝히는 것도 의미 있는 일이겠지
만, 오히려 그 시대에서 이처럼 상이한 사유 체계나 신념들이 어떻게
균형을 이루고 사회 전체적 사상 체계 속에 자리잡고 조정되고 있는
가를 이해하는 것이 더욱 중요한 의미를 지니는 것이라 하겠다.

넷째, 조선 사회는 다양한 종교 사상이 복합적 상관 관계를 이루며
유지되고 있는 사회였으며, 이에 따른 조선 왕조의 사회 체제를 정립
하는 과정에서 세종 시대는 국가의 종교 정책이 적극적으로 제기되고
있는 시기였다. 특히 체제 교학(體制敎學)을 뒷받침하는 유교 사상과
고려 사회의 전통에 확고한 기반을 두고 있는 불교 사상 및 서민 대
중신앙 속에 더욱 깊이 뿌리를 박고 있는 도교·무속·풍수·도참 등
이 다양한 사회 계층과 요구에 상응하여 복합적으로 기능하고 있는
것이 현실이었다. 특히 세종 시대는 조선 왕조의 초기에 새로운 왕조
의 질서를 정착시키고 다양한 문화를 계발하여 꽃피게 하였던 시기라

는 시대적 중요성을 지니고 있다. 여기에 또한 조선 왕조가 단순히 왕권 교체의 정치적 역성 혁명(易姓革命)을 통한 새로운 왕조일 뿐만 아니라, 고려 왕조의 문화적 전통기반인 불교 이념을 유교 이념으로 개혁하는 이념적 혁명을 추구하는 신왕조라는 사실에서 조선 왕조 초기의 정착 과정은 사상사 속에서 더욱 중요한 의미를 지닐 수 있는 것이다. 이러한 시대에서 조선 정부는 한편으로 통치 이념인 유교적 이상을 제도적으로 정착시키기 위한 정책과 더불어 사회적 안정과 조화를 확보하기 위한 종교 정책이 제기되었다.

세종 시대는 조선 왕조 초기에서도 사회적 안정화를 확립하기 위한 적극적 정책이 요구되는 시기였다. 太祖(태조)의 건국에서 태종(太宗)의 재위 기간까지의 28년간이 조선왕조의 첫 세대라면 세종(世宗)이 재위하였던 32년간은 두 번째 세대에 해당된다. 곧 태조·태종 시대는 창업기(創業期)였다면 세종 시대는 수성기(守成期)라 할 수 있으며 역사적 내지 사상사적 과제도 개혁을 위한 갈등과 투쟁보다 안정을 위한 질서와 조화의 모색이 중심적 흐름을 이루었다고 볼 수 있다.1) 그러나 세종 시대에서 수성(守成)을 통한 안정은 보수적 고착화가 아니라 왕조 초기의 정비 작업이요, 조정 과정이며, 창조적 건설이요, 사회 이상을 구현하기 위한 집중된 노력의 과정이었다. 따라서 앞으로 나가기 위한 추진력과 넓게 퍼져 나가기를 지향하는 팽창력이 넘치는 활력적인 안정의 모색으로 보인다. 따라서 이러한 생동적 시대에는 고요히 마음을 관조하는 정관(靜觀)의 내향적이고 사변적인 종교 체계가 두드러지게 나타나지 않을 뿐 아니라 이론적 분석의 사변적 추구보다는 구체적 현실 속에서 실천적 행동 규범을 제공하는 종교 사상이 절실하게 요구되고 있었음을 엿볼 수 있다. 여기에 세종 시대의 종교 사

---

1) 세종 시대를 수성기(守成期)로 파악하는 인식은 일찍이 세종 원년 변계량(卞季良)이 올린 봉사(封事)에서도 나타나고 있다. 그는 태조 시대를 창업기로, 태종 시대를 창업과 수성이 병행하는 시기로, 세종 시대를 수성기로 제시하고 있다.
《춘정집(春亭集)》 권7, 영락(永樂) 17년 7월일 봉사조(封事條) ; "我太祖專於創業, 我殿下專於守成, 我上王殿下則兼乎創業與守成矣, 創業之時貴乎進取, 守成之日貴乎安靜."

상이 지닌 특성과 가능성이 확인될 수 있으며, 동시에 이론적 심화를
이루는데는 한계가 있음이 또 하나의 사실이다.

Ⅱ. 시대 상황과 종교 사상의 일반적 성격

1. 시대 의식과 종교적 상황

세종 시대는 유교를 통치 이념으로 건국한 조선 왕조의 정치적, 사회적 이상을 제도적으로 정착시켜 가야 한다는 과제를 수행하였던 시기였다. 곧 안으로는 사회 제도를 정비하고 국가 체제를 확고하게 정립하며 민생을 안정시켜야 한다는 요구가 제기되었으며, 밖으로는 중국과의 외교 관계를 순조롭게 유지하고 끊임없이 노략질을 하는 북방의 여진족이나 남방의 왜구(倭寇)에 대해 군사적 방어와 외교적 통제가 요구되었다. 이에 따라 세종 시대는 안팎으로 산적한 과제들과 문제들에 대해 그때그때 응급 대책을 강구하는데 머물고 있는 것이 아니라, 사회 전반에 걸쳐 다각도로 조망하며 당면 과제의 근본적 구조를 통찰함으로써 그 해결책을 체계적으로 찾아가야 한다는 시대적 요구에 능동적으로 대응하였던 것이다. 따라서 그만큼 이 시대는 새로운 왕조 국가의 안정된 기반을 확립한다는 투철한 시대 의식을 지녔던 것이며, 이러한 시대 의식은 통치 이념에 대한 확고한 신념과 사회 질서의 이상에 대한 명확한 가치관을 확보하고 있었던 것이다.

물론 이 시대의 국가적 이념과 가치관은 통치 원리를 제공하는 유교 이념에 근거한 것이었지만, 동시에 사회 저변에 광범하고 두터운 층을 형성하고 있는 다양한 종교적 신념들을 통제하고 조절하고 조화를 이루며 추구되지 않을 수 없었다. 이에 따라 세종 시대는 기본적으로 유교 이념을 정치적·사회적으로 구현하는 다양한 제도적 장치를 확보해 가면서 동시에 유교 이념의 이상으로서 왕도 정치를 실현함으로써 사회 의식의 기반을 확립하고자 추구하였던 것이다. 그러나 동시에 이 시대는 불교·도교·민간 신앙 등 다양한 종교적 신념들을 한편으로 유교의 통제 속에 두기 위해 강력히 견제하면서, 다른 한편으로 사회적 안정을 위해 조화를 추구하지 않을 수 없는 상황이었다. 세종 시대의 종교 사상을 폭넓게 이해하기 위하여 먼저 이 시대의 다양한 정치·사회·문화적 문제 의식과 해결 방법을 살펴봄으로써, 그 기초 위에 종교적 상황이 처한 위치와 변동하는 방향의 성격을 이해하는 데로 접근해 볼 수 있을 것이다. 이 시대의 사회적 과제는 (1) 제도적 정비, (2) 문화적 자기 인식의 심화, (3) 민생과 산업 기술의 확보, (4) 교화 체제의 정립이라는 4가지 영역으로 나누어 볼 수 있다.

(1) 제도적 정비: 세종 시대는 건국 초기의 수성기(守成期)에 해당하는 시기였으며, 따라서 조선 왕조의 유교적 통치 이념을 구현하기 위한 통치 제도를 정비하고 보완하고 정립하는 것이 중요한 과제였다. 이미 건국 직후부터 국가 제도를 체계화하기 위해 적극적인 관심과 노력이 기울여져 왔던 것이 사실이다. 곧 태조 때 혁명의 중심 인물이었던 정도전(鄭道傳)은 《조선경국전(朝鮮經國典, 1394)》과 《경제문감(經濟文鑑, 1395)》을 편찬하여 조선 왕조의 제도를 유교 이념에 따라 체계화하는 기본 설계도를 작성하는 중요한 작업을 수행하였다. 《조선경국전》은 《주례(周禮)》의 6관(六官)제도의 구조를 계승하여 조선 왕조의 기본 행정 구조인 6조(六曹)의 기능과 역할에 대해 6전(六典)으로 구분하여 치밀하게 제시하였다.2) 그리고 《경제문감》에서는 중국의 역사 사료를 통하여 재상(宰相)을 비롯한 행정 조직의 각 직책이 맡아야 하는 직무와 그 복무 자세의 규범적 특성을 중심으로 검토하고 있다. 특히 군왕의 독재가 아니라 행정의 실권을 재상에게 위임하도록 요구하여 재상의 역할을 강조하고 있다. 또한 《경제문감별집(經濟文鑑別集, 1396)》에서는 군왕의 임무와 역할에 대해 역사서의 많은 사료들을 검토함으로써 유교 이념에 근거한 통치 제도의 이상적 모형을 규

---

2) 《주례》의 '6관'은 천관(天官)·지관(地官)·춘관(春官)·하관(夏官)·추관(秋官)·동관(冬官)이요, 조선 시대의 '6조'는 이조(吏曹)·호조(戶曹)·예조(禮曹)·병조(兵曹)·형조(刑曹)·공조(工曹)이고, 정도전이 제시한 '6전'은 치전(治典)·부전(賦典)·예전(禮典)·정전(政典)·헌전(憲典)·공전(工典)으로 제시되고 있다.

정하였다. 뒤이어 조준(趙浚) 등에 의해 편찬된《경제육전(經濟六典, 1397)》은《방언육전(方言六典)》이라고도 하는데, 조선 건국 초에 시행되는 법전으로 정립한 것이다. 태종 때에는 하륜(河崙)·이직(李稷) 등이《경제육전》을 다시 편찬하여《원육전(元六典)》과《속육전(續六典)》을 이루어 제도의 정비와 보완을 계속해 갔다. 그러나 태조~태종 시기의 창업기에 법전이 마련되었을 때 그 기본 원리는 새 왕조의 통치 이념을 담고 있다고 하지만, 건국 초기의 사회적 격변에 따라 법전의 불완전함과 모순됨이 노출되지 않을 수 없었다. 따라서 법전에 대해 부단한 보완과 개혁이 요구되었던 것이다.

수성기에 들어선 세종 시대에도 법전의 정비가 현실적 중요 과제로 대두되어 있었다. 이에 따라 세종은 육전수찬색(六典修撰色)이라는 기구를 설치하고 이직(李稷)·이원(李原)·맹사성(孟思誠)·허조(許稠) 등으로 하여금 법전을 정리하게 하였다. 이들은 선대 임금이 제시한 법전인 조종(祖宗)의 성헌(成憲)으로서 영구적인 법인 '전(典)'으로《원육전》과《속육전》을 재정리하고, 그 시대에 따라 변화 가능한 법으로서 영구적 법이 아닌 '녹(錄)'으로《원전등록(元專藤錄)》을 편찬하였다.3) 여기서 '전'을 통해 선대 임금이 제시한 법전을 존중하여 계승하려는 법률 제정의 '지속 원리'가 정립되고 있음을 볼 수 있으며, 동시에 민중의 보호와 현실에 적합성을 확보하기 위하여 법의 보완을 계속해 가는 법제정의 '개정 원리'가 추구되고 있음을 보게 된다. 그것은 항상성[常]과 가변성[變]의 구조요, 이(理)와 기(氣)의 서로 의존하고[相資] 서로 근거하는 [相須] 성리학적 논리와 일관하고 있는 것이다.

---

3) 세종 시대에 와서 영구히 시행해야 할 법전[經久之法]으로서의 '전(典)'과 일시의 편의에 따라 임시로 시행하는 '녹(錄)'으로 구분하여 법전을 편찬한 것은 우리 나라 역사상 처음으로 하나의 새로운 법전 편찬의 원칙이 세워진 것이고 법전과 법령집을 구별하게 된 것으로 입법 기술의 진전이라고 지적되었다. 朴秉濠,〈法制度面에서 본 世宗朝文化의 再認識〉,《世宗朝 文化의 再認識》, 한국정신문화연구원, 1982, 118쪽 참조.

조선 왕조는 건국 초기부터 민생(民生)의 근본이요 국가 재정의 기반인 토지 제도의 개혁에 노력하여 소수의 특수층이 많은 토지를 소유하는 과점(寡占) 현상을 바로잡아 공전제(公田制)의 원칙 아래 사회의 경제적 균등과 균형을 추진하여 왔다. 세종은 국가의 경제적 질서를 정착시키기 위하여 전제상정소(田制詳定所)라는 기관을 두고 토지와 조세 제도의 합리화를 추구하였던 것이다. 여기서 토지의 등급을 6등으로 나누고[田分六等] 그 해의 수확 정도를 9등으로 나누었으며[年分九等] 이에 기초하여 세법(稅法)을 제정하였다. 이러한 토지 제도 및 조세 제도의 정리에 힘입어 국력의 기반을 이루는 가장 넉넉한 국가 재정을 확보할 수 있었다.

법률 제도나 토지 제도가 국내 정치[內治]의 문제라면 명나라에 대한 외교나 외적(여진과 왜구)의 침략을 막고 국경을 넓히는 일은 대외 정치[外治]의 문제가 된다. 세종 원년(1419)에는 남쪽으로 대마도를 정벌하여 왜구를 억눌렀으며, 김종서(金宗瑞) 등을 시켜 북쪽으로 4군(四郡)을 설치하고 6진(六鎭)을 개척하여 여진족의 침입을 막고 국경을 확대하였다. 여진족의 노략이 끊이지 않고 변방의 수호가 많은 어려움이 있었지만 사민(徙民) 정책을 쓰면서까지 옛 강토를 회복하여 넓히려는 세종의 신념과 김종서 등의 노력으로 조선 왕조 개국 이후 비로소 압록강과 두만강을 국경으로 확보하였던 것이다. 조선 왕조 초기에 밖으로 팽창하려는 의지를 발휘할 수 있었던 것은 세종 때의 국력에 기반을 둔 것이기도 하지만, 그보다 시대 정신의 강건함에 힘입고 있는 것이라 할 수 있다. 명나라에 대한 사대(事大) 외교도 국가 기반의 확립과 자주 의식에 바탕을 두고 추구된 것이며, 중국 중심의 천하관을 제시하는 유교적 의리론인 춘추대일통(春秋大一統)의 원리에 따라 중국이 지배하는 하나의 천하에 의존하여 안주하려는 나약한 정신에 빠진 것이 아니었다. 국토를 넓히고 국경을 튼튼히 하려는 이 시대의 의지는 유교라는 신념에 예속된 것이 아니라 결집된 국가 의식 속에서 유교를 중심으로 종교적 조화를 추구하는 활력에 넘치는 시대 정신을 발현한 것이다.4)

(2) 문화적 자기 인식의 심화 : 세종 시대에 편찬된 문헌 가운데《팔도지리지(八道地理志)》는 우리 자신의 국토의 실상에 대한 자각적이고 객관적인 인식이라 할 수 있다. 또한 정도전이 편찬한《고려사(高麗史)》를 김종서·정인지(鄭麟趾)를 시켜 개수(改修)하게 한것은 창업기에 부정적으로 서술된 고려 왕조의 역사적 사실을 우리 민족사의 연속성 속에서 객관적으로 재평가하는 수성기의 역사 인식을 보여주는 것이다. 그리고 무엇보다 '훈민정음'을 창제한 것은 백성의 언어 생활과 민족 문화에 대해 진지하게 인식하고 적극적으로 이끌어 가려는 의지에 바탕을 둔 것으로서, 유교 정치 사상의 기본인 민본(民本) 의식과 민족 정신의 구현인 자주(自主) 의식의 결실이라 할 수 있다. 이처럼 지리·역사·문자에 있어 자기 존재의 실제에 대한 자각적인 관심을 지닌 세종 시대의 정치 및 사회사상은 현실적이고 실용적인 민본 주의와 자주 정신으로 확인할 수 있다. 바로 이러한 시대 의식에 따라 이 시대의 종교 사상도 중국을 표준으로 하는 획일적인 사유 방법이 아니라 보다 유연하게 당시 사회의 기층에 놓인 종교 의식을 폭넓게 수용하고 조절할 수 있는 열린 자세를 보여주고 있는 것이 사실이다.

(3) 민생과 산업 기술의 확보: 유교 이념의 민본 주의에 근거한 통치 원리의 실현 과정에서 민생을 넉넉하게 하는 것은 가장 기초적인 과제이다. '산 사람을 부양하고 죽은 사람을 장사지내는 데 유감없도록 하는 것[養生喪死, 無憾]'이 왕도(王道) 정치의 시작이라는 맹자의 언급에서도 이 점을 알 수 있다. 또한 변계량(卞季良)도 일찍이 "백성의 산업을 마련하여 부모와 처자를 부양하는 데 넉넉하게 하는 것이 백성을 사랑하는 정치"5)라고 강조하였다. 여기서 민생을 돈후하게 하

---

4) 조선 초기에 정도전·변계량(卞季良)·양성지(梁誠之)의 사대론(事大論)에 내포된 국가 의식과 민족 의식을 통한 자주성은 중엽의 퇴계·율곡에서 보이는 중국에 대한 의존적 성격과 뚜렷하게 비교되어 보여질 수 있다고 지적된다. 韓永愚,〈朝鮮前期 性理學派의 社會經濟思想〉,《韓國思想大系》 2, 성균관대학교 대동문화연구원, 1976, 80~91쪽 참조.
5)《춘정집》 권6, 영락 13년 6월일 봉사조 : "天之立君, 盖爲民也, 故有日如保赤子, 視

는 것은 경제적으로 풍요하게 하는 것이고, 이를 위한 산업은 농업 사회에서는 무엇보다 농사의 장려로 나타났다. 따라서 "나라를 유지하는 도리는 먹을 것을 넉넉하게 하는 것보다 앞서는 것이 없고 먹을 것을 넉넉하게 하는 요령은 오직 농사에 힘쓰는 데 있으니, 나라에 있어서 농사는 물에 근원이 있고 나무에 뿌리가 있는 것과 같다"6)는 변계량의 지적이나, "나라는 백성을 근본으로 하고, 백성은 먹는 것을 근본으로 하는데, 농사는 먹고 입는 근원이니 나라의 정치에 있어 무엇보다도 먼저 하여야 할 것이다"7) 라는 하위지(河緯地)가 지어 올린 '권농교서(勸農敎書)' 의 언명은 바로 유교 이념에 따라 민생과 농업이 정치에 얼마나 중요한기를 밝혀 주고 있는 것이다.

이렇게 민생을 넉넉하게 하기 위해 농업 생산의 향상이 중요한 과제이었다면, 이를 위해 실제적인 생산 기술의 개발이 그만큼 절실한 일이 되지 않을 수 없다. 세종 시대는 민생의 중요성을 도덕적 이념에서 강조하는 데 그치고 공허한 구호를 제기하는 무기력한 시대가 아니었다. 이 시대는 민생의 향상을 실천하기 위해 구체적 생산 기술을 개발하는데 관심을 집중하였으며, 또한 그 기술의 기반으로서 생산 조건에 대한 과학적 연구와 정리를 추구하였다는 점에서 시대적 요구가 얼마나 철저하고 조직적으로 구현되고 있는지를 엿볼 수 있게 한다. 바로 여기에 이 시대 종교 사상이 자리잡고 있는 시대 사회적 특성을 확인할 수 있는 것이다. 세종 시대에 정초(鄭招)와 변효문(卞孝文)이 임금의 명령을 받고 편찬한 《농사직설(農事直說)》은 《농상집요(農桑輯要)》나 《사시찬요(四時纂要)》등 중국의 농업 기술을 도입하면서도 우리의 풍토에 알맞은 경험을 중심으로 농업기술을 체계화한 것이라 할 수 있다. 그리고 농사에 수리(水利)의 중요성을 인식하여 이미 태종

民如傷, 言其愛民之心也, 制民之産, 使足以仰事俯育, 言其愛民之政也."
6) 《춘정집》 권6, 영락 13년 6월일 봉사조. 〈청축제언상서(請築堤堰上書)〉: "有國之道, 莫先於足食, 足食之要, 惟在於務農, 農之於國, 猶水之有源, 木之有根, 誠不可或廢者也."
7) 《단계유고(丹溪遺稿)》7, 〈권농교서(勸農敎書)〉: "惟國以民爲本, 民以食爲天, 農者衣食之源, 而王政所先也."

때 제방을 쌓고 저수지를 만드는 대대적인 수리 사업을 일으켰으며, 세종 때에는 일본의 수차(水車) 제도를 도입하고 왜(倭) 수차와 중국 수차를 만들어 실험하고 보급하는 데 노력을 기울였다. 비록 수차의 활용이 성공을 거두지는 못하였으나 농업 기술의 개발을 위한 시대적 요구와 관심의 진지성이 확실하게 드러나고 있음을 볼 수 있다.8)

농업 생산의 향상을 위해서는 자연 조건인 사시의 절후(時候)의 중요성이 일찍부터 강조되어 왔다.9) 따라서 사시의 절후를 정확하게 측정하는 역법(曆法)의 필요성이 절실한 것이었다. 그러나 중국으로부터 얻어 와서 사용한 책력(冊曆)이 우리 나라의 실제와 차이가 있음을 자각했을 때 우리의 현실에 적합한 역법의 정립이 필요하게 되었다. 이에 따라 역법의 정확한 계산을 위한 천문 관측과 수학의 이해라는 과학적 기초에 대한 인식의 요구가 제기되고, 이에 따른 관측 기구의 정밀한 제작이 필요함을 인식하였던 것이다. 그리고 표준 시간을 정확히 측정하기 위해 장영실(蔣英實) 등에 의해 자동으로 시간을 알리는 장치가 되어 있는 물시계인 자격루(自擊漏)가 1434년에 제작되었으며, 해시계로 앙부일구(仰釜日晷)·현주일구(懸珠日晷)·평천일구(天平日晷)·정남일구(定南日晷)등이 제작되었다.10) 또한 천문 관측 기구로 간의(簡儀)·혼천의(渾天儀)·규표(圭表) 등을 제작하고, 간의대(簡儀臺)라는 천문대 등에서 실제로 관측하였다. 나아가 송·원 시대의 중국 천문학과 이슬람 천문학의 지식을 섭취하여 천문과 역상(曆象)의 계산법을 체계적으로 정리하였다. 곧 원나라의 수시력(授時曆)과 명나라의 대통력(大統曆)을 바탕으로 하면서 서울의 위도(緯度)에 따라 관측하고 계산된 정밀한 역서(曆書)로서 《칠정산내편(七政算內編)》이 정인지와 정초 등에 의해 편찬되었고, 이슬람 역법을 정리하여 《칠정산

---

8) 홍이섭,《세종대왕》, 세종대왕기념사업회, 1971, 156~165쪽 참조.
9) 《맹자(孟子)》 〈양혜왕상(梁惠王上)〉: "不違農時, 穀不可勝食也,…百畝之田, 勿奪其時, 數口之家, 可以無饑矣."

   《사육신집(死六臣集)》 ,하위지(河緯地), 〈권농교서(勸農敎書)〉: "農政所重, 惟在不違其時, 不奪其力而已."
10)《한국사》11, 국사편찬위원회, 탐구당, 1974, 190~196쪽 참조.

외편(比政算外編)》을 편찬함으로써 천문 역법의 과학적 체계를 이루었던 것이다.

우리 나라의 실제에 맞는 역법을 제작함으로써 사시의 절후를 정확히 밝히는 것은 농사의 표준을 제시하는 일이었으며, 또한 우리의 기상(氣象) 현상을 과학적으로 파악하는 방법으로서 강우량을 조사하기 위해 청계천과 한강에 수표(水標)를 세워 측량하며, 측우기(測雨器)를 발명 제작하여 전국에서 강우량을 조사하고 통계를 내었던 일은 계량적이고 과학적인 기상학의 방법을 확립시킨 것이었다. 나아가 인간의 일상 생활에 영향을 미치는 자연 현상을 계량적으로 측정하기 위하여는 척도(尺度)의 확립이 중요한 과제이다. 이에 따라 집현전에서 주척(周尺)을 고증하여 바로잡게 함으로써 세종 12년 표준척(標準尺)을 정립하였고, 악률(樂律)의 기준으로 황종척(黃鍾尺)을 확정하며, 포백척(布帛尺)·영조척(營造尺)·양전척(量田尺) 등 각종 표준척을 확정하여 토지 제도와 조세 제도 등 각종 제도의 기준이 되는 도량형의 표준을 세웠다.11) 이러한 표준척의 정립은 생활의 합리화 내지 과학화를 할 수 있는 기초를 마련하는 것이며, 동시에 민생을 배양하기 위한 실용적 관심을 과학적 사고를 통해 구현하는 것이다.

이와 더불어 민생에 시급한 과제의 하나로서 질병을 치료하기 위한 의약을 연구하는 것이 중요시되고 있다. 태조 때의 《향약제생집성방(鄕藥濟生集成方, 30권)》에 이어, 세종 27년에 완성된 《의방유취(醫方類聚, 365권)》는 의약 지식을 집대성한 것으로 민생을 위한 관심의 과학적 실용화라 할 수 있다. 또한 활자의 제작과 인쇄술의 개량도 과학 기술을 통한 문화의 대중화를 가능하게 하는 중요한 과제로서 이 시대에 집중적으로 계발되었다. 또한 훈민정음도 음성학의 과학적 원리에 근거하여 발명된 것으로서 민본 정신과 과학적 사유가 결합된 실용 정신의 시대적 구현이라 할 수 있을 것이다. 민생을 위한 실용적 요구를 실현하는 이러한 과정에서 합리적이고 과학적인 접근 방법을

------

11) 朴興秀, 〈世宗大王의 科學政策과 그 成果〉, 《世宗朝 文化의 再認識》, 한국정신문화연구원, 1982, 76~81쪽 참조.

계발해 내는 사유 방법은 종교 사상에서도 대중의 정신적 안정을 보호하는 동시에 대중을 미혹하는 신앙 행태에 대해 강력한 견제로 합리적 균형을 추구하였다.

(4) 교화 체제의 정립: 세종 시대에 사회 제도를 개혁하고 정비하는 과정에서 유교 이념의 정착화도 중요한 과업이었지만, 더욱 시급한 당면 문제는 국가의 크고 작은 모든 행사에서 구체적 행동 양식과 절차를 유교적 규정으로 정립하는 유교 의례의 정비라고 인식되고 있었다. 세종 시대에는 국가 의례를 유교 의례로 정립함으로써 유교 문화를 사회적으로 심화시키는데 결정적 역할을 하였다고 할 수 있다. 곧 유교의 의례적 기능을 강화하고 정비함으로써 국가의 행사에서부터 서민 대중의 일상 생활에 이르기까지 유교적 실천을 가능하게 하였던 것이다 세종 시대에 유교 의례에 관한 연구 기관으로 의례상정소(儀禮詳定所)를 두고, 예조(禮曹) 및 집현전(集賢殿) 등에서는 국가 의례로서 오례(五禮) 곧 길례(吉禮)·흉례(凶禮)·빈례(賓禮)·가례(嘉禮)를 정립하고, 가정 의례로서 사례(四禮) 곧 관례(冠禮)·혼례(婚禮)·상례(喪禮)·제례(祭禮)에 관해 연구도 병행하여 국가 의례의 체계로서《오례의주(五禮儀注)》 등을 편찬하였던 것은 바로 유교 의례의 체계적 정립을 추구하였던 것이다.12)

나아가 사회 질서를 정립하기 위한 의식의 기초를 확립하는 과제가 도덕 의식의 계발과 교육이라 할 수 있다. 이 시대에는 유교의 천명론에 근거하여 '혁명'의 정당성이 강조되는 가치관으로부터 윤리적 행위 규범을 사회적으로 정착시키기 위하여 삼강오륜(三綱五倫)의 '강상(綱常)'이 강조되는 전환이 일어나는 상황이었다. 유교적 도덕 규범으로서 충(忠)·효(孝)·열(烈)의 '삼강(三綱)'을 정립하기 위해 모범적 인물인 효자·충신·열녀의 사례를 모아 대중 교육에 쓰일 수 있도록《효행록(孝行錄)》이나《삼강행실도(三綱行實圖)》를 편찬하여 보급하

---

12) 세종 시대 각 기관이 유교적 의례와 제도를 마련하기 위해 옛 제도를 연구하였던 사실과 업적이 목록으로 작성되어 제시되고 있다. 《한국사》9, 국사편찬위원회, 탐구당, 114~123쪽 참조.

였던 것이다. 그것은 곧 유교적 도덕 규범의 사회적 저변 확장을 통하
여 사회 질서의 기반 확립을 추구하는 것이기도 하다.

또한 세종 시대에는 박연(朴堧) 등을 시켜 아악(雅樂)을 정리하게
하고 악률(樂律)을 바로잡아 악기(樂器)를 제작하고 있는 사실을 볼
수 있다. 그것은 유교 이념에 의한 사회 교화의 실현 방법으로서 가장
기본적 형식인 예·악·형·정(禮樂刑政)에서 특히 풍속과 의식을 교
화하기 위한 기반으로서 예법과 더불어 음악의 제도를 정착시키는 데
획기적인 업적을 이룬 것이다. 음악의 발전은 유교 사회의 교화 제도
를 정립하는데 가장 근본적이면서도 활력적인 것으로서, 유교 이념 속
에 사회를 통합시키고 고양시킬 수 있는 중요한 방법을 계발하는 것
이라 할 수 있다.《용비어천가(龍飛御天歌)》는 조선 왕조 창업의 정당
성을 유교 이념에 비추어 확인시키는 대서사시(大叙事詩)이지만, 이
시가(詩歌)에 따라 '여민락(與民樂)'·'정대업(定大業)'·'보태평(保太
平)' 등의 악곡을 지었던 것이다. 또한 연례(宴禮)나 제향(祭享)에서 예
법과 음악의 조화를 이룸으로써, 예·악을 통해 유교 이념을 생활 속
에 구현하며 나아가 예술적 품격과 종교적 경건성을 실현하였다.

2. 종교 교단의 현실과 대중 신앙의 양상

조선 왕조의 개국에 따른 왕조 교체의 혁명 과정과 사회 체제의 전반적 변혁이 대중의 정신적 동요와 불안정을 야기하게 되었으며, 이에 따라 세종 시대의 조선 정부는 한편으로 통치 원리로서 유교 이념을 제도적으로 구현하면서, 다른 한편으로 대중의 정신적 안정 대책을 추구하는 것이 당면한 중요 과제였다. 조선 왕조에서 구현하려는 유교이념은 단순히 정치 원리로서만 추구되는 것이 아니었다. 유교 이념이 서민 대중의 정신 생활에 뿌리를 내리고 사회 전반의 가치 기준으로 확립되기 위해서는 정치 제도의 정비와 도덕 규범의 기준으로 정립되는 단계를 넘어서 유교가 종교적 신념으로서의 생활화에로 깊어지지 않으면 안되었다.

여기서 유교 이념을 국가 체제의 원리로 정착하기 위해 유교적 교화 제도를 정비하는 사업과 더불어 유교 체제에 상충하는 불교나 도교 및 대중 신앙의 종교적 조직과 의례나 제도를 견제하는 것이 이 시대의 기본 과제였으며, 이를 위해 국가 제도 속에 깊이 스며들어 와 있는 불교나 도교 및 대중 신앙적 종교 의례를 과감하게 개혁하는 작업이 추진되었다. 세종 시대에 들어와 유교를 통해 불교적 정신 생활을 대체하려는 정책과 신념이 확립되었던 것은 사실이지만, 동시에 조선 초기에 들어와서 강력한 불교 세력을 견제하는 유교 사상도 그 자체의 이념적 각성에서 더욱 철저화하지 않을 수 없는 새로운 전환의 계기를 맞게 되었던 것이다. 이에 따라 주자를 표준으로 삼는 도학의 신념 체계가 이 시대의 유교적 신념으로 더욱 강화되어 갔던 사실을 볼 수 있다. 이와 더불어 대중의 안정을 정착시키기 위해서는 다양한 종교적 신앙과 의례 및 조직들을 국가 제도나 의례 속에 적절히 포용하고 통제하는 것이 병행되지 않을 수 없는 상황이었다. 이러한 세종 시대 종교 정책의 기반이 되는 당시 종교 교단의 현실적 양상을 유교·불교·도교·대중 신앙의 4영역으로 개괄해 볼 필요가 있다.

(1) 먼저 세종 시대의 유교 조직은 크게 두 가지 양상으로 나타나고 있다. 하나는 국가 체제를 유교 이념으로 조직화하면서 국가 조직의 일환으로 정립되었던 유교 조직이요, 다른 하나는 선비들이 초야에서 교학을 통해 형성하고 있는 유교 조직이다. 당시의 유교 지식인들은 고려말에서부터 주자의 경학 체계에 기초하여 성리학과의 리론의 도학적 이념으로 교육되면서 더욱 확고한 신념과 실천 의지를 드러냈다. 이에 따라 조선 왕조 혁명에 참여하거나 관직에 나와 활동하던 사환파(仕宦派)와 고려 왕조에 충절을 지켜 혁명에 거부하거나 벼슬길을 버리고 초야에 은둔하였던 절의파(節義派)가 갈라지게 되고, 사환파는 관료 체제 속에 자리를 잡으면서 점차 훈구파(勳舊派)로 정착되고, 절의파는 초야에서 학문과 수양에 힘쓰는 선비 계층을 형성하면서 사림파(士林派)를 형성함으로써, 조선 초기 사회에 유교 지식층의 두 집단을 이루어 갔다. 이 때 도학의 이상을 사회 체제 속에 구현하는 데는 사환파의 공로가 컸지만, 도학 정신을 엄격하게 연마하고 지켜 가는 데는 절의파의 역할이 더욱 철저하였던 것이 사실이다.

세종 시대에 관료로 나왔던 유교 지식인들은 사회 체제의 정립을 위해 유교 이념에 근거해 국가 제도를 정비하고, 유교의 국가 의례 체계를 정비하였다. 특히 세종은 궁중에 집현전(集賢殿)을 설치하여 학식이 있는 문신(文臣)들을 모았으며 경연(經筵)을 활성화하여 사서오경과 《성리대전(性理大全)》 및 《통감강목(通鑑綱目)》 등을 강론하여 유교의 통치 원리를 밝히고 이를 제도화하는데 적극 활용하였다.13) 또한 그 동안 국가 의례 속에 들어와 있던 다양한 종교적 배경의 제사들을 유교 정통의 의례 체계로 대치시켜 가는 작업을 수행하였던 것이다.

---

13) 權延雄, 〈世宗朝의 經筵과 儒學〉, 《世宗朝文化研究》 1, 박영사, 1982, 72~81쪽 참조.

그러나 이러한 의례 체계의 정비에도 불구하고 여전히 불교·도교·민간 신앙의 다양한 의례들이 국가적 의례 속에 남아 있는 사실은 오랜 관습적 의식을 급격히 개혁하기 어려운 현실을 드러내 주고 있는 것이다.

관료적 배경이 약한 절의파의 인물들을 중심으로 지방의 선비들은 《소학(小學)》의 구체적 도덕 규범과 행위 절차를 실천하며,《가례(家禮)》의 의례 절도를 실행하여 친족 공동체의 결속을 강화하고 절의를 높여 의리 정신을 가치 기준으로 표방하는 학풍을 형성하고 있었다. 이른바 사림파의 학통에서 보면, 길재(冶隱 吉再, 1353~1419)에서 김숙자(江湖 金叔滋, 1389~1456)로 넘어와 활동하던 시기이다. 이 때의 사림파는 아직 형성 초기의 단계로 사실상 세력이 매우 미미하여 표출되지 못하고 있었지만, 그 묘맥은 분명히 싹트고 있었으며, 그 중심 인물인 김숙자는 관료로 진출하기 시작하여 도학적 의리와 명분의 비판적 의식을 제시하고 있다. 그것은 이 시대 유교 지식인의 주류를 이루고 있는 사환파의 인물들이 도학 이념을 현실 정치에 구체적으로 적용하는데 관심을 가졌던 것과 대조를 이루고 있는 것이다.

(2) 다음으로 세종 시대의 불교 교단은 여전히 큰 세력 기반을 유지하고 있었으나 국가의 강한 억압을 받으며 내부적 개혁 의지도 결핍하여 활력을 잃고 시대 조류의 대세에서 이탈하는 상황이었다. 당시 조선 사회에서는 한반도 안에 이미 1천년이 넘는 불교 신앙의 전통이 서민 대중 속에 확고하게 뿌리박고 있었다. 한국 사상사에서 보면 유교는 불교보다 먼저 전래하여 훨씬 오랜 전통을 가져왔던 것이 사실이지만, 삼국 시대와 고려 시대를 통하여 정신 생활의 깊이와 신앙적 영역에서는 불교에 의해 주도되어 왔음을 부정할 수 없다. 따라서 고려 말엽 불교 교단의 타락에 따른 사회적 모순을 개혁하는 것이 조선 왕조의 기본적인 정책이었지만, 창업기의 급격한 개혁 정책에서 오는 부작용을 해소시키는 안정의 추구도 긴요한 문제점이었다.

불교 교단에 대한 억압은 태종 때부터 본격화되어 11종(宗)·242사(寺)로 대대적인 정리를 하였으며, 다시 11종(조계종(曹溪宗)·총지종

(摠持宗)・천태소자종(天台疏字宗)・법사종(法事宗)・화엄종(華嚴宗)・
도문종(道門宗)・자은종(慈恩宗)・중도종(中道宗)・신인종(神印宗)・남
산종(南山宗)・시흥종(始興宗))을 7종(조계종・천태종・화엄종・자은종
・중신종(中神宗)・총남종(摠南宗)・시흥종)으로 통합하여 축소시켰다.
이처럼 당시 불교 교단은 정부의 엄격한 탄압의 여파로, 세종 원년
(1419) 몇 명의 승려들이 중국으로 도망하여 불교 신앙에 독실한 명나
라의 성조(成祖)에게 조선에서 불교가 탄압 받는 사정을 호소하는 사
건이 일어나기도 하였다. 그러나 세종은 교종(敎宗)・선종(禪宗)의 2종
36사에게만 토지 70,950결(結)과 승려 3,770명을 인정하여 제한하고 나
머지를 없애거나 국가에 몰수하여 불교 교단에 대한 철저한 억압 정
책을 더욱 강화해 갔다.14) 또한 세종은 해마다 봄・가을로 도성의 거
리에서 행하던, 승려들이 등불과 깃발을 들고 불경을 외우면서 행렬을
지어 거리를 순회하는 법회인 '경행(經行)'을 금지하였으며, 불교 교
단의 통제 기구이던 승록사(僧錄司)를 폐지하기도 하였다. 또한 태조
때부터 새로운 국가의 건설을 위해 도성과 궁궐 등을 새로 짓는 많은
공사가 있었는데, 이 때 승려들이 부역승(赴役僧)으로 동원되기 시작
하였고, 세종 때는 많은 종류의 공사에 부역승들을 동원하여 일을 시
키고, 그 대가로 도첩(度牒)을 주어 승려의 자격을 인정하였다. 고려
시대에는 승려들이 많은 노비를 거느리고 노동을 하지 않았지만, 이렇
게 부역에 동원되면서 승려들의 지위가 급격히 하락하였다.

이처럼 당시 조선 정부의 불교 탄압은 강경한 것이었지만, 그러나
불교 신앙의 뿌리깊은 바탕은 왕실에도 확고하게 유지되고 있었다. 여
전히 선왕(先王)의 상례 기간에 여러 절에서 칠재(七齋)를 베풀었고,
선왕의 능묘에 원찰(願刹)을 세우기도 하였으며, 그 밖에도 재(齋)를
올리거나 법석(法席)을 베푸는 등 여전히 왕실의 불사(佛事)가 계속되
고 있었다. 세종은 후반에 들어가면서 그 자신 불교 신앙에 강한 집착
을 보여, 많은 유신(儒臣)들의 끈질긴 반대에도 불구하고 내불당(內佛

---

14)《한국사》26,〈조선 초기의 문화〉1, 국사편찬위원회, 1995, 250~252쪽 참조.

堂)을 짓기도 하고, 만년에 왕비[昭憲王后]가 죽자 그 명복을 빌기 위해 수양대군을 시켜 석가모니의 전기인 《석보상절(釋譜詳節)》을 편찬하게 하여 이를 간행하였으며, 세종 자신이 《석보상절》을 읽으면서 부처의 공덕을 예찬한 찬불가로서 3권의 《월인천강지곡(月印千江之曲)》을 지었던 것이다. 특히 《석보상절》과 《월인천강지곡》은 훈민정음으로 저술된 것으로서, 이러한 우리말의 불교서적이 보급되었다는 사실은 불교를 통한 대중 교화를 추구하였던 것이라 볼 수 있다.

세종 시대의 불교 교단은 사찰이 폐지되고 사찰 재산인 토지나 노비가 국가에 귀속되는 것은 물론이요, 부녀자의 사찰 출입을 금하고, 출가를 엄격히 제한하며, 승려들을 부역에 동원하는 등 국가의 억압 정책으로 교세가 심하게 위축되지 않을 수 없었다. 그러나 대중들의 종교 생활 속에는 불교 신앙이 여전히 활력을 지니고 있는 사실을 엿볼 수 있다. 관세음보살과 아미타불의 염불 신앙은 서민의 신앙 생활 속에 널리 퍼져 있으며, 4월 초파일의 팔관회(八關會)는 집집마다 등불을 달아서 관등(觀燈) 놀이의 민속 행사가 되고 있었다. 세종 때 사실(師室)이라는 비구니는 대중을 감화시키는 힘이 뛰어나 많은 사람들이 사실을 생불(生佛)이라 받들고 귀의하였다 한다. 이에 대해 정인지 등이 상소하여 이 비구니를 쫓아내도록 요구할 만큼 대중들은 여전히 불교 신앙에 쉽게 귀의할 수 있는 신앙적 환경 속에 있었음을 보여준다.15)

(3) 도교 교단은 크게 두 가지 양상을 보여주고 있다. 그 하나는 국가의 공식 기구로 받아들여지고 있는 도교 기관에 의해 거행되는 다양한 재초(齋醮)의 의례 체계를 중심으로 하는 과의(科儀) 도교이고, 다른 하나는 외단(外丹)과 내단(內丹)의 수련법을 연마하는 수련(修鍊) 도교이다. 태조 때 이미 고려 시대부터 내려오던 국가 기관으로서의 도관(道觀)들인 복원궁(福源宮) · 신격전(神格殿) · 구요당(九曜堂) · 소전색(燒錢色) · 청계배성소(淸溪拜星所) 등의 도교 기관들을 모두 폐지

---

15) 앞의 책, 284~285쪽 참조.

하고 소격전(昭格殿)과 대청관(大淸觀)만을 존속시켰으며, 세종 때는 개성에 있던 대청관을 폐지하고 소격전만 남겨 두었다. 이 소격전은 그후 세조 때 소격서(昭格署)로 격하되고 말았으나, 그 안에 삼청전(三淸殿) · 태일전(太一殿) · 십일요전(十一曜殿) · 직수전(直宿殿) 등의 건물들이 많은 도교적 신들을 배향하고 있었다. 세종 때는 소격전의 직제를 축소 정비하였으며, 《경국대전(經國大典)》에 정착된 형식은 종5품 아문으로 제조(提調) · 령(令) · 별제(別提) · 참봉(參奉)과 잡직으로 도류(道流) 15인이 상도(尙道) · 지도(志道)의 직책을 맡았다. 또한 도류를 양성하는 교육 기관으로서 '도학(道學)' 이 있었으며, 도류를 선발하는 시험 제도까지 갖추고 있었다. 이러한 국가 제도 속의 도교는 옥황상제(玉皇上帝)를 비롯하여 여러 성신(星辰)들에게 재초를 드림으로써 국왕과 왕실의 장수 · 무병 · 치료를 비롯하여 외적의 침입을 막고 천재 지변을 물리치는 기원을 하는 역할을 담당하였다. 또한 세종 시대의 지식인들 사이에 도교의 양생수련법에 관심이 깊어지고 있었던 것은, 뒤이어 단학(丹學)을 일으켜 우리 나라 수련 도교를 중흥시킨 인물로 평가되고 김시습(梅月堂 金時習, 1435~1493)이 등장하고 있는 사실에서도 확인할 수 있다.16)

　(4) 대중 신앙으로서 무속(巫俗)과 풍수(風水) · 도참(圖讖) · 비기(秘記) 따위는 사회적 동요가 심하였던 조선 초기의 대중 의식 속에 깊이 침투하기 쉬웠던 것이 현실이었다. 따라서 세종 시대에는 이러한 시민 대중의 정신적 상황을 끌어올리고 순화시키는 과제가 주어져 있었던 것이다. 여기서 당시 조선 정부에서는 대중 신앙에 따르는 의례들을 음사(淫祀)로 규정하여 한편으로 정리하고 억제하면서, 다른 한편으로 국가에서도 기우제(祈雨祭)를 지낼 때 무당과 도류와 승려들을 모아 제사를 지내게 하였다. 세종 15년 최양선(崔揚善)이 승문원(承文院)이 명당이고 경복궁은 명당이 아니니 궁궐을 새로 지어야 한다는 풍수설을 제기하였을 때, 예조참판 권도(權蹈: 권제(權踶)로 개명(改名), 권근

---

16) 앞의 책, 297~299쪽 참조.

(權近)의 아들)는 풍수・도참설이란 주공과 공자가 말하지 않은 것이요 사마광(司馬光)과 주자도 말하지 않은 허망한 것임을 극력 주장하였다. 이에 세종은 권도의 견해를 정당하다고 인정하면서도 지리서(地理書)에 허황함이 들어 있더라도 아주 버릴 수 없다 하여 상당히 깊은 관심을 보여주고 있다.17) 그만큼 유교 이념을 표방한 국가 체제에서도 배제하기 어려운 깊은 영향력이 미치고 있음을 알 수 있는 것이다.

---

17) 《세종실록》 15년 7월 병인.

Ⅲ. 세종 시대의 유교

1. 성리학의 수양론

1) 세종 시대 성리학과 수양론의 인식 배경

고려 말엽에 정몽주(圃隱 鄭夢周)를 비롯하여 성균관을 중심으로 전개하였던 신진 유학자들의 사상 개혁 운동은 도학(道學) 곧 주자학에 기반을 두고 있었다. 그리고 새로운 학풍으로 활력을 가지고 등장한 이 주자학은 조선 왕조의 통치 이념으로 받아들여졌고, 그 초기에 정도전(三峯 鄭道傳, 1342~1398)과 권근(陽村 權近, 1352~1409) 등에 의해 이론적으로 정리되고 확립되기 시작하였다. 정도전의 《불씨잡변(佛氏雜辨)》이나 〈심기리편(心氣理篇)〉은 성리학에 근거하여 불교 교리의 근본 문제에 대한 비판을 시도하며 이론적으로 체계화시킴으로써 조선 시대 유학 사상사에서 독특한 위치와 의의를 지니고 있는 것이라 할 수 있다.18) 또한 권근은 《입학도설(入學圖說)》을 저술하여 성리학의 기본 이론에 근거하여 유학의 핵심을 개관할 수 있도록 체계화시켰다. 이 《입학도설》은 특히 기본 내용을 도해(圖解)함으로써 간명하게 파악할 수 있도록 하는 입문서의 역할을 하는 것이었다. 그리고 권근의 《오경천견록(五經淺見錄)》은 유교 경전에 관한 우리 나라 최초의 주석서로서 조선 시대 도학의 경학적 영역을 열어 주는 선구적 업적이었다. 여기서 정도전과 권근의 저술을 통하여 조선 시대의 정통 이념을 형성하는 도학의 기본 성격과 방향을 엿볼 수 있게 된다. 그것은 곧 도학 체계를 구축하는 과정에서 한편으로는 '성리학'에 입

---

18) 琴章泰, 《儒敎와 韓國思想》, 성균관대학교 출판부, 1980, 127~136쪽 참조.

각하여 인간 심성의 근거를 해명하면서 그 학문적 근거를 '경학'의 기초 위에 정립시켜 가는 것이며, 다른 한편으로 도학 이념의 정통성을 확립하기 위하여 '벽이단론'에 따라 이단 비판의 논리를 불교와 도교―도가 사상의 배척에 적용함으로써 정통을 수호하는 신념을 천명하는 것이다.

세종 시대는 정도전과 권근 등에 의해 제시된 도학의 인식을 계승하면서 그 이해를 확대하고 현실 속에 다양하게 구현해 가는 과정을 보여준다. 세종 원년(1419)에 명나라로부터 《성리대전(性理大全)》과 《사서오경대전(四書五經大全)》 229권이 처음 수입되어 왔다. 《성리대전》과 《사서오경대전》은 도학의 이론적 기초를 정립하는 과정에서 성리학을 중심으로 하는 도학의 전반적 학문 체계와 그 근거로서 경학의 해석 체계를 집대성하였던 것으로, 명나라 초기 성조(成祖 永樂帝)에 의해 국가적 편찬 사업으로 이루어진 것이며, 명나라 성조가 조선의 세종이 진정으로 호학(好學)함을 알고 보내 준 것이다. 세종은 이 저술을 널리 보급하기 위해 경상도·전라도·강원도의 감사들에 명하여 나누어서 간행하게 하였다.19) 이러한 《성리대전》과 《사서오경대전》의 수입과 보급은 결코 우연히 이루어진 것이 아니라 세종의 적극적 관심과 지원 아래서 가능한 것이었다. 이 문헌들의 수입과 보급은 이 시대 통치 원리인 도학 이념을 더욱 깊이 이해하기 위한 조선 사회의 내재적 요구를 충족시키기 위한 과제를 추구하는 것이었다. 당시에 세종은 서적의 보급에 그쳤던 것이 아니라, 학술 진흥 정책에 따라 특히 집현전을 설치하여 젊은 학자들이 독서와 연구에 전념하도록 격려하였으며, 세종 자신이 《성리대전》과 《사서오경대전》을 경연 강의에서 강독의 자료로 삼았던 사실을 확인할 수 있다. 이 두 서적은 세종 시대에 성리학과 경학을 중심으로 하는 도학의 전반적 체계에 대한 이해를 심화시키는 데 있어서 결정적 역할을 하였던 것이다. 곧 이 서적을 통하여 성리학 연구의 학자층을 더욱 두텁게 할 수 있는 확장

---

19) 《춘정집》 권12, 29~30, 〈사서오경성리대전발(四書五經性理大全跋)〉.

계기를 마련하였던 것이며, 그 인식 수준을 한층 더 심화시키는 전환 계기를 제공하였던 것이라 하겠다.

2) 변계량(卞季良)의 '중도[中]' 원리와 수양론

세종 초에 활동한 유학자로서 변계량(春亭 卞季良, 1369~1430)은 정몽주·이색(牧隱 李穡)·이숭인(陶隱 李崇仁)·권근의 문하에서 배워 조선 초기 도학의 학통을 계승하였고, 그 자신 성리학의 연구에 힘썼던 인물이다. 그는 태종에서 세종 시대까지 예문관대제학(藝文館大提學)과 성균관대사성(成均館大司成)을 겸임하였으며 또 집현전대제학(集賢殿大提學)을 겸하여 20여 년 동안 문형(文衡)을 장악한 그 시대의 대표적인 학자였다.[20]

변계량은 자신이 책문(策問)을 내면서, "심(心)과 성(性)이란 것은 천하의 큰 근본이다"[21]라고 하여 심·성 개념의 성리학적 인식을 근본 문제로 강조하였으며, 공자와 맹자의 성(性)개념을 비교 분석할 것을 요구하고, 나아가 맹자의 인물성이론(人物性異論)과 주자의 인물성동론(人物性同論)의 차이를 비교 검토할 것을 질문하였다. 그리고 맹자의 성선설(性善說)과 순자의 성악설(性惡說), 양웅(揚雄)의 성선악혼설(性善惡混說) 및 한유(韓愈)의 성삼품설(性三品說)이 지닌 각각의 근거를 밝히며 맹자의 성선설이 옳은 근거를 제시하도록 요구하고 있다. 이러한 인성론의 문제는 성리학의 근본 문제이면서 또한 한국 성리학의 주류를 이루는 철학적 핵심 문제로 심화되었던 과제이다. 그가 이러한 심성 개념의 문제를 탐구하는 것을 이치를 궁구하는 실학[窮理之實學]으로 규정하고 있는 사실에서, 그의 성리설의 깊이와 더불어 조

---

20) 앞의 책, 권12(附), 3, 〈행장(정척찬)(行狀(鄭陟撰))〉: "公自幼聰明絶人, 好學不倦, 以研窮性理爲務, 日遊圃隱牧隱陶隱陽村諸賢之門, 得師友淵源之正, 所聞益廣, 所造益深, 典文衡二十餘年."

21) 앞의 책, 권8, 7, 〈책문제(策問題)〉: "心也, 性也, 天下之大本也."

선 후기 실학과 대비되는 성리학에서의 실학 개념이 지닌 의미를 엿
볼 수 있다.22)

그는 법제(法制)와 시의(時宜)의 연관성을 통하여 드러나는 치도(治
道)의 성격을 묻는 '책문(策問)'에서 치도의 근본이 마음에 있음을 밝
힘으로써 심성의 근원성을 강조하고 있다.

> "다스리는 도리(治道)는 마음에 근본하고, 다스리는 방법[治法]은 시기
> [時]에 원인한다. 도리가 마음에 근본 하지 않으면 다스림이 나오는[出治]
> 원천이 될 수 없고, 방법이 시기에 원인 하지 않으면 다스림을 실현하는
> [致治] 도구가 될 수 없다. 마음을 간직함으로써 다스리는 도리가 나오고,
> 시기에 순응함으로써 다스림의 방법이 세워지는 것이니, 그 요령은 '중
> 도'를 붙잡는데[執中] 있고, '중도'를 붙잡는 요령은 '정밀하게 함[精]'과
> '한결같이 함[一]'에 있다"23)

여기서는 다스리는 도리[治道]와 다스리는 법제[治法]를 구분하고,
다스리는 도리는 근본이며 마음에 근거하고 다스리는 법제는 구체적
제도로서 시기의 마땅함[時宜]에 따르는 것이라 제시하고 있다. 여기서
도리와 법제의 관계는 바로 본체와 작용의 관계로서 체용론(體用論)의
구조를 내포하고 있는 것이다. 그리고 본체에 해당하는 도리[道]와 작
용에 해당하는 제도[法]의 두 세계를 통일하는 요령으로서 '중도[中]'
곧 '중용'을 붙잡을 것[執中]이 강조되고 있는 사실을 주목할 필요가
있다. 그것은 조선 초기의 성리학이 지향하는 관심이 조선 중기 이후
에 나타나고 있는 것처럼 대립적 분열에 빠져들어 한 쪽을 강조함으
로써 이론적 순정성을 확립하려는 입장이 아니라, 상반된 조건들이 조
화와 통일을 이루는 중용의 원리를 진지하게 추구하고 있는 특성을
보여주는 것이라 할 수 있다. 변계량이 "법제는 시기[時]에 따라 다르

---

22) 앞의 책, 권8, 9, 〈책문제(策問題)〉; "其各悉心以對, 將以觀窮理之實學."
23) 앞의 책, 권8, 2, 〈전시대책(殿試對策)〉: "爲治之道, 本於心, 爲治之法, 因乎時, 道不
本於心, 無以爲出治之原, 法不因乎時, 無以爲致治之具, 存心以出治道, 順時以立治法,
其要在乎執中, 而執中之要, 則捨精一何以哉."

지만, 다스림은 도리로서 같은 것이다"24)라 하여, 다스림[治]의 방법은 법제[法]의 가변성을 전제로 하지만, 동시에 도리[道]의 보편성에 따르는 것으로 보편적 일관성을 지닌 것임을 강조하고 있다. 그것은 현상과 본체의 체용 구조를 대조하여 상응시키는 체용론적 사유 방법을 제시하는 것으로 여기서도 한 쪽에 치우친 것이 아니라 상호 의존적 성격을 주목하는 것이며, 동시에 불변적인 도리의 보편성을 가변적인 법제에 근거가 되는 근원적인 것으로 중요시하는 입장을 내포하고 있는 것이다.

변계량이 현실 사회의 '법제'와 도학 이념의 '도리'가 일관하는 통합 구조를 강조하면서 그 통합의 원리로서 '중도[中]'의 표준을 제시하고 있는 것은, 성리학적 형이상학적 원리를 인식하는 것이요 경세론의 사회적 실천 기준을 정립하는 것이다. 또한 그 '중도'의 문제는 심성 내면에서 인격적 중심을 확립하는 심법(心法)의 수양론적 과제로 제기되는 것이기도 하다.

곧 변계량은 '책문'에서 요(堯)·순(舜)·우(禹)가 이어서 전수하였던 심법으로서 '정밀하고 한결같이 하여 중도를 잡는[精一執中]'의 원리에 대한 질문에 대답하면서 성리학의 체용론으로 파악하고 있다. 곧 그는 주자의 언급을 인용하여 '정밀하게 함[精]'과 '한결같이 함[一]', 및 '중도를 붙잡음[執中]'의 개념을 설명하면서, "정밀하게 함은 '선을 선택하는 것[擇善]'이요, 한결같이 함은 '굳게 지키는 것[固執]'이다"라 한 것은, 지(知)에 해당하는 '선을 선택함'과 행(行)에 해당하는 '굳게 지킴'에 대응시키는 것으로서, 이것은 지행의 구조로 파악하고 있는 것이다. 또한 "정밀하게 함으로써 위태하고 은미한 사이를 살피고, 한결같이 함으로써 본심의 바름을 지키는 것이다"라 하여, 정밀하게 함은 형기(形氣)의 사사로움에서 발생하는 위태로운 인심(人心)과 성명(性命)의 정대함에 근원하는 은미한 도심(道心)의 사이를 살펴서 뒤섞이지 않게 하는 것이며, 한결같이 함은 본심의 정대함을 지

---

24) 앞의 책, 권8, 3, 〈전시대책(殿試對策)〉: "法雖以時而異, 治則以道而同矣."

켜서 떠나지 않는 것으로서, 그것은 섞이지 않음[不雜]과 떠나지 [不離]의 양면성으로 파악하고 있는 것이라 할 수 있다. 또한 인심·도심은 마음이 발동한 양상이라면 본심은 마음의 본체로 보고 있으니, 마음을 체용(體用) 구조로 이해하고 있는 것이라 하겠다. 이에 따라 그는 '중도를 붙잡는[執中]' 노력은 정밀하게 함과 한결같이 함일 뿐이다"25)라 하여, '정밀하게 함'과 '한결같이 함'의 지·행 체계를 '중도를 붙잡는다'는 원리 속에 포섭시키고 있다. 그것은 '중도를 붙잡는' 실천 방법을 지·행 양면으로 관철시키고, 서로 뒤섞이지도 않고 서로 떠나지도 않는 분별성과 일체성의 인식 위에 기초하게 하며, 마음의 본체와 작용이라는 체·용 구조로 파악하고 있는 것이다.

또한 그는 '중도를 붙잡는다'는 심법에 상응하는 개념으로서, 탕(湯)·무(武)가 이어서 전수하였던 심법인 '중도를 세우고 표준을 세우는[健中建極]' 원리와 연관시켜 설명하고 있다. 곧 안으로 마음에 근본 하는 '중도를 붙잡는' 원리와 밖으로 현실 세계에 적용하는 '중도를 세우고 표준을 세우는' 원리를 체용적 관계로 파악하기도 한다.

> "자신에 근본 하는 것은 '붙잡다[執]'라 하고, 서민에 징험하는 것을 '세우다[建]'라 한다. '중(中)'은 지나침과 못 미침이 없는 것을 말하고, '극(極)'은 지극(至極)하다는 뜻으로 표준의 명칭이다. 이들은 뜻과 명칭이 다르지만, 지나침과 못 미침이 없는 데에서 말미암아 인도(人道)의 지극함과 천하 만세의 표준이 되는 것이다. 사리(事理)의 당연함이 지극한 것을 '중'이라 하고, 사람이 취하여 더 보탤 수 없는 것을 '극'이라 하니, '중'과 '극'을 다르다 하여 이 둘을 절충할 필요가 없다"26)

여기서 '중도를 붙잡는다'는 것이 자신에 근본 하는 수양론적 원리

---

25) 위와 같은 곳 ; "精者擇善也, 一者固執也, 精以察夫危微之間, 一以守其本心之正, 執中之功, 如是而已."

26) 위와 같은 곳 ; "本諸身而謂之執, 徵諸庶民而謂之極, 中則無過不及之謂, 極則至極之義, 標準之名也, 此其名義固有不同, 然由其無過不及, 所以爲人道之至, 而天下萬世之標準也, 自事理當然之至而謂之中, 自人所取則無以復加而謂之極耳, 若以中與極爲有異, 而欲折衷乎二者, 則非臣之所知也."

라고 한다면, ‘중도를 세우고 표준을 세우는’ 것은 백성들 속에 실현하는 경세론적 원리가 되는 것이다. 이처럼 그는 ‘중도를 붙잡는다[執中]’에서 ‘붙잡는다[執]’는 말과 ‘중도를 세운다[建中]’하고 ‘표준을 세운다[建極]’에서 ‘세운다[建]’는 말을, 안으로 자신을 향하는지 아니면 밖으로 서민을 향하는지의 차이로 분별하고 있다.27) 또한 ‘중(中)’은 ‘지나치거나 못 미침이 없는 것 [無過不及]’이요, ‘사리의 당연함이 지극한 것[事理當然之至]’이라 하며, ‘극(極)’은 ‘지극함과 표준[至極·標準]’이라 하고, ‘사람이 취하여 더 보텔 것이 없는 것[人所取則無以復加]’이라 하여 개념 구별을 명확히 하고 있다. 그러나 그는 이 두 가지[執中과 建中建極] 사이에 지나치거나 못 미침이 없는 ‘중’으로 말미암아 ‘인도의 지극함’과 ‘천하 만세의 표준’으로서 ‘극’이 이루어질 수 있는 것이라 하여, ‘중’이 근거가 되고 ‘극’이 성과가 되는 체용 관계로서 일체를 이루는 것으로 파악한다. 따라서, 그는 ‘중’과 ‘극’ 사이에 대립적 분리를 전제로 한 절충의 필요성이 있을 수 없다고 지적하였던 것이다. 이에 따라 그는 주자가 《중용장구》의 서문을 통해서 다시금 강조한 ‘중도를 붙잡다[執中]’의 ‘중’(中)을 성현의 심법으로서 근본적이고 핵심적인 개념으로 재확인하고 있다.

  ‘중(中)’이란 한 글자는 요(堯)에서 시발하였으며, 실로 만세의 성인들이 이어서 전수하는 심법이다. 마음을 간직한다[存心]하면서 ‘중’에 합하지 않으면 큰 근본[大本]이 세워지지 않고, 다스림이 나온다[出治]하면서 ‘중’에 말미암지 않으면 통달한 도[達道]가 행해지지 않고, 법을 세우고 제도를 정하면서 ‘중’을 참작하지 않으면 옛법에 어긋나서 행해서는 안될 것이 되며, 오늘에 해괴하여 할 수 없는 것이 된다. 제왕(帝王)이 마음을 간직하고 다스림을 나오게 하는 ‘도’를 논하면서 크게 말하기를 좋아하여

---

27) ‘중도를 붙잡는다[執中]는 말은 《서경》〈대우모편(大禹謨篇)〉에서 말하는 “능히 그 중도를 붙잡을 수 있어야 한다[允執厥中]”는 구절에서 나온 것이요, ‘중도를 세운다[建中]’는 말은 《서경》〈중훼지고편(仲虺之誥篇)〉의 “백성에 중도를 세운다[建中于民]”는 구절에서 나온 것이며, ‘표준을 세운다[建極]’는 말은 《서경》〈홍범편(洪範篇)〉의 “그 표준을 세운다[建其有極]”는 구절에서 나온 것이다.

　　'중'을 넘어서면 구차하고 어려운 것을 힘쓰게 되고, 현재에 당면한 법
　　률의 제정이나 제도의 정립이 마땅한지를 논의하면서 세속에 아부하는 데
　　빠져 '중'에 못 미치면 더럽고 비천한 데 흐르게 된다."28)

　이처럼 '중'을 요임금에서 비롯하는 성현의 심법이라 하였을 때, 그
는 정밀하게 하고 한결같이 함[精一]을 순임금에서 비롯하는 것으로서
'중도'를 잡는 요령이라 하여 '중'의 실현 방법으로서 제시한다. 여
기서 그는 "정(精)과 일(一)이라는 두 글자는 순임금에서 처음 발현하
였으며, 또한 '중도를 붙잡는' 요령이 되는 것으로서, 실로 만세토록
성인에서 성인으로 이어서 전해 내려오는 심학(心學)이다"29)라 하여,
정밀하게 하고 한결같이 하는 '정밀하게 함'과 '한결같이 함'의 방법
을 성현의 '심학'이라 규정함으로써, 수양론의 근본 과제로 파악하고
있다. 곧 그 '중'의 심법을 실현하는 방법으로 '정밀하게 함'과 '한결
같이 함'을 심학으로 제시하고 있는 것은 '중'을 근본이념으로 하고
'정(精)'·'일(一)'을 학문 방법으로 하는 수양론의 체계화를 시도하
는 것이다.
　변계량은 한 걸음 나아가 도학 이념에 따라 수양론에 근거한 제
왕학(帝王學)으로서 성학(聖學)의 시작에서 끝까지를 일관하는 원
리요 방법을 '경(敬)'으로 제시하고, '경'은 한몸의 주재(主宰)
요 모든 일의 근본이며, '성학'이 시작을 이루고 끝을 이루는 것
이다. 정밀하게 하고 한결같이 하는 성과를 이루고자 하면 반드시
'경'에서 시작하여야 한다"30)고 하여, '경'이 정밀하게 하고 한
결같이 하는 실천 방법의 기본 조건이 됨을 밝히고 있다. 따라서

---

28) 《춘정집》권8, 6, 〈전시대책(殿試對策)〉: "惟中之一字, 始發於堯, 實萬世聖聖相傳之心
　　法也, 存心而不合乎此, 大本有所不立也, 出治而不由乎此, 達道有所不行也, 立法定制而
　　不酌乎此, 則戾於古而不可行, 駭於今而不得行矣, 論帝王存心出治之道, 好爲大言, 而過
　　乎中, 則務於苟艱矣, 論當今立法定制之宜, 陷於阿世, 而不及乎中, 則流於汚淺矣."
29) 같은 책, 권8, 12 〈전시대책(殿試對策)〉: "精一二字, 始發於舜, 又爲執中之要, 而實
　　萬世聖聖相傳之心學也."
30) 같은 곳; "敬者, 一身之主宰, 萬事之根本, 聖學之所以成始而成終者也, 欲致精一之
　　功者, 又必自敬始."

'중'은 보편적 이념의 근본 원리라면 '경'은 주체의 구체적 실천을 위한 근본 원리가 되고, 정밀하게 하고 한결같이 하는 '중'의 실현 방법은 '경'을 통하여 실현될 수 있는 것으로 제시되고 있는 것이다. 이를 도표로 제시하면 다음과 같이 나타날 것이다.

$$\text{극(極)} \rightarrow 《\text{중(中)}》 \begin{bmatrix} \text{정(精)} \\ \\ \text{일(一)} \end{bmatrix} 《\text{경(敬)}》 \leftarrow \text{심(心)}$$

그는 군왕의 심법으로서 수양론적 과제를 중시하여 '조심하여 공손할 것[小心恭己]'과 '하늘을 공경하고 백성을 사랑할 것[敬天愛民]'을 언급하여, 안으로 자신의 마음을 조심스럽고 공손하게 하며, 위로 하늘을 공경하고 밖으로 백성을 사랑하는 덕행과 수양의 전 영역을 보여준다. 여기서 그는 '경'의 수양 방법으로 '고요함을 주장하면[主靜]' 오래가고 넓고 두텁게 되며, '스스로 힘쓰면[自强]' 견실하고 정밀하여 밝으며, '마음을 붙잡고 간직하면[操存]' 혈기가 궤도를 따라서 어지럽지 않게 되고, '거두어들이면[收斂]' 정신이 안으로 굳어서 경박하지 않게 되는 것이라 한다.31) 그것은 '경'의 실천 방법이면서 장수하는 이치로 조섭(調攝)의 방법이라 받아들여지고 있다.

또한 그는 천명이 일정함이 없고[無常] 친애함이 없음[無親]을 들면서 '경'할 수 있을 때 하늘이 친애함을 강조하면서, 천명의 기틀을 확보하기 위해 '경'의 덕에 힘 쓸 것을 역설한다. 여기서 마음의 본체는 허령(虛靈)하여 상하 사방으로 사무치는 것으로서 본래 하늘과 인간 사이에 다름이 없는 것이라 한다. 곧 하늘의 마음과 인간의 마음이 본체의 허령함에서는 본래 같다는 것으로 '천인심체동일설(天人心體同一說)'을 제시하고 있는 것이다. 여기서 현실적으로 하늘과 인간의 마음

---

31) 앞의 책, 권6, 8, 〈영락십삼년륙월일봉사(永樂十三年六月日封事)〉: "古人有言曰, 主靜則悠久博厚, 自强則堅實精明, 操存則血氣循軌而不亂, 收斂則精神內固而不浮, 凡此皆敬之方, 而壽之理也."

이 같지 못한 것은 인간이 사욕에 빠져서 이 마음의 실체가 스스로 작아지는 것이라 지적하고 있다. 따라서 그는 사욕에 빠지는 것을 극복하는 마음의 수양법으로서, 고요할 때와 활동할 때 하는 '경'의 실천 방법을 제시하고 있다.

> "고요할 때 붙잡아 간직하는 것[靜而操存]은 거울이 비어 있고 저울이 수평을 이룬 것과 같아서 전체가 하나가 되어 안과 바깥의 차별이 없으니, 모든 사물의 이치가 그 속에 통섭되지 않음이 없어서, 비록 귀신이라도 틈을 엿볼 수 없다. 활동할 때 성찰하는 것[動而省察]은 거울이 사람을 비추는 것과 같고 저울이 물건의 무게를 다는 것과 같으니, 아름답고 추하며 무겁고 가벼운 것이 선명하게 질서가 있어서, 모든 사물은 각각 그 마땅함을 얻지 않음이 없다. 이것이 바로 성학(聖學)이 '경'의 덕을 이루는 노력이요, 천명의 기틀을 확보하는 요령이다."32)

이처럼 마음 고요할 때 '조존(操存)'하고 활동할 때 '성찰(省察)'하는 것은 '경'을 실천하는 두 방법이 되며, 거울과 저울의 비유처럼 비어 있고 수평을 이루는 본체와 사람이나 사물을 비쳐 주고 사물의 무게를 다는 작용의 두 영역에 걸치는 것이니, 마음의 체·용을 관통하여 '경'이 실현되는 것임을 보여주고 있다. 또한 그는 임금이 '경'을 실천하는 덕이 바로 천명의 기틀을 마련하는 방법임을 확인하고, '경'의 수양론이 군덕의 기초가 되는 것으로 파악하여, 수양론과 치도(治道)의 경세론이 일관하는 것으로 제시하고 있다.

---

32) 앞의 책, 권6, 10, 〈영락십삼년륙월일봉사(永樂十三年六月日封事)〉; "靜而操存焉, 則鑑空衡平, 渾然無外, 而萬物之理, 莫不統於其中, 雖鬼神不得而窺矣, 動而省察焉, 則如鑑之照人, 如衡之稱物, 姸媸輕重, 粲然有倫, 而萬事莫不各得其宜矣, 此迺聖學敬德之功, 基命之要."

3) 윤상(尹祥)의 성리설과 수양론

세종 때의 저명한 유학자인 윤상(別洞 尹祥, 1373~1455)은 태종 때 성균관대사성을 지냈던 조용(趙庸, ?~1424)에게 수학하였으며, 조용은 정몽주의 문인이므로, 그도 정몽주의 학맥을 이어갔다. 그는 20년 동안 성균관대사성을 지내면서 성리학의 연구와 교육에 중요한 역할을 하였다. 그는 "성인의 도에는 '체'와 '용'이 있어서 천·지·인 삼재(三才)를 관통하고 우주를 포괄하는 것이요, 오경(五經)의 글은 바로 이 도를 싣고 있는 그릇이다. 이 글을 궁구하여 '체'를 밝히고 '용'을 통달하게 하는 것이 유자(儒者)의 임무가 아니겠는가"[33]라 하여, 성인의 도와 경전을 도(道)·기(器)의 관계로 파악하며, 경전을 통해 도의 체·용을 밝힐 것을 강조한다. 이에 따라 그는 '오경'의 내용을 제시하여, 《역》은 넓고 크며 모두 갖추고 있는 것으로 64괘 384효가 삼재[天·地·人]의 도가 아님이 없다 하고, 《서》는 정사(政事)를 말하는 것이요, 《시》는 성정(性情)에 근본 하는 것이며 《예》는 절문(節文)이요, 《춘추》는 선한 일을 칭찬하고 악한 일을 비판하며[褒善貶惡] 왕도를 귀하게 여기고 패도를 천하게 여기는 것[貴王賤覇]이라 규정하고 있다. 여기서 그는 오경을 체용이 갖추어져 있는 것으로 주목하고, 특히 《역》에서 선천(先天)·후천(後天)의 방위와 상경(上經)·하경(下經)의 시작과 끝에 체용이 갖추어 있음을 지적하는 경학적 인식을 보여주고 있다.

그리고 윤상은 "하늘이 이 백성을 낳음에 '기(氣)'로써 형체를 이루니 사물의 쓰임[用]이 있고, '이(理)'가 또한 여기에 부여되니 마땅한 법칙[則]이 있다"[34]고 하여, 인간에 '기'와 '이'가 부여됨에 따라 형

---

33) 《별동집(別洞集)》권2, 18, 〈책문(策問)〉 ; "聖人之道, 有體有用, 貫乎三才, 包乎宇宙, 五經之文, 乃載道之器也, 究其書, 明其體而達其用, 非儒者之務乎."

34) 앞의 책, 권2, 20~21, 〈천생증민유물유칙(天生蒸民有物有則)〉 ; "天之生人, 旣有是物, 則天之賦人, 必有是性,…天生斯民, 氣以成形, 而有事物之用, 則理亦賦焉, 而有當然之則."

체[形]와 성품(性)이 있게 됨을 분석하고, 이에 상응하는 사물과 법칙이 있음을 밝히고 있다. 여기서 그는 '기'를 먼저 언급하고 '이'가 '기'의 형체에 부여되는 생성 과정을 제시하고 있다. 이와 더불어 그는 주렴계(周濂溪)가 〈태극도설(太極圖說)〉에서 제시한 견해를 받아들여, 태극이 한 번 활동하고[動] 한 번 고요하여[靜] '양의(兩儀)'가 나누어지고, 음양(陰陽)이 변하고 합하여 '오행(五行)'이 갖추어지며, '양의'가 성립하고 '오행'이 갖추어지면서 천지가 만물을 생성하는 도리를 갖추게 되는 것이라 하여, '태극'에서 '양의(음양)'와 '오행'이 전개되어 나오는 생성의 과정을 제시하기도 한다. 곧 앞에서는 '기' 중심으로 보고, 뒤에서는 '이[太極]' 중심으로 보는 두 가지 상반된 입장을 동시에 보여주고 있는 것이다. 이에 따라 그는 '이'와 '기'는 근본적으로 어느 하나가 선행하는 것이 아니요 서로 나누어 놓을 수도 없는 일원적인 존재로 해석함으로써 두 견해를 종합하는 입장을 밝히고 있다.

곧 그는 천지의 '기'를 부여받아 형체를 이룬 사물[物]과 천지의 '이'를 갖추어 성품을 이룬 법칙[則]의 관계에 대해, 사물이 있으면 법칙이 있으므로 사물과 법칙이 서로 떠날 수 있거나 두 가지가 아니라 하여, 이기론의 인식에서 일원론적 입장을 밝히고 있다. 따라서 그는 '이'는 '기'가 아니면 깃들 곳이 없으며, '기'는 '이'가 아니면 이루어질 수가 없으니, 어찌 털끝만큼이라도 빈틈이 있겠는가"35)라 하여, '이'와 '기'가 서로 떠나 존재할 수 없다는 불상리(不相離)함을 강조하고 있다.

또한 그는 인간 존재의 생성을 "무극(無極)의 진(眞)과 이오(二五: 음양(陰陽)·오행(五行))의 정(精)이 오묘하게 결합하여 엉긴 것"이라는 주렴계의 말을 전제로 삼으면서, 인간의 처음 생성은 '정(精)'과 '기(氣)'일 뿐이라 하여, 생성 초기에서 기질적 요소인 '정'과 '기'를 강조한다. 따라서 그는 '정'이 엉긴 것이 모습[貌]이고 '기'가 발

---

35) 앞의 책, 권2, 21, 〈천생증민유물유칙(天生蒸民有物有則)〉: "理非氣, 無所寓, 氣非理, 不能成, 則豈有毫髮之間哉."

동한 것이 언어[言]이며, ‘정’이 드러난 것이 보는 것[視]이요, ‘기’가 감추어진 것이 듣는 것[聽]이며, 이들이 모두 우리 몸의 사물이라 한다. 나아가 수족의 움직임이나 마음의 생각함에서 군신(君臣)·부자(父子)·부부(夫婦)·장유(長幼)에 이르기까지 모두가 우리 자신의 사물 곧 형체가 있는 존재라 본다. 여기에 ‘사물이 있으면 법칙이 있다’는 명제에 따라 사물에 반드시 마땅한 법칙[當然之則]이 있는 것이다. 귀로 듣는 것을 맡는데 듣는 능력의 귀밝음[聰]을 극진하게 하는 것이 귀의 법칙이요, 눈이 보는 것을 맡는데 멀리 보는 눈밝음[明]을 다하는 것이 눈의 법칙이라는 것이다. 이러한 마땅한 법칙은 언어에서는 이치에 합당한 것[當理]이요, 모습에서는 공손한 것[致恭]이요, 부자 관계에 놓여서는 친함[親]이요, 군신 관계에 놓여서는 의로움[義]이요, 부부에서는 분별[別]이라는 것 등이다. 그는 형체에 갖추어져 있는 법칙으로부터 도덕적 당위성으로 법칙의 의미를 확장시키며, 이러한 법칙은 ‘천명으로 부여된 성품[天命之性]’으로 확인하고 있다. 여기서 그는 ‘기’가 형체를 이룬 것이 사물이요, ‘이’가 성품을 이룬 것이 법칙으로서, 사물과 법칙은 사람이 공유한 것이지만, 성품을 다 이루고 형체를 바르게 실천하는 것은 군자만이 할 수 있다”36)라고 하여, 이기(理氣) 개념의 구조로서 사물 내지 형체[物·形]와 법칙 내지 성품[則·性]에서 인간의 도덕적 정당성을 확인하고, 한 걸음 더 나아가 인격의 온전한 실현을 추구하는 수양론의 원리를 확인하고 있다. 그만큼 윤상은 성리학과 도덕론과 수양론이 어떻게 일관적으로 연결되고 있는 것인지를 선명하게 드러내 주고 있는 것이다.

윤상은 ‘책문(策問)’에 대한 대답에서 “다스리는 도리는 마음에 근본하고, 마음을 찾는 요령은 ‘경’에 근본한다[爲治之道本乎心, 求心之要本乎敬]”는 말을 전제로 받아들이고, “마음은 모든 조화의 근원이요, ‘경’(敬)은 한 마음의 주재이다[心者萬化之源, 敬者一心之主宰]”라는 마음과 ‘경’의 관계에 대한 정의를 제시함으로써, ‘경’으로 마음을 다

---

36) 앞의 책, 권2, 22, 〈천생증민유물유칙(天生蒸民有物有則〉 ; “夫氣之成形者物也, 理之成性者則也, 物則, 固人之共有, 而盡性踐形, 則惟君子能之也.”

스리고, 이 마음으로 천하를 다스리는 질서를 밝히고 있다. 따라서 그는 "다스리면서 마음을 바르게 하지 않으면 어떻게 좋은 정치가 이루어지겠으며, 마음을 찾으면서 '경'을 알지 못하면 어떻게 본심의 바름을 얻을 수 있겠는가. 한 마음의 '경'은 진실로 다스리는 도리의 큰 근원이며, 모든 임금의 '심법'이다"[37]라 하여, 정치가 마음의 수양에 근본 한다는 도학적 경세론의 치도(治道) 원리를 확인하고 있으며, 그 치도의 실현을 위한 수양론의 기본 방법으로서 '경'의 중요성을 역설하고 있는 것이다.

이처럼 그가 마음을 정치의 근원으로 확인하고 '경'을 마음의 주재로 파악하고 있는 것은 성리학의 심성론에 따라 마음의 개념을 정밀하게 분석하는데 천착하지 않고, 마음의 개념을 경세론의 치도로 이끌어 내고 있는 사실에서 조선 초기 학풍이 지닌 현실적이고 실용적인 성격을 명확히 드러내 주고 있는 것이다. 또한 '경'의 수양론을 통한 마음의 다스림도 고요함을 주장함[主靜]으로써 마음의 내면적 집중에만 치우쳐 대상 세계를 소홀히 여기는 태도와는 달리 마음을 다스리는 '경'의 수양론을 통해 직접 현실 세계를 다스리는 정치의 근본을 확립하고 있다는 점에서 당시의 학풍이 지닌 실천적이고 사회적인 성격을 잘 보여주고 있다. 그것은 세종 시대에 벼슬길에 나와 있던 유학자 관료들이 단순히 국가 체제를 옹호하는데 지식을 동원하고 있는 것이 아니라, 도학적 이념을 통치 원리로 정립하고 구현하기 위한 유교적 방법의 이상을 밝히고 있는 강건한 기상을 보여주는 것이라 하겠다.

이처럼 그는 한 마음이 '경'을 실현한다는 것은 도덕적으로 높은 품격을 성취한다는 인격 완성의 수양론적 지향이라기보다는 오히려 모든 경세론적 판단의 기준을 확립하는 것으로 인식하고 있다. 그것은 경세론의 현실적 요구를 기준으로 그 근본의 기초를 확보하는 학문 체계라 할 수 있으며, 따라서 마음의 근원성을 인식하는 성리학이나

---

37) 앞의 책, 권2, 15, 〈책(策)〉: "爲治而不正其心, 何以成善治, 求心而不知其敬, 又何以 得本心之正哉, 嗚呼一心之敬, 誠治道之大源, 百王之心法乎."

마음의 주체적 통제 중심을 확립하는 수양론도 모두 정치 원리로 이끌어 내는 경세론으로 지향하고 있는 학문 체계를 드러내고 있는 것이다. 그는 '책문'에서 제기된 두 과제로서 임금이 신하들의 의견을 들어 국정을 처리하는 '청정(聽政)'이 합당한지 여부를 분별하는 것과 내려야 할 명령을 다듬는 '수령(修令)'이 공리(公理)에 합치하는 것이라는 치도의 두 과제에 대해서, 그는 '경'을 근본으로 하고 인재를 얻어 활용하는 방법을 대답으로 제시하고 있다.

> "한 마음의 '경'은 실로 모든 일의 근본이고, 인재를 활용하는 것은 다스리는 도구이다. 무릇 모든 정치의 조목이 이같이 지극히 번잡하고 마땅한지 여부를 분별하는 것이 이같이 지극히 어려워도, 그 이치는 모두 마음에 근본 한다. 진실로 '경'으로써 마음을 밝힐 수 있으면 한번 '경'하는 사이에 모든 이치가 다 갖추어 있으니, 일이 이르고 물체가 닥쳐와도 마음에 살피고 이치에 헤아리면 그 마땅한지 여부의 분별은 거울이 물체를 비추는 것 같고 저울이 무게를 달아보는 것 같은 것이다. 어찌 온갖 정무가 번잡하고 처리에 실수 있을까 염려할 것인가."38)

윤상은 '경'의 실천 방법으로서 《주역》〈건괘(坤卦)〉 문언(文言)에서 말한 '경(敬)으로써 안을 곧게 하고, 의(義)로써 밖을 반듯하게 할 것[敬以直內, 養以方外]'을 실천하면 공변함[公]으로써 사사로움[私]을 소멸시킬 수 있게 되어 공리(公理)에 합치할 수 있음을 밝힌다. 여기서 그는 임금에게 '경'을 근본으로 삼으면 위로 옛 성인의 도통(道統)을 계승하고, 아래로 그 시대 세상의 태평함을 이룰 것이니, 요순(堯舜)과 삼대(三代)의 정치도 이루기 어렵지 않을 것이다"39)라 하여, 임금의 정치가 '경'에 근본 하는 것임을 역설하고, '경'의 근본을 확

---

38) 앞의 책, 권2, 17, 〈책(策)〉: "一心之敬, 實萬事之本, 人才之用, 乃爲治之具也, 蓋庶政之目, 如此其至繁也, 當否之辨, 如此其至難也, 而其理則皆本於心, 苟能敬以明之, 則一敬之間, 萬理咸備, 事至物來, 察之於心, 揆之於理, 其當否之辨, 如鑑之照物, 如權之輕重矣, 何患萬機之繁, 處置之失乎."
39) 앞의 책, 권2, 17~18, 〈책(策)〉: "誠以敬爲本, 則上以繼前聖之道統, 下以致當世之隆平, 而唐虞三代之治, 不難致也."

립하면 성현의 도통을 계승하는 과제와 한 시대의 이상 정치를 실현하는 과제를 동시에 이룰 수 있는 것임을 강조하고 있다.

이처럼 세종 시대 성리학과 수양론의 인식에서 드러나는 기본 특징은 현실 사회의 경세론적 문제를 일차적 과제로 삼고 그 근본 원리로서 성리학적 개념과 수양론적 방법을 경세론의 과제에 통합시켜 밝히려는 관심을 보여주는 것이다. 또한 심성론의 근원성에 대한 천착에 빠지지 않고, 그 실현 방법으로서 수양론에 더욱 깊은 관심을 보이고 있으며, 이를 적극적으로 경세론의 현실적 실현과 연결시키기를 지향하는 일관적 태도를 엿볼 수 있다. 그것은 형이상학의 관념적 논변에 침잠 하는 조선 중기 이후의 경향에 비하여 그만큼 현실적 요구에 긴밀히 연결된 성리학의 현실적 구현 양상을 보여주는 것이라 할 수 있다.

4) 도학적 수양론과 독서법

박흥생(菊堂 朴興生, 1374~1446)은 태종의 부름을 받고 자결하여 고려 왕조를 위해 절의를 지켰던 김자수(桑村 金自粹)의 문인으로 박연(蘭溪, 朴堧)의 종형(從兄)이다. 그는 자신의 고향 영동에 세운 '이락당(二樂堂)'의 기문(記文)을 지어서 산수(山水) 속의 즐거워하는 뜻을 보였는데, 여기서 그는 "산의 우뚝함을 보는 것은 '아홉 길을 쌓는데 마지막 한 삼태기까지의 노력'에 감동하여 자강(自强)에 힘쓸 수 있고, 물의 흐름을 보는 것은 '흘러가는 것이 이와 같다'는 탄식에 감동하여 군자의 불식(不息)하는 일이 갖추어지는데 일치할 수 있다"[40]고 하여, 단순히 산과 물을 즐기는 것이 아니라 《논어》〈자한(子罕)〉에서 공자의 말씀을 되새기며, 이를 통해 《주역》〈건괘(乾卦)·상(

---

40) 《국당유고(菊堂遺稿)》 권2, 1, 〈이락당기(二樂堂記)〉; "觀山之峻, 有感於九仞一簣之功, 可勉於自强, 觀水之流, 亦感於逝者如斯之歎, 可契於君子不息之事備矣."

象)〉에서 '스스로 힘써서 쉬지 않는다'는 자강(自强)과 불식(不息)의 수양 방법을 확인하고 있다. 또한 그는 "옮기지 않는 것이 산이니, 어진 사람[仁者]은 의리(義理)에 편안하여 그 고요함을 체득하여 스스로 즐거워하고, 막히지 않는 것이 물이니, 지혜로운 사람[智者]은 사리(事理)에 통달하므로 그 활동함을 체득하여 스스로 즐거워한다. 의로움[義]에는 일정한 법칙이 있고 일[事]에는 일정한 작용이 없으니, 어질고[仁] 지혜로움[智]은 활동하고 고요함의 기상이 이와 같다"[41]고 하여, 산과 물의 대상적 존재로부터 어진 사람이 안정하는 불변적 법칙으로서 의리(義理)의 세계를, 지혜로운 사람이 통달하는 가변적 사무로서의 사리(事理)의 세계를 동(動)·정(靜)의 대응 구조로 극명하게 대비시키고 있다. 이것은 법칙[則]의 본체와 사무[事]의 작용이라는 체·용 구조를 제시하는 것이기도 하다.

하연(敬齋 河演, 1376~1453)은 정몽주의 문인으로 문종 때는 영의정에까지 올랐다. 그는 위학(爲學)의 도를 두 가지로 나누어, 하나는 실지에 힘쓰는 무실(務實)의 학문이니, 이것은 곧 위기(爲己)의 학문으로 기준을 삼으며, 다른 하나는 명목에 힘쓰는 무명(務名)의 학문이니, 이것은 위인(爲人)의 학문으로 경계된다. 따라서 그는 일상 생활의 실지에서 심고 길러 순서에 따라 나아가서 덕성을 높이고 경학을 연마하는데 까지 이르는 학문의 성숙 과정을 중시한다. 곧 이러한 학문적 성숙에서 보면 문장[文]은 의리의 근원에서 나오게 되고 정사[政]는 발하여 도덕의 활용이 되어, 이것이 '정심·수신(正心修身)'으로 나라와 천하를 다스리는 근본이 되는 것이라 한다. 그만큼 문장과 정치라는 두 구체적 실현 세계를 인식하면서도 문장의 근원으로 의리를 지적하고, 정사의 바탕으로 도덕성 내지 '정심·수신'의 수양론적 기초를 주목하고 있는 것이다. 또한 그는 공자의 '사교(四敎: 문(文)·행(行)·충(忠)·신(信))'를 주목하면서, "사람을 가르치는데 문장[文]을 배워 행

---

41) 앞의 책, 권2, 2, 〈이락당기(二樂堂記)〉; "不遷者山也, 而仁者安於義理, 故體其靜而自樂焉, 無滯者水, 而智者達於事理, 故體其動而自樂焉, 義有定則, 事無定用, 仁智動靜氣像如此."

위[行]를 닦아서 충(忠)과 신(信)을 간직하는 것이니, 충·신이 근본이
다"42)라 하여, 충신의 인격적 바탕을 근본으로 삼고 그 위에 문장과
행위의 현실 세계가 성립하는 학문방법론을 확인하고 있다.

하연은 특히 수양론에 관심이 깊어 주자의 〈경재잠(敬齋箴)〉에 깊이
침잠하여 그 자신이 〈경재잠도(敬齋箴圖)〉를 그려 벽에 붙여 놓고 평
생토록 '경'으로 수양을 실천하였으며, 이에 따라 그 자신의 호를 '경
재(敬齋)'로 붙였다 한다. 그의 〈경재잠도〉는 왕백(王柏)이 그린 〈경재
잠도〉와 기본 구조에서 차이를 보여주고 있다.43)

하연: 〈경재잠도〉의 기본 골
격

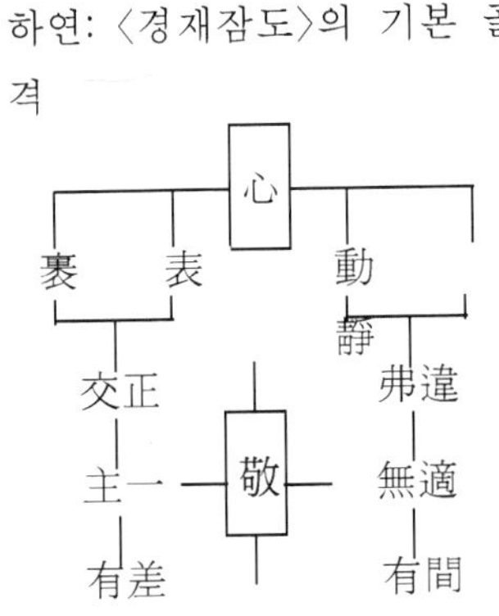

왕백: 〈경재잠도〉의 기본 골
격

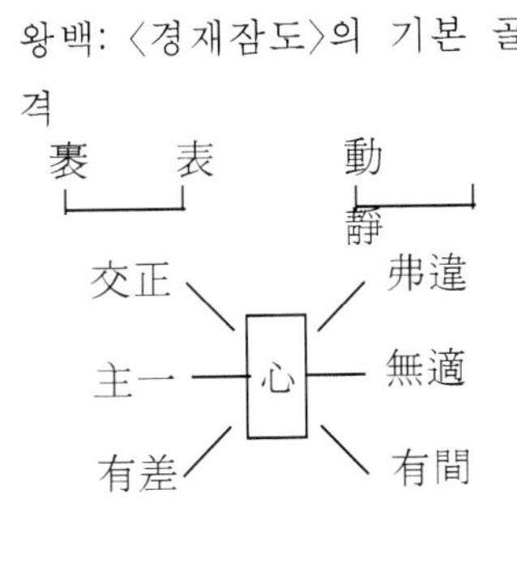

하연의 〈경재잠도〉는 중심 개념인 '심'과 '경'을 위와 아래에 두
중심 축으로 삼고 있는데 비해 왕백의 〈경재잠도〉는 '심'을 단일한
중심 축으로 제시하고 있으며, 하연은 '경' 개념의 기본 정의에 해당
하는 '주일(主一)'에 교정(交正)·유차(有差)를 연결시키고, '무적(無
敵)'에 불위(弗違)·유간(有間)을 연결시켰으나 왕백은 교정(交正)·불
위(弗違)·주일(主一)·무적(無適)·유차(有差)·유간(有間) 중심 축에

---

42) 《경재집(敬齋集)》 권2, 8, 〈진주향교사교당기(晉州鄕校四敎堂記)〉: "夫子之四敎, 敎
　　人以學文修行, 而尊忠信也, 忠信本也."
43) 하연(河演)의 〈경재잠도〉는 《경재집(敬齋集)》(권2, 10)에서 볼 수 있고, 왕백(王柏)
　　의 〈경재잠도〉는 이황(李滉)의 〈성학십도(聖學十圖)〉에 제9도로 수록되어 있다.

자리잡은 '심'에 방사상으로 연결시키고 있다는 차이를 보여준다. 이러한 차이의 의미는 왕백이 '심'의 주체를 강조하고 그 실천하는 다양한 자리의 전체에 '경'이 퍼져 있는 것으로 파악하여 '심'의 실천 영역으로 '경'을 제시하고 있는 반면에, 하연은 '심'을 동·정과 표·리의 영역을 관장하는 중심으로 특정화시켜 파악하면서 '경'을 중심으로 하는 실천 영역을 단계적으로 분석함으로써 '경'을 기준으로 삼고 '심'을 기초로 삼는 '경'과 '심'의 상관 구조를 보여주고 있는 것이다.

사육신(死六臣)의 한 사람인 하위지(丹溪 河緯地, 1412~1456)는 세종 시대 집현전학사로 활동하였던 인물이다. 그는 '정(政)'을 다스림을 행하는 도구요, '도(道)'는 다스림이 나오는 근본이라 대비시키고 있다. 또한 임금의 한 마음은 '도'가 말미암아 나오는 곳이라 하고, 그 '도'의 큰 근원은 하늘에 근본 하는 것이요, 그 도의 큰 활용은 '정'에서 드러나는 것이라 확인한다. 그것은 '도'와 '정'이 다스림의 본·말(本末) 구조를 이루는 것으로 제시하는 것이요, 임금의 한 마음이 말미암는 '도'의 근원을 '천(天)'이라 하고 활용을 '정'이라 하여, '천'과 '정'이 '도'의 체용(體用) 구조를 이루는 것으로 밝히고 있다.44) 이처럼 '정'과 '도', 내지 '천'과 '정'의 본말·체용 구조를 주목함으로써 정법(政法)의 경세론적 문제가 '도'의 본체를 떠나 있지 않는 것임을 강조한다. 그것은 바로 도학적 경세론이 '도'의 근본을 떠날 수 없다는 체용일원(體用一原)의 성리학적 인식을 기반으로 하고 있음을 말해 주는 것이다.

> "보이지도 않고 들리지도 않는 곳에서 '존양(存養)'하고, 가장 잘 드러나고 가장 뚜렷한 곳에서 '성찰(省察)'한다. 이에 천하의 큰 근본을 세우고 천하의 큰 활용에 통달하여, 중화(中和)의 극진한 성과를 이루게 되면, 정법(政法)은 시행되지 않음이 없고 폐단은 제거되지 않음이 없어 하늘과

---

44) 《단계유고》 17, 〈무오 정대책(戊午庭對策)〉 ; "政者爲治之具也, 道者出治之本也, 人主之一心, 又道之所由出也, 道之大原本於天, 道之大用著於政."

땅이 만물을 조화하고 생육하는데 참여하여 돕는 정치를 앉아서 이룰 수 있다."45)

여기서 하위지도 '경'의 동·정에 따른 존양과 성찰의 수양론적 방법을 제기하고, 이를 통하여 마음의 체·용으로서 '중·화(中和)'를 이룸으로써 이상적 정치를 실현할 수 있음을 강조하고 있으니, 그것은 바로 성리학과 수양론과 경세론이 통합된 도학적 경세론을 제시하고 있는 것이다.

조선 초기 절의파의 학맥을 계승한 사림파는 도학의 정맥을 정몽주→길재→김숙자→김종직→김굉필→조광조로 이어지는 학통으로 인식하여 왔다. 바로 이런 의미에서 세종시대에 활동한 김숙자(江湖 金叔滋, 1389~1456)는 조선 초기 유학 사상사에서 중요한 위치를 갖는다. 특히 정몽주와 길재가 고려 말기에 활동하였던 인물이라고 보았을 때 김숙자는 조선 초기 도학의 조종(祖宗)이라고까지 언급되고 있다.46) 그는 〈학규(學規)〉에서 위학론으로서 독서법을 중시하여, 처음 배울 때《동몽수지(童蒙須知)》·《유학자설(幼學字說)》·《정속(正俗)》을 암송할 수 있게 된 다음에《소학》에 들어가고, 그 다음《효경》을 거쳐 《대학》·《논어》·《맹자》·《중용》을 차례로 읽고, 그 다음《시》·《서》·《춘추》·《역》·《예기》를 읽고, 그 다음에《통감(通鑑)》을 비롯한 여러 역사서와 백가(百家)의 글을 읽어야 할 것을 제시하고, 그 순서를 어기지 말 것을 강조한다.

또한 독서에서 거친 마음과 큰 담력이 지나치기 쉬움을 경계하고, 자세하게 간파하여야 할 것을 역설하며, 독서를 '옛 사람의 찌꺼기[古人糟粕]' 라는 장자(莊子)의 말을 경계하고, 독서에서 힘써야 할 요령으

---

45) 위와 같은 곳 ; "存養於不覩不聞, 省察於莫見莫顯, 于以立天下之大本, 達天下之大用, 而致中和之極功, 則政無不擧, 弊無不革, 而參天贊化之治, 可坐而致矣."
46) 《강호선생실기(江湖先生實記)》 권4(부록), 2, 〈청시소(請諡疏)〉; "明廟朝太學儒生請復文正公臣趙光祖之疏曰, 光祖學於金宏弼, 宏弼學於金宗直, 宗直之學得於其父叔滋, 叔滋之學得於吉再, 吉再之學得於鄭夢周, 夫鄭吉兩賢乃麗朝人也, 至若本朝, 則道學之傳, 叔滋爲之祖宗矣."

로 '체인(體認)'을 강조하며, 궁색하여 자신을 행하거나[行己] 현달하여 남을 다스림[治人]에 전적으로 성현을 법도로 삼을 것을 강조한다. 그만큼 독서를 통해 옛 성현의 법도를 본받아 '체인'하도록 요구하고 있는 것이다. 또한 그는 주자의 《중용혹문(中庸或問)》과 《대학혹문(大學或問)》도 필독서로 지적하였으며, "장구(章句)를 표절하여 저술을 돕고자 하는 것은 성리학이 아니다"라고 언급하여 궁리(窮理)와 실천(實踐)의 성리학적 학문 자세를 밝혔다.47) 그만큼 성리학은 문장과 구절에 사로잡히지 말고 근본 정신을 체득하는 심성 내면의 자기 발견을 추구해 가는 공부로 확인하고 있는 것이다. 그러나 그의 저술에서 성리설에 대한 자료를 발견하기는 어려운 것이 사실이다. 그만큼 그는 주자의 성리학적 인식에 관심을 갖기보다는 도학적 실천 정신을 구현하는데 힘을 기울였던 인물이라 규정할 수 있으며, 이러한 태도가 조선 초기 사림파의 공통적 성격이라 할 수 있을 것이다.

---

47) 앞의 책, 권1, 17, 〈학규(學規)〉; "庸學或問, 不可不讀, 若欲剽竊章句, 以助著述, 則非性理之學也."

2. 정통론(正統論)과 벽불론(闢佛論)

1) 정통론과 치도(治道)

　조선 초기의 조선 왕조 창업은 국가적 정통성을 확립하는 것이 중요한 과제이었고, 유교 이념은 이러한 조선 왕조의 정통성을 천명 사상에 근거하여 뒷받침하고 있는 사실을 확인할 수 있다. 변계량은 태종 때 올렸던 봉사(封事)에서도 태조가 고려 왕조의 4백여 년 기업을 대신하여 나라를 세운 것은 사람이 할 수 있었던 것이 아니라 하늘이 하신 것이며, 창업하여 왕통을 자손들에게 내려 주어 무궁하기를 기약하는 것도 선왕[祖聖]이 염려하는 것일 뿐만 아니라 하늘의 뜻이라 확인한다. 이 때 태종이 세자에게 왕위를 물려주려 하는데 반대하면서, 그 이유로 천명이 돕지 않고, 중국이 문책할 것이며, 하늘에 계신 선왕의 신령이 진노할 것이고, 종묘·사직과 산천의 신이 반드시 원통하게 여길 것이며, 종친과 대신과 백관과 백성들이 통분하게 여길 것이라 하여, 이를 천리(天理)에 어긋나고 인정(人情)에 거슬리는 것이라 제시한다.[48] 이처럼 국가의 왕통이 지켜지는 것은 ① 천명, ② 중국, ③ 선왕의 신령, ④ 종묘·사직·산천의 신, ⑤ 종친·대신·백관·백성의 여러 존재로부터 인정을 받아야 하는 것임을 밝힌 것이요 이를 종합하여 '천리'와 '인정'에 어긋나거나 거슬리지 말아야 할 것으로 밝히고 있다. 그것은 곧 이러한 다섯 영역을 종합하면 '천리'와 '인정'에

---

48) 《춘정집》 권6, 4, 〈영락칠년팔월일봉사(永樂七年八月日封事)〉; "今殿下此擧, 天命之所不佑, 上國之所必責, 祖聖在天之靈必且震怒, 宗社山川之神必且怨恫, 宗親大臣百僚庶民莫不痛憤, 中外恟恟, 罔知所爲, 違天理逆人情莫此爲甚."

의해 왕권의 정통성이 뒷받침되는 것임을 확인하고 있는 것이다. 변계량은 임금에게 당면의 과제를 제시하면서, 유교의 정대한 원류를 확립하고 이단을 배척하여 정통을 확보하는 과제를 제시하고 있다.

> "성학(聖學)에 침잠하여 유교 원류의 정대함과 이단 학술의 어긋남을 환하게 내다보도록 하며, 의장(儀章)과 법도는 항상 예법의 제도를 따르며, 안팎으로 일체의 음사(淫祀)를 크게 개혁하고, 선종과 교종의 각종파 사찰을 도태시키며, 무릇 명목 없는 비용은 모두 폐지하고, 오직 하늘을 공경하고 백성을 사랑하며 검소하고 절약함을 높이고 화려하고 사치함을 물리치는 것으로 임무를 삼아서 국가의 용도를 절약하고 비축을 넓혀야 할 것이다."49)

여기서 그는 '성학'을 밝힘으로써 유교 정통과 이단의 분별적 인식을 정립하는 것이며, 그 정통의 실현 방법으로서 의례와 법도를 예법에 따라 수립하고 모든 '음사'와 불고 사찰을 도태할 것을 강조한다. 이러한 정통과 이단의 이념적 대립 구조가 동시에 명목 없는 경비나 사치함을 제거하여 국가의 비축을 넓히는 경제 정책의 대립 구조에 상응하는 것으로 제시되는 것은 도학적 정통론을 경세론에 적용시키고 있는 흥미로운 사유 형식을 보여주고 있는 것이다.

변계량은 세종에게 하늘의 견책으로 받아들이는 재변(災變)에 대처하여 군왕의 정당성을 확보하는 방법으로서 덕을 닦는 노력에 더욱 힘써서 천심(天心)을 향유하여 재변을 소멸시킬 수 있음을 강조하고, 그 덕을 닦는 조목으로서 '인'(仁)·'명'(明)·'근'(勤)의 3조목을 들고 있다. 곧 '인'은 사랑을 주로 하며 사랑은 어버이를 사랑하는 것이 가장 크고, '인'은 천지 만물을 일체로 삼는 것으로서 어버이를 친애하고 백성을 자애하고 만물을 애중하여 천지 만물의 한 가지라도 나의 덕화(德化) 속에 있지 않은 것이 없도록 하는 것이라 한다. 또한

---

49) 앞의 책, 권6, 21, 〈청축제언상서(請築堤堰上書)〉: "潛心聖學, 洞見吾道源流之正, 異端學術之差, 儀章法度, 動遵禮制, 大革內外一切淫祀, 沙汰禪敎各宗寺社, 凡無名之費, 悉皆停罷, 惟以敬天愛民, 崇儉約斥華侈爲務, 以節國用, 以廣儲蓄."

‘명’은 정치의 본말과 완급의 마땅함을 인식하고, 인재의 높고 낮음과 사특하고 정당함의 차이를 분별하는 것으로 임금의 큰 덕이 되는 것이라 한다. 나아가 ‘근’은 인심이 항상 간직되어 모든 일이 이로써 이루어지는 것으로 천도(天道)가 만물을 살리는 일이나 왕도(王道)가 모든 공적을 이루는 것이 ‘근’에 의거한 것이며,《주역》〈건괘(乾卦)〉상(象)에서 말하는 “천도의 운행이 강건하니 군자가 이를 본받아 스스로 힘써 쉬지 않는다.[天行健, 君子以自强不息]”는 뜻임을 밝히고 있다.50) 여기서 ‘인’은 천지의 만물을 살리는 마음을 부여받은 것으로 하늘에 근본하고 있으며, ‘명’은 인간의 일이나 인물됨을 살피는 판단능력이요, ‘근’은 하늘의 강건한 덕을 본받아 힘써야 할 인간의 덕목이므로, 모두 ‘천도’와 ‘인사’를 기준으로 하는 것이다. 그것은 바로 군덕의 정당성이 ‘천도’와 ‘인사’에 근거해야 하는 것임을 확인해 주고 있으며, 이를 벗어나면 정당성을 잃게 되고, 정통성의 기반을 확보할 수 없게 되는 것임을 의미한다. ‘천리’와 ‘인정’ 내지 ‘천도’와 ‘인사’를 일관하게 확보할 때에 비로소 유교적 정통성을 확립할 수 있는 것이다.

태종 초까지 활동하던 박의중(貞齋 朴宜中, 1337~1403)은 〈도통설(道統說)〉을 지어 조선 초기에서 유교의 ‘도통’ 개념에 대한 인식을 보여주고 있다. 그는 도통의 근원이 요·순에서 비롯하는 것이요, 그 법도의 수립은 마음과 몸에서 설명하고 있는 것이라 한다. 곧 요임금이 ‘공경하고 총명하며 우아하고 신중함[欽明文思]’은 마음의 ‘경(敬)’이요, ‘진실로 공손하고 능히 사양함[允恭克讓]’은 몸의 ‘경’으로서, 이를 미루어 구족(九族)을 화목하게 하고 백성을 밝게 다스렸다 한다. 또한 순임금이 ‘신중하고 어질고 우아하고 총명함[濬哲文明]’은 마음의 ‘경’이요, ‘온화하고 공손하며 진실로 착실함[溫恭允塞]’은 몸의 ‘경’으로서, 이를 미루어 사방을 거느리고 천체의 운행을 바로잡았

---

50) 앞의 책, 권7, 9~10, 〈영락십칠년칠월일봉사(永樂十七年七月日封事)〉: “仁者以天地萬物爲一體, 故親親而仁民, 仁民而愛物, …明則識政治本末緩急之宜, 辨人才高下邪正之異, …天道以勤而生萬物, 王道以勤而凝庶績.”

다 한다. 나아가 우임금의 '능히 근면하고 능히 검소함[克勤克儉],' 탕
(湯)임금의 '성스럽고 공경함이 날로 오름[聖敬日躋]', 문왕의 '계속하
여 밝혀서 공경함에 그침[緝熙敬止]', 무왕의 '중도를 세우고 표준을
세움[建中建極]' 이라는 것이 모두 마음과 몸에서 그 근본을 독실하게
하는 것이라 한다.51) 여기서 박의중은 도통의 전승을 요→순→우→탕
→문왕→무왕으로 내려오는 것임을 밝히고 있으며, 그 도통의 중심 개
념을 '경'으로 밝히고, '경'을 마음과 몸으로 체현하여 이를 밖으로
백성과 세상에 구현하는 것으로 제시하고 있다. 이러한 '도통' 의식은
바로 당시 유교의 '도'는 '경'의 수양론을 근본으로 하여 '치도'의
경세론으로 실현하는 것이라 파악하고 있음을 보여준다.

　　이와 더불어 박의중의 독특한 도통론적 인식이 드러나고 있음을 주
목할 필요가 있다. 곧 그는 요→순→우→탕→문왕→무왕으로 이어져
내려오던 도통의 정전(正傳)으로서 송태조를 들고 있으며, 그 근거로
주자가 "태조는 언어·문자의 학문을 하지 않았으나 그 마음은 정대
하고 광명 하여 요·순의 마음과 합치한다"고 언급하였던 사실을 인
증하고, 또한 송 태조가 모친의 가르침을 따라 제위(帝位)를 아들에게
물려주지 않고 아우에게 물려준 사실은 요가 순에게 선양(禪讓)한 뜻
이라 보고 있다. 또한 그는 제왕의 도통과 더불어 유자(儒者)가 전해
주고받은 도통을 구별하여, 유자의 도통은 맹자 이후로 동중서(董仲舒)
가 그 정통을 먼저 얻은 경우로 지적하고 있다. 그 근거로 동중서의
〈천인책(天人策)〉이 모든 군왕의 잠규(箴規)가 되며, 그 예악에 관한
문헌은 공자와 맹자의 바른 뜻을 얻었고, "도의 큰 근원은 하늘에서
나온다"라는 동중서의 말이 주자의 《중용장구》〈수장(首章)〉에서 인용
하여 증거 되고 있음을 들었다. 여기서 그는 《중용》을 도통의 글이라
하여, 주자가 첫머리에서 동중서를 인용하고 있는 것은 도통의 전승이
있음을 보여주는 것이라 밝혔다. 또한 맹자가 왕도와 패도를 분별하여
왕백(王伯)을 논하였는데, 주자가 《맹자집주》에서 "공자의 문하에서는

---

51) 《정재유고(貞齋遺稿)》 권1, 11, 〈도통설(道統說)〉.

어린아이도 오백(五伯)에 대해 말하기를 부끄러워한다"는 동중서의 말을 인용하였던 사실을 들어 맹자의 뜻을 동중서가 드러내었다고 보았다.52) 박의중은 도학의 도통론에서 주자의 권위를 빌어 동중서를 맹자의 도통을 계승한 인물로 보고 있다. 바로 이 점에서 맹자 이후 주렴계 혹은 정명도·정이천에 이르는 사이는 도통이 단절되었던 시대라 보는 주자의 도통론과 차이를 보여주고 있는 것이다. 또한 박의중은 사마광(司馬光)이 맹자를 우활하다 하고 동중서를 소루하고 허탄하다고 한 언급에 대해 사마광 자신의 학문이 투명하지 못하여 잘못된 견해라 지적하기도 한다. 박의중이 제시한 도통설은 크게 두 가지 특징으로 집약시켜 볼 수 있다. 그 하나는 성왕(聖王)의 도통과 유자(儒者)의 도통을 구별하고 있는 사실이다. 도학의 도통론은 일반적으로 요→순→우→탕→문왕→무왕→주공→공자→증자→자사→맹자…주렴계→정명도·정이천→주자로 연결시켜 연속적으로 파악하고 있는 것과 미세하지만 중요한 차이를 보여주는 것이다. 다른 하나는 성왕의 도통에 송 태조를 들었고 유자의 도통에 동중서를 들고 있는 점이요, 이 때 양쪽의 경우 모두 주자의 말을 증거로 삼고 있다는 점도 특징적이라 할 수 있다. 그만큼 주자의 도통설에 입각하고 있는 것임을 전제로 하고 있는 것이다. 특히 성왕의 도통을 제시하고 송 태조를 그 계승자로 들고 있는 것은 그의 도통론적 인식이 도학의 학문적 도통설과는 구별하여 치도와 도통을 긴밀하게 연결시켜 인식하고 있는 사실을 보여주고 있는 것이라 할 수 있다.

---

52) 앞의 책, 권1, 12, 〈도통설(道統說)〉; "中庸首章章句, 朱子先以董子道原出天之說證之, 中庸道統之書也, 首引其說者, 朱子以示其道統之有傳也, 又於孟子首篇論王伯, 集註又先引董子羞稱五伯之說, 所以示孟子之意董子發之也."

2) 유신(儒臣)들의 벽불론(闢佛論)

세종 시대 성리학의 인식이 확산되었던 것은 그만큼 불교에 대한 유학의 비판적 입장이 확립되었음을 말해 준다고 할 수 있다. 세종 즉위년(1418)에 사헌부에서 올린 상소에서도 불교의 허탄함과 민생에 해로움을 강조하고 있음을 보여준다.

> "불교의 도는 마땅히 맑고 깨끗하며 욕심을 적게 하는 것으로 근본을 삼아야 하겠거늘, 지금 무식한 승려의 무리들이 그 근본을 돌아보지 않고, 절을 세운다 하고 부처를 만든다 하며, 설법을 한다 하고 재를 올린다 하며, 천당·지옥이니 화복(禍福)이니 하는 말로 우매한 백성을 현혹하여 백성의 입 속에서 먹을 것을 빼앗고, 백성의 몸에서 입을 것을 벗겨다가 흙과 나무에 칠을 하며 옷과 음식을 바치니, 정사(政事)를 좀먹고 백성을 해침이 이보다 큰 것이 없다."53)

여기서 세종 즉위 초에 사헌부에서 올린 '척불(斥佛)' 상소를 통하여 당시 유학자 관료들의 불교를 배척하는 기본적 입장을 읽을 수 있다. 곧 그것은 불교 교리가 그 근본은 청정(淸淨)과 과욕(寡欲)에 있음을 긍정적으로 인정하면서, 실제의 승려들이 스스로 근본 교리를 돌보지 않는 불교 교단의 타락과 허위성을 비판의 전제로 확인하고 있다. 이와 더불어 교리 자체에 대한 비판으로서 천당·지옥설이나 화복설로 우매한 백성을 현혹한다는 것이다. 이러한 비판은 천당·지옥설과 화복설이 잘못된 것이라는 직접적 비판보다는 이를 통해 백성을 위협하고 현혹하는 태도를 표출시켜 비판하고 있는 것이다. 또한 절을 짓고 불상을 조성하며 법회를 열고 재를 올리는 이른바 불사(佛事)에 따르는 경제적 낭비가 민생과 정치에 끼치는 폐단을 중요시하고 있다. 백성의 재물을 희사 받아 불사를 하는 것을 백성에게서 먹고 입을 것

---

53) 《세종실록》 즉위년 10월 갑신(8일) ; "佛氏之道, 當以淸淨寡欲爲本, 今無識僧徒, 不顧其本, 曰創寺造佛, 曰法筵好事, 將天堂地獄禍福之說, 眩惑愚民, 奪民口中之食, 脫民身上之衣, 以塗土木, 以供衣食, 蠹政害民, 莫甚於此."

을 빼앗는 행위로 규정하는 것은 종교 행사에 소요되는 경비를 부정하는 태도이지만 당시에 불사가 지나치게 성행하여 흉년을 만난 민생에 심각한 피해를 주고 있는 사실을 강조한 것으로 볼 수 있다. 이것은 불교 교단의 행사에 따른 국가와 민간의 재정적 소모가 일차적 비판의 대상이 되고 있음을 보여주는 것이다.

집현전제학 윤회(鶴川 尹淮, 1380~1436)도 불교 배척의 상소를 올리면서, 먼저 중국에서 한(漢)나라 이후 불교를 숭상하여 왔지만 국가와 백성에 복도 없었고 이익도 없었음을 역사의 기록으로 확인할 수 있다고 지적하고, 또한 한유(韓愈)가 비판한 사실을 인용하면서 수재와 한재로 흉년이 들어 창고가 고갈되어 백성들의 생사가 걸려 있는데도 앉아서 놀고먹는 승려 집단의 경제적 폐단을 통렬하게 지적하였다.

> "이단 가운데에 불교가 심하다고 하는 것은, 오랑캐의 풍속으로 홀로 사민(四民: 사(士)·농(農)·공(工)·상(商)의 밖에서 백성들로 하여금 궁곤에 빠지게 하여 도적질하게 만들었으니, 그 죄가 마땅히 어떠하겠는가.… 우리 백성들의 생계가 죽고 삶을 보증할 수 없는 터인데, 이 무리들이 먹는 것은 풍년이나 흉년이나 한결같으며, 오직 백성들의 굶주림은 볼 수 있으나 승려들의 굶주림은 보지 못하였으며, 오직 백성들이 굶다가 죽는 것은 보았어도 승려들이 굶주려 죽는 것은 보지 못하였다."[54]

이처럼 윤회는 불교가 사회에 무익함을 역사적 사료에 근거하여 비판하면서 동시에 경제적 폐해를 비판하는데 초점을 맞추어, 백성들이 굶주리는 가운데서도 백성을 현혹시켜 백성의 재물을 좀먹는 유식(遊食) 계급화하고 있는 사실을 지적하고 있다. 이와 더불어 그는 유학자들이 불교의 교리에 대해 '허무적멸(虛無寂滅)'의 가르침으로 죄목을 삼아왔고, 윤리적으로 아비도 없고 임금도 없는 것이라 비판해 왔음을

---

54) 앞의 책, 6년 3월 갑신(8일) ; "異端之中, 佛氏爲甚, 以夷狄之俗, 獨居四民之外, 而使民窮盜, 其罪宜何如也, …吾民之計, 則生死莫保, 此徒之食, 則豊凶如一, 唯見民飢, 不見僧飢, 唯見民之飢而死也, 未見僧之飢而死也."

들면서도, 불교의 교설이 크고 넓어서 그 동안 천년이 넘도록 천하의
임금들과 공경(公卿)·사대부들에서 우매한 백성들까지 모두 미혹되고
빠져들어 왔던 사실을 지적하고, 그 원인을 분석하며 그 대책을 제시
하고 있다.

> "도학이 밝지 못하고, 인심이 바르지 못하여, 임금은 능히 '정밀하게 하
> 고 한결같이 하여 중도를 붙잡는 도리'를 다하지 못하고, 신하된 자는 능
> 히 '격물·치지·성의·정심의 학문'을 연구하지 못하여, 죄를 두려워하
> 고 복을 바라서 인연·과보(因緣果報)의 이론에 빠지기가 쉬웠고, 무지한
> 백성은 그들의 좋은 것을 따라서 눈으로 보고 모방하여 본뜨게 되어, 속
> 이고 꾀는 데 흐르기가 쉬워, 온 천하에 풍미하였다.55)

여기서 윤회는 이단으로서 불교에 빠져드는 원인으로 '도학이 밝지
못함'과 '인심이 바르지 못함'이라는 두 가지 조건을 지적하여, 이단
을 물리치기 위해서는 도학을 밝히고 인심을 바르게 해야 한다는 기
본 과제를 제시하고 있다. 곧 이 두 과제를 위한 구체적 방법은 바로
《서경》〈대우모(大禹謨)〉에서 말한 '정밀하게 하고 한결같이 하여 중
도를 붙잡는[精一執中], 것이요, 《대학》에서 말한 '격물·치지·성의·
정심[格致誠正]' 하는 것으로, 심성의 수양론이 도학을 밝히는 기준으
로 제시되고 있음을 볼 수 있다. 이처럼 심성을 배양한 바탕이 없으면
불교의 화복설(禍福說)이나 인연설(因緣說)·인과응보설(因果應報說)에
빠져들게 된다는 것이다. 따라서 그는 불교를 배척하는 데에 '그 사람
은 사람으로 만들고 그 책은 불사르는[人其人, 火其書] 수준을 넘어서,
성현의 법도는 요망한 말을 하는 자를 주륙(誅戮)하여 그에 대한 경계
를 밝힐 것이라는 강경한 입장을 보이고 있다.
또한 이 때에 올린 성균관 생원 신처중(申處中) 등 101명이 올린
'척불' 상소에서도 불교에 대해 ① 부자의 인륜을 끊고 군신의 의리

---

55) 위와 같은 곳 : "以道學不明·人心不正, 爲人君則不能盡精一執中之道, 爲人臣則未能
究格致誠正之學, 畏慕罪福, 而易陷於因緣果報之說, 百姓之無知者, 則從厥攸好觀瞻倣
效, 易流於誑誘而天下風靡矣."

를 배반하며, 남녀의 자손을 낳아 가는 근본을 끊는 것으로 인류의 도덕성에 배반되는 것이요, ② 밭갈고 베짜는 노동을 거부하여 먹고 입는 근원을 막으면서, 승려들은 경작하거나 베짜지 않고서 먹고 입으며, 사찰을 거대하게 짓고 황금빛과 푸른 빛[金碧]으로 단청하여 왕궁보다 사치스럽게 하는 경제적 폐단을 낳고 있으며, ③ 몸에는 선왕의 법도에 따른 의복을 입지 않아 예법에 위배됨을 지적하고 있다. 또한 ④ 삼도(三途 ; 지옥(地獄)·아귀(餓鬼)·축생(畜生)과 육도(六道 ; 지옥(地獄)·아귀(餓鬼)·축생(畜生)·수라(修羅)·인간(人間)·천상(天上)) 및 천당·지옥의 허황한 사생설(死生說)과 화복설로 백성들을 현혹하여, 온 재산을 기울여 부처를 공양하게 하고 승려에게 재를 올리게 함으로써, 현실 세계에서 본심의 강상을 허물어뜨리고 군왕의 권위를 넘보는 내세 위주의 교리를 비판한다. ⑤ 중국에서 불교를 숭봉한 왕조들에 환란이 계속 일어나 왕조의 지속 연대도 더욱 단축되었던 역사적 사실을 들었으며, ⑥ 신라나 고려에서 불교를 숭상하여 군왕의 존엄한 몸으로 사찰에 거동하여 부처에게 제자의 의례를 거행함으로써 무부·무군(無父無君)의 교를 제창하게 하고, 불충·불효(不忠不孝)의 풍속을 이루어 인심을 허물어뜨리고 천리를 소멸하게 하였다고 하여 국가의 교화(敎化)질서가 파괴되는 폐단을 제시하고 있다.

여기서 성균관 유생들은 조선 왕조에 들어와 태조·태종·세종의 억불 정책을 적극적으로 높이면서도, 아직 척불 의지가 미약하고 완만하게 이루어지고 있다고 인식하고, "곡식을 해치는 가라지풀을 없애려면 용서하는 마음이 없어야 하고, 독사와 독충을 없애려면 어려워하는 기색이 없어야 하는 것이니, 악을 제거하려면 근본에서 힘쓰라 하는 것은 옛 사람의 깊이 경계한 것이다. 어찌 잠시를 기다려 저절로 전멸되기 바라겠는가"56)라 하여, 더욱 철저한 불교 교단의 배척과 제거 의지를 요구하였던 것이다.

윤상(尹祥)도 성균관의 척불 상소를 올리면서 불교를 한마디로 오랑

---

56) 앞의 책, 6년 3월 무자(12일) ; "去莨莠者無恕心, 絶虺蜥者無難色, 除惡務本, 古人之深戒, 豈曰少待之以俟其自滅乎."

캐의 도리일 뿐이요, 공허한 교설에 치우쳐 '삼강(三綱)'을 무너뜨리고, 백성의 재물을 좀먹음으로써 가장 해독이 심한 이단이라 규정하였다. 그는 특히 불교가 유교의 기본적 윤리 규범인 '삼강'을 무너뜨리는 점을 구체적으로 검토하고 있다. 먼저 그는 '부부(夫婦)'는 인륜의 시작으로 천지에 근본하고 음양에 순응하여 '만물이 낳고 살아가는 근본[萬物生生之本]'을 이루는 것이라는 유교적 인식을 전제로 제시하고, 이에 반해 불교에서는 '부부'의 관계를 욕망이라 규정하여 남녀가 짝을 이루기를 거부하여 낳고 살아가는 근원을 끊는다고 비판한다. 다음으로 '군신(君臣)'은 천지의 큰 의리[大義]로서 머리[元首]와 팔다리[股肱]가 서로 한 몸을 이루듯이 결코 분리될 수 없는 것이라는 유교의 규범적 인식 위에서, 불교는 '군신'의 관계를 이익[利]과 녹봉[祿]이 매개하는 것이라 하여 세속을 끊고 떠나서 산림 속에 숨어서 머리를 깎아 모습을 바꾸고 의복의 법도를 어그러지게 하여 큰 의리를 돌보지 않는다고 비판한다. 그 다음으로 '부자(父子)'는 하늘이 맺은 혈육의 친족이요, 하늘이 만물을 낳는 것은 하나의 근본이 되게 하는 것이라 하고, 이에 반해 불교에서는 '부자'의 관계를 사사로운 은혜[私恩]라 여겨 반드시 모든 것을 아울러 사랑하고자 하여 부모를 거리의 사람과 같이 보아 친애함을 버리고 끊어 내어 천륜의 항상함을 어지럽힌다고 비판한다. 따라서 그는 이처럼 불교가 '삼강'의 인륜을 상실하여 끼치는 해독이 사람의 도리[人道]를 전멸시킬 것이라 규정하여, 임금으로서 세상을 미혹시키고 백성을 속이는 이러한 불교를 통렬하게 금지할 것을 요구하고 있다.57) 이처럼 윤상은 유교의 강상(綱常)의 인륜이 지닌 보편적 정당성을 입증하고, 불교의 교리를 이에 배반되는 반인륜적인 것으로 규정하여 배척하고 있다. 그것은 유교의 인륜이 합리적이고 진실한 기준이라는 정통성의 확인 위에서 불교의 이단적 요소를 입증함으로써 '정통'과 '이단'의 대비를 통한 배척의 논리적 근거를 확립하고 있는 것이다.

---

57)《별동집》권2, 1,〈성균관벽불소(成均館闢佛疏)〉: "失此三綱而罹三害, 人道滅矣, 以如是之道, 而有惑世誣民者, 則爲人上者, 所當痛禁者也."

　여기서 윤상은 태조가 조선 왕조를 창업한 초기에 국가에 유익한 것은 모두 들어올리고 사람에게 해로운 것은 모두 제거하는 개혁 정치를 수행하였지만, 부처를 섬기는 한가지 문제에 있어서만은 옛 관습을 따라 나라 안에 절을 짓고 탑을 세워 능침(陵寢)을 편안히 하고자 함으로써 불교의 배척에 미온적이었던 사실을 지적하고, 이 점이 태조의 정치에 결함이라 밝히고 있다. 이어서 그는 태종의 강경한 억불 정책이 큰 공적임을 강조하고, 세종이 선왕의 사업을 계승하여 성경(聖經: 유교 경전)을 숭상하고 사전(史傳)을 널리 읽으며, 아름다운 언행을 널리 수집하여 '삼강'을 돈독히 하는 공로를 높이 평가하면서도, 세종이 이 무렵에 흥천사(興天寺)의 탑과 전각을 성대하게 중수하고 도량을 베풀어 종실과 귀족에서 백성들까지 무수히 모여들었던 사실을 지적하고 있다. 그는 임금이 불교를 숭상하여 믿으면 아랫사람들이 모두 따르게 될 것이라 하여, 한 세상의 사람들이 비구와 비구니가 되어 부부의 인륜과 낳고 살리는 근원이 끊어져 백년 뒤에는 인류가 소멸하게 되며 부모도 없고 임금도 없어서 사람의 도리가 없는 금수(禽獸)의 세상이 될 것이라 극언하였다. 따라서 그는 세종이 호불(好佛) 태도를 보이고 있는 데 대해 그 재화의 낭비라는 차원을 넘어서 인심을 어지럽히고 풍속을 손상시키는 것이라 통탄하였던 것이다.58) 이처럼 세종 시대에는 국가의 통치 원리로서 유교 이념의 정통성에 대한 인식이 유학자 관료들 사이에 확고하게 정립되어 있었으므로, 임금의 불교에 대한 정책을 격렬하게 비판할 수 있었던 것으로 보인다.

　세종 6년 하연(河演)은 대사헌으로 불교 배척의 상소를 올려 불교 교단에 대한 억압책을 구체적으로 제시하고 있다. 그는 부처에 대해 정반왕(淨飯王)의 세자로서 임금인 아비를 버리고 지위도 사절한 채 머리를 깎고 산 속에 거처함으로써 그 도를 이루었던 인물임을 밝히고 있다. 따라서 그는 고려 왕조에서 불교를 혹독하게 믿어 노는 승려들에게 토지와 노비까지 딸려 주어 극진히 봉양하고 또 시험으로 선

---

58) 앞의 책, 권2, 2, 〈성균관벽불소(成均館闢佛疏)〉: "其於費物傷財, 固不足道, 其爲蠱亂人心, 以傷風俗, 則可謂流涕者也,"

발하는 법으로 종문(宗門)의 벼슬 품계[爵秩]를 세웠던 사실에 대해 그것은 승려들의 욕심을 채워 주는 것일 뿐이요, 재물도 지위도 버렸던 부처의 가르침을 등져 버린 것이라 지적한다. 여기서 그는 불교 교리가 인륜을 저버렸다는 비판 논리와는 달리, 고려의 군왕들이 사찰에 토지와 노비를 주고 승려들에게 벼슬 품계를 주었던 것은 승려들이 스승으로 삼는 부처의 행적이 보여준 모범에도 위배되는 것이라 하여, 불교 교단이 재물과 지위의 욕심을 탐하는 세속적 가치에 빠져 있는 것으로 비판하고 있다. 나아가 그는 태종이 사찰을 줄이고 노비를 환수한 것은 큰 공적을 이룬 것이지만 시험으로 선발하여 벼슬 품계를 주고, 토지로 승려를 봉양하는 폐단은 옛 습관을 버리지 못한 실책으로 지적한다. 심지어 그는 "동포인 적자(赤子)들도 굶는 것을 면하지 못하는 상황에서 놀고먹는 승려들이 가만히 꾀어 먹을 것을 앗아가는 것부터 이미 이치에 어긋나는 일인데, 어찌 여기다가 토지까지 주어서 그들이 자신을 받드는데 풍족하게 해주어야 할 것인가"59)라 하여, 백성들의 굶주림과 승려들의 풍족함을 대비시켜, 승려들이 백성을 미혹시켜 재물을 빼앗아 가는 행위의 그릇됨과 임금이 굶주린 백성을 버려두고 승려들을 더욱 풍족하게 해주는 과오를 비판하고 있다. 그것은 불교 교리의 비판이 아니라 승려들이 청정(淸淨)한 법도를 지키지 않는 타락상에 대한 비판이요, 군왕이 불교 신앙에 빠져 백성들을 돌보는 것보다 승려들의 욕심을 채워 주는데 급급한 과오를 지적하는 것이다.

여기서 하연은 사원에 부여된 토지가 승려수에 비해 얼마나 과다한지를 구체적으로 제시하고 있다. 곧 영통사(靈通寺) 승 7명 전 200결, 운암사(雲巖寺) 승 4명 전 200결, 흥덕사(興德寺) 승 20명 전 250결, 흥복사(興福寺) 승 10명 전 140결, 등으로 서울과 지방의 사찰에 11,100결의 전답이 분배되어 있음을 제시하였다. 200결의 땅이면 세종 때의 전분6등법(田分六等法)에 따라 1등전으로 계산해도 550,620평이

---

59) 《세종실록》 6년 2월 계축(7일); "同胞赤子未免餓莩, 遊手緇流陰誘奪食, 旣背於理, 又
何給田以優自奉乎."

요, 수확량을 상상년(上上年) 기준으로 하면 벼 16,000섬에 해당하니, 당시 사원 재산의 부유한 정도를 짐작할 수 있다. 따라서 그는 고금을 통해 "승려란 국가에 이익 됨이 없고 세상에 누만 끼친다[僧之無益於國, 有累於世]"하여, 국가에 경제적으로 부담이 되는 점을 집중하여 드러내었던 것이다. 이에 따라 그는 당(唐)나라 고조(高祖)가 승려를 미워하여 서울에다 절 두 곳과 도관(道觀) 두 곳만을 남겨 두고, 지방에는 주(州)마다 두 곳만 남겨 두고 나머지는 모두 폐지하였던 사실을 들어서, 당 고조의 경우를 모범으로 삼아 우리 나라에서도 서울에 세 곳, 유후사(留後司 : 개성(開城)에 설치)에 한 곳, 각 도에 두세 곳의 사찰만 남기고 나머지는 모두 도태시킬 것을 주장하였다. 또한 그는 시험으로 선발하는 법을 폐지하고, 승직(僧職)에는 임금이 비답을 내리지 말 것이며, 승려들을 관할하는 총본부인 승록사(僧錄司)를 모두 개혁하도록 요구하고 있다.

하연은 이렇게 불교 교단의 전면적 개혁을 이룸으로써 국가와 불교를 위해서도 유익한 길이 열릴 수 있다고 본다. 곧 "청정(淸淨)한 도를 수행하게 하고, 여래의 가르침을 밝히게 하면, 단지 국가의 다행일 뿐 아니라 승려나 도사에 있어서도 다행한 일이다"60)라 하여, 승려들이 승려의 청정한 수도자로서의 본분을 다 할 때 국가에도 재정적 낭비가 없어질 뿐만 아니라 불교 교단도 욕망에 빠져 타락한 모습을 버리고 청정한 도량으로서 본래 모습을 찾을 수 있을 것이라 본다. 하연의 불교 교단의 개혁 방책은 불교 교리의 직접적 비판보다는 역사적 폐단에 초점을 맞추어 현실의 불교 교단과 승려의 생활이 사치나 낭비에 젖어 있는 사실과 임금이 불교 교단의 낭비를 조장하는 실책을 지적함으로써 불교 교단의 청정한 본래 정신을 회복하도록 요구하는 것이다.

당시의 불교 배척 논리는 인륜에 어긋나는 것이라는 이념적 비판, 승려들이 청정하지 못하고 타락하였다는 도덕적 비판, 불사(佛事)를

---

60) 위와 같은 곳 ; "以修淸淨之道, 以明如來之敎, 非惟國家之幸, 亦於僧道幸甚."

일으키거나 무위도식하는 승려로 국가재정에 심각한 피해를 준다는 경제적 비판을 비롯하여, 역사적 사실에 대한 비판, 현재군왕의 불교 정책에 대한 비판 등 다양한 비판적 견해를 분출하고 있었던 것이다. 특히 하연의 불교 배척 상소는 불교의 본래 정신을 회복하기 위해서라도 개혁해야 한다는 논리로서, 당시 왕실과 귀족들 사이에 여전히 남아 있는 불교에 대한 호의적인 두터운 층을 설득시키면서 불교 배척에 접근하려는 현실적 방법으로 이해할 수도 있다.

이처럼 정부의 유학자 관료들에서 성균관의 유생(儒生)들에 이르기까지 불교 배척론이 확립되었고, 그들의 배척론이 격렬한 것이었음에도 불구하고 불교 교단을 제거한다는 것은 현실적으로 거의 불가능하리만큼 어려운 일이었던 것으로 보인다. 세종도 초기에 불교 교단에 대한 억압 정책을 쓰다가 사회적 안정을 위해 완화 정책으로 전환하지 않을 수 없었다. 세종은 불교를 도태시켜 남은 것이 없게 된다면 버릴 수 있겠지만 도태시킬 수 없다면 취하는 것이 옳다는 입장에서 사찰을 개수(改修)하거나 내불당(內佛堂)을 건립함으로써 왕실과 대중 속에 뿌리박고 있는 불교 신앙의 기반과 조화를 이루고 균형을 추구하게 되었던 것이다. 물론 세종은 자신의 입장을 이단으로 규정된 불교를 신봉하는 것이 아니라 조종(祖宗)의 유의(遺意)를 추모하는 것으로 밝히고 있지만, 이에 대해 유학자들의 반박과 간쟁(諫爭)이 잇따라 일어났다. 사찰을 개수하고 내불당을 건립하는데 따른 항의는 황희(黃喜)·하연(河演) 등 대신으로부터 간관(諫官)들과 집현전학사 및 성균관유생 등의 잇달은 벽불 상소에서 잘 드러나고 있다. 이 때에 강력한 불교 배척론에도 불구하고 세종의 완강한 불교 옹호 태도가 지닌 사회적 내지 정치적 의미나 사상사적 의의가 지닌 깊은 뜻도 있지만, 그만큼 이 시대에 불교 배척의 신념이 유교 지식인의 의식 속에 확립되어 있음을 확인할 수 있게 한다. 그것은 또한 그만큼 세종 시대에 도학의 정통적 이념에 따른 벽불론이 유학자와 관료들의 의식과 신념 속에 자명한 전제를 이룰 만큼 일반화되어 있었던 사실을 말해 주는 것이기도 하다.

임금이 비록 당시의 풍속에 융화하려는 종교 정책을 제시하였다 하더라도 유학자들은 도학의 이념에 비추어 엄중한 비판을 하고 있는 것을 볼 수 있다. 따라서 벽불론의 확립은 그만큼 도학적 이념의 실천 의지와 신념을 보여주는 것이요, 세종의 호불(好佛) 태도에 대한 비판과 항의가 높았던 것은 바로 세종 시대 도학의 기개와 학문적 기반이 사회적으로 광범하게 정착하고 있음을 측정할 수 있게 하는 지표가 되는 것이다.

3) 김숙자(金叔滋)의 벽불론

세종 시대에 활동한 사림파의 유학자인 김숙자는 세종의 호불(好佛) 태도에 반대하여 두 차례의 불교 배척 상소를 올려서 세종의 분노를 일으키기까지 하였다. 그는 "천하의 도는 바른 것이 있고 사특한 것이 있으니, 바른 것이 이기면 우리 도(유교)가 행해져서 인륜이 펼쳐지며, 사특한 것이 이기면 이단이 일어나 인륜이 무너진다"[61]고 하여, 도를 정도(正道)와 사도(邪道)로 구분하면서 이에 따라 정통(유교)과 이단을 대립적으로 파악하고, 이 대립적 구조가 고금에 통하는 이치와 형세의 자연이라 밝히고 있다. 그만큼 그는 정통 의식에 근거하여 '사도'요 '이단'인 불교를 적대적으로 규정하고 있는 것이다. 여기서 그가 정통과 이단이 갈라지는 기준으로 인륜[彝倫]을 제기하고 있는 것은 바로 유교의 정통성을 이루는 본질적 가치를 인륜으로 파악하고 있음을 의미한다.

또한 그는 불교가 '부모를 부모로 여기지 않고 임금을 임금으로 여기지 않으며[無父無君]'·'인심을 훼손시키고 강상을 소멸시키는[毀人心滅綱常]' 것이므로 불교를 물리친 다음에라야 교화를 일으킬 수 있

---

61) 《강호선생실기》 권1, 1, 〈척불소(斥佛疏)〉: "天下之道, 有正有邪, 正者勝, 則吾道行而彝倫敍, 邪者勝, 則異端起而彝倫斁."

고, 승려들이 놀고먹으며 부역과 조세를 도피하고 백성의 재물을 좀먹는 것이므로 도태시킨 다음에라야 백성을 이롭게 할 수 있다고 하여, 정치와 민생을 위한 전제 조건으로 불교의 배척을 지적하였다. 여기서 그는 맹자가 "인심을 바로잡고 사설(邪說)을 그치게 하고자 한다"고 언급하고 양주(楊朱)와 묵적(墨翟)을 이단의 사설로 배척한 사실과, 정명도(程明道)가 "불교의 폐해는 양주·묵적보다 더욱 심하다"고 한 언급을 인용하여 불교에 대한 비판 입장을 확립하고 있음을 들었다. 이러한 벽이단론의 입장에서 송대 도학자가 춘추 의리(春秋義理)에 적용시켜, "사설이 정도를 해치니 사람마다 공격할 것이요, 반드시 성현이라야 공격할 수 있는 것이 아니며, 춘추의 필법에 나라를 어지럽히고 임금을 해치는 자[亂臣賊子]는 사람마다 죽일 수 있고 법관이라야 죽일 수 있는 것이 아니다"62)라는 말을 인용하여, 이단에 대한 엄격한 배척 입장을 밝히고 있다. 이에 따라 그는 "우리 도가 밝아지면 인륜이 펼처져 천하가 다스려지고, 이단이 일어나면 우리 도는 쇠미해지고 천하는 어지러워진다"63)고 하여, 정도를 밝히기 위해 이단을 배척해야 할 필연성을 재확인하였다. 그는 춘추 의리를 벽불론에 적용시키고 있을 뿐만 아니라, 불교를 오랑캐[夷狄]의 법이라 하여 성인(聖人)의 도와 대립시킴으로써 화이론(華夷論)의 대립 구조를 벽불론에서도 적용시키고 있다.

또한 김숙자는 역사적 사료에 의한 비판론으로서 중국에서 불교를 숭상하여 제왕들이 불교를 믿고 부처의 가피력(加被力)에 힘입어 복록과 기업(基業)이 영구하기를 바랐지만 도리어 재앙과 난리가 잇달아 일어나 부처를 섬기지 않을 때보다도 연대는 더욱 짧아졌음을 지적한다. 우리 나라에서도 신라와 고려 때 불교의 숭상이 깊어 폐단이 누적되었고, 불충·불효의 죄악으로 혼란이 극심하였던 것으로 규정한다.

---

62) 앞의 책, 권1, 7, 〈재소(再疏)〉; "孟子曰我欲正人心, 息邪說, 釋之者曰佛氏之害, 甚於楊墨, 又曰邪說害正, 人人得而攻之, 不必聖賢, 如春秋之法, 亂民賊子, 人人得而誅之, 不必士師."

63) 위와 같은 곳; "吾道明, 則彝倫敍而天下治, 異端興, 則吾道微而天下亂也."

이에 비해 조선 왕조에 들어와서 태종이 사찰을 열 개에 하나만 남기고 사찰에 딸린 노비를 감소시켰던 것을 선성(先聖)의 도를 지킴으로써 사설(邪說)의 해독을 제거하였던 것이며, 백성을 인·의(仁義)로 교화하고 정도와 사도의 갈림길을 밝혀 주었던 것으로 높이고 있다.

나아가 그는 세종이 사찰의 건축을 금지하고 노비를 감소시키며 승려들의 마을[閭巷] 출입을 금지하는 등 이단의 배척에 공을 크게 이루었지만, 세종 14년 무차대회(無遮大會)를 열고 수륙재(水陸齋)를 베풀어 엄청난 재물을 소비하였으며, 승려들과 대중들이 운집하고 남녀가 뒤섞여 풍속을 어지럽혔고, 백성의 부자나 가난한 자가 재물을 절에 회사하여 벼가 타작도 하기 전에 승려들의 창고에 먼저 들어가고 베가 짜여지기도 전에 승려들의 상자 속에 미리 들어가는 폐단이 일어나고 있음을 지적하였다. 더구나 재해가 들어 백성의 먹을 것은 아침저녁을 잇기가 어려운데 승려들의 식량은 풍년과 같으며, 백성은 굶주려 죽는 자가 있는데 승려들은 굶어 죽는 자가 없으며, 승려들이 경작도 양잠도 하지 않으면서 백성의 재물을 허비하고, 방자하여 술집에서 놀기도 하고 백성들과 이익을 다투기도 하며 처자를 양육하기도 하는 타락상을 고발하고 있다. 따라서 그는 세종이 불교를 억제하는 법도를 확고한 신념으로 계승하고 한유(韓愈)의 말대로 '그 사람은 사람으로 만들고 그 책은 불사르게 함'으로써 세월을 기약하여 불교가 자멸하게 할 것을 요구하였던 것이다.

그는 이러한 벽불의 기대할 수 있는 결과로서, "도(道)는 두갈래로 갈라지지 않고, 나라의 풍속은 하나가 될 것이며, 인륜의 기본[大倫]이 이미 바로잡히고, 정대한 도리[大道]가 항상 행하여지며, 사람이 임금에 충성하고 부모에 효도하는 것이 먼저 할 일임을 알게 되고, 승려에게 밥먹이고 부처에게 재올리는 것이 무슨 말인지 알지 못하게 되어, 재변(災變) 속에서 다스려지며 바람에 따라 나부끼듯 교화됨을 며칠 안에 기대할 수 있을 것이다"64)라 하여, 이단으로서 불교의 배척을 통

---

64) 앞의 책, 권1, 5, 〈척불소(斥佛疏)〉; "道無二致, 國無異俗, 大倫旣正, 大道常行, 人知忠君孝父之爲先務, 不知飯佛齋僧爲何說, 於變之治, 風動之化, 可指日待矣."

해 도와 풍속이 분열의 혼란에서 벗어나 일치되고, 충효의 인륜이 정립되어 변란은 다스려지며 백성이 교화되는 이상 정치를 실현할 수 있다는 것이다. 그만큼 유교 정통의 도를 실현하는 것은 이단의 배척을 통해서만 가능한 것임을 역설하고 있다.

김숙자는 이처럼 정통의 도를 수립하고 불교를 이단으로 배척하기 위해 임금으로서 백성들에 모범을 보여 신뢰를 수립하도록 요구하여, "임금은 만백성의 본보기요, 서울은 사방의 근본이니, 임금이 좋아하는 바는 만 백성이 사모하고, 서울이 높이는 바는 사방이 본받는다. 눈으로 보고 감화되는 기틀이 그림자나 메아리보다 빠르니, 어찌 삼가지 않겠는가"65)라 하여, 백성들이 정도를 따를지 이단을 따를지는 임금이 어떤 본보기를 보여주느냐에 달려 있음을 강조한다. 또한 그는 "임금의 한 몸은 사방의 표양이요, 임금의 한 마음은 교화의 원천이며, 더구나 법이란 나라를 운영하는 큰 자루요 믿음이란 임금의 큰 보배이다. 이 자루가 한번 흔들리면 사방의 표양이 바르지 못하고, 이 보배를 한번 잃으면 모든 교화의 원천이 흐려진다"66)고 강조하고 있다. 그것은 정도를 밝히고 이단을 배척하는 책임이 임금에게 있으며, 임금이 그 표양을 보일 때 백성으로부터 믿음을 얻고 교화가 이루어질 것임을 밝힌 것이다. 아래에서 백성들이 임금의 이단을 배척하는 한결같은 마음을 밝게 알아서 법도를 범하지 않고, 관리가 이 법도를 수호하며, 대간이 이 법도에 의지하여 교화를 맑게 할 때에 임금이 이에 근거하여 바른 정치를 이룰 수 있음을 확인하고 있다.

고려말 고승인 나옹(懶翁 惠勤)을 당시 사람들이 생불(生佛)이라 높여 지존인 임금이 절을 하였던 일이 있음을 지적하고, 당시 행호(行乎)라는 승려가 흥천사(興天寺)에 머물며 스스로 나옹과 같다 하여 혹세

---

65) 앞의 책, 권1,7, 〈재소(再疏)〉: "人主萬民之表, 京師四方之本, 人主所好, 萬民慕之, 京師所尙, 四方效之, 觀感之機, 捷於影響, 可不愼哉."
66) 앞의 책, 권1, 5, 〈척불소(斥佛疏)〉: "人主一身, 四方之表, 人主一心, 萬化之源, 而況法者爲國之大柄, 信者人主之大寶也, 此柄一搖, 則四方之表不正, 此寶一失, 則萬化之源不淸."

무민하는데, 백성들이 나옹과 다름없이 받들고 종친과 귀족들이 몸을 굽혀 제자의 의례를 행하였으며, 임금이 진주와 비단으로 법의(法衣)를 지어 주고 불자(拂子)와 선방(禪棒)을 금과 은으로 장식하며, 금과 은으로 바루[鉢]와 수저와 염주를 만들어서 행호에게 내려 주었다는 소문을 듣고서, 김숙자는 자신이 잠을 못 이루고 눈물을 흘리며 탄식하였음을 밝히고 있다. 여기서 그는 불교를 신봉하던 당시의 백성들이 불교에 의심을 품기 시작하는 것은 임금이 위에서 유교를 진리로 삼고 불교를 진리가 아니라고 여기는데서 말미암는데, 임금이 다시 불교를 숭상하는 태도를 보이면 백성들에 새롭게 불교를 신봉하는 풍조가 일어날 것임을 깊이 우려하고 있다. 그 뿐만 아니라 당시 새로 승려의 도첩을 받은 자가 한 해 안에 수만 명이 되었다고 지적하며, 그것은 인류가 소멸할 징조라고까지 경계하였다. 여기서 그는 임금에게 "사설을 버리는데 의심을 하지 말고, 악을 제거하는데 근본을 힘쓸 것이니, 담당 관청에게 명령하여 행호라는 한 승려의 머리를 베어 사특하고 망녕됨의 뿌리를 영구히 자르면 나라에 심히 다행한 일이다"67)라 하여, 행호의 머리를 잘라서 불교에 귀의하는 풍조를 차단하도록 요구하고 있다.

나아가 그는 당시 세종이 선종과 교종의 두 종파에 따라 승과(僧科)를 설치하여 승려에게 시험을 보여 선발하는 제도를 설치한 것은 마치 유교 체제의 인재를 뽑기 위해 설치한 문과(文科)와 무과(武科)의 제도에 흡사하며, 이에 따라 승려들이 유교와 불교의 풍속이 같다 하여 '유불동풍(儒佛同風)'이라 일컫고 있는 사실을 언급하면서, 사설이 정도를 어지럽히며 정통의 유교와 이단의 불교가 병립하고 있는 사실에 통분함을 밝히고 있다. 따라서 그는 "향기 나는 풀과 누린내 나는 풀을 같은 그릇에 담을 수 없고, 진실과 거짓은 양립시킬 수 없다. 이처럼 간색(間色)인 자주 빛이 정색(正色)인 붉은 빛을 어지럽히는 것을 군자가 미워하며, 참람함이 의심하는데서 생기니 식자가 삼간다.

---

67) 앞의 책, 권1, 11, 〈재소(再疏)〉: "殿下去邪勿疑, 除惡務本, 下令攸司, 斷行乎一僧頭, 永絶邪妄之根, 則國家幸甚."

우리 유교와 불교는 그 시비와 득실이 향기 나는 풀과 누린내 나는 풀의 정도에 그치는 것이 아니다"[68]라 하여, 유교와 불교가 진리와 허위처럼 양립할 수 없는 것이며, 거짓된 것이 참된 것을 어지럽히지 않도록 거짓된 것을 미워하는 마음을 가져야 하고 엄격한 분별에 의심을 가져서는 안되는 것임을 역설하고 있다. 그만큼 그의 불교에 대한 비판 의식은 철저한 적대감을 내포하고 있는 것이며, 그것은 유교의 정통에 대한 확신과 정통의 수호를 위한 강한 의지를 확인시켜 주는 것이기도 하다.

김숙자의 벽불론은 태조 때 정도전이 제시한 《불씨잡변(佛氏雜辨)》의 체계적인 비판을 넘어서는 새로운 이론적 분석을 제시한 것은 아니다. 그러나 그의 불교 비판은 도학의 정통론에 근거하여 벽이단론의 확고한 신념을 천명하고 있는 것이며, 그는 세종 시대 도학파의 인물로서 벽불론의 이론적 분석을 벗어나 배척 운동의 실천적 강경성을 보여 주었다.

---

68) 앞의 책, 〈재소(再疏)〉, 174쪽 ; "薰蕕不可以同器, 眞僞不可以兩立, 是以紫之亂朱, 君子惡之, 僭生於疑, 識者謹之, 吾儒之與浮屠, 其是非得失, 固不啻如蕕也."

3. 예학(禮學) 체계와 악론(樂論)

1) '예・악(禮樂)' 개념의 이해

도학의 철학적 근거를 밝히는 것이 성리학이라면, 인격적 배양 방법을 제시한 것이 수양론이요, 도학의 정통성을 옹호하는 호교론(護敎論)의 성격을 지닌 것이 불교 비판으로서의 벽이단론이라 할 수 있고, 도학의 사회적 교화 방법으로서 행동 양식과 심성의 감화를 추구하는 방법이 예악론(禮樂論)이다. 여기서 '예악'은 '형정(刑政)'과 더불어 정치의 기본적 교화 방법이지만, '형정'이 법의 강제력에 의지한다면 '예악'은 도덕적 심성에 의지하여 자율적 질서의 확보를 중시하는 교화 방법이다. '예악'에서 '예'는 질서와 분별의 원리라고 한다면 '악'은 융화와 조화의 원리라 할 수 있다. 철학적 근거를 해명하는 성리학도 실천적 교화 방법인 '예악'이 없으면 추상적 관념 체계에 빠지게 될 것이고, '예악'도 성리학의 근원적 존재에 대한 인식에 근거하지 않으면 형식적 관습에 빠지게 될 것이다.

조선 초기에 성리학적 이해의 심화와 더불어 '예악'의 정비가 요구되었던 사실은 새로운 왕조의 통치 원리로서 유교 엄격한 정통 이념에 기초한 사회 체제를 정립하는데 필연적인 과정이었다. 특히 세종 시대에 들어와서 '예악'이 정비되었던 것은 조선 왕조를 유교 이념의 사회 체제로 정립하는데 성공하였고 유교 사상이 새로운 왕조의 이념을 뒷받침할 수 있을 만큼 충분히 성숙하였음을 보여주는 하나의 중요한 징표라 할 수 있다. 《악기(樂記)》에 의하면 "제왕된 자는 나라를 세우는 대업(大業)의 공을 이루면 음악을 제작하고, 백성을 교화하는 정치가 정립되면 예법을 제정한다. 그 대업의 공이 크면 그 음악이 갖추어지고, 그 교화의 정치가 두루 미치면 그 예법이 갖추어진다[王者功成作樂, 治定制禮, 其功大者其樂備, 其治辯者其禮具]”고 하여, 한 왕조가 창업되고 그 정치가 안정되면 그 왕조의 창업을 예찬하는 악곡을 지어 음악을 제작하고, 그 왕조의 정치 체제를 정착시켜 유지하기 위한 의례를 규정하여 예법을 제정하는 것임을 말하고 있다. 이러한 예·악의 제정은 바로 조선 왕조의 창업기를 지나 수성기에 들어서는 세종 시대의 중요한 과업이었던 것이다. 여기서 한 왕조가 국가 체제의 제도적 정립 과정에서 ‘예·악’을 제정하고 정비한다는 것은 바로 유교 이념의 기반 위에 통치 체제를 구축하고 있음을 의미하는 것이기도 하다.

이에 따라 세종 시대에는 ‘예·악’의 정비와 관련하여 나타나는 또 하나의 특징으로서 ‘예’와 ‘악’의 사이에서도 균형 있는 정비를 이루고 있다는 사실을 주목할 필요가 있다. 《악기(樂記)》에서는 “예법은 백성의 마음을 절도 있게 하고, 음악은 백성의 소리를 화합하게 한다[禮節民心, 樂和民聲]”고 하여, ‘예’와 ‘악’이 백성을 다스리는 기본 방법으로 제시되고 있으며, “음악은 마음속에서 나오고, 예법은 겉모습에서 나타난다[樂由中出, 禮自外作]”라 하여, ‘예’와 ‘악’이 한 사람에서 표리 관계를 이루는 것으로 제시하고 있다. 또한 “예·악의 감정은 같다[禮樂之情同]” 하여 ‘예’의 공경[敬]과 ‘악’의 사랑[愛]이 동일한 감정에서 나오는 것으로 보며, “음악은 천지의 조화이고, 예법은 천지의 질서이다[樂者天地之和也, 禮者天地之序也]”라 하여, ‘예’와 ‘악’을 우주의 기본적 존재 양상으로 제시하기도 한다. 이처럼 유교의 고전 정신은 ‘예’와 ‘악’이 서로 떠날 수 없는 상호 보완적 성격의 것임을 확인하고 있다. 그러나 실제에서는 조선 시대 전반을 살펴보아도 유교 문화의 발전 양상을 보여주는 가장 두드러진 현상은 성리학이 심화되고 예학이 융성하였던 것이다. 이처럼 조선 사회에서는 의례에 관한 실천과 이론적 관심은 번쇄함의 극치에 이를 정도로 정밀하게 천착해 갔었지만, 이에 비해 음악의 체계적 계발은 물론이요, 유교 지식인들 사이에 음악은 논의의 대상에서도 거의 망각되고 있었던 것이 현실이었다. 그러나 세종 시대에서는 한편으로 국가 의례로서 '오례(五禮)'의 정비와 더불어 다른 한편으로 '아악(雅樂)'의 정리를 수행함으로써, '예'와 '악'의 조화와 균형을 이루었던 것이요, 그만큼 세종 시대의 유교 문화는 전반적으로 건전성을 보여주고 있으며, 이 시대의 유교사상은 이상적 기준을 추구하고 있는 것이었다.

　'예'와 '악'은 상호 보완적인 것으로 인간의 심성을 배양하는 수양론에서부터 사회 체제를 유지하는 경세론에 이르기까지 유교 문화를 형성하고 이끌어 가는 핵심적인 두 가지 기본 기능을 담당하는 것이라 할 수 있다. 곧 '예'는 질서[序]의 원리로서, 인간의 행위와 인간 관계 및 사회 체제를 질서 있게 조직하는 기능을 담당하고 있으며, 이러한 '예'의 질서는 분별의 엄격성과 긴장을 요구하는 것이요, '공경[敬]'의 엄숙성과 경건성을 그 심성적 조건으로 삼고 있다. 그 반면에 '악'은 조화[和]의 원리로서, 심성 내면에서나 사회 질서 속에서 모든 개별적 존재들 사이의 대립과 경쟁에 따른 갈등을 해소하여 화합하게 하는 힘이며, 이러한 '악'의 조화는 화락한 즐거워함과 공동체의 일체감을 일으켜주는 것이요, '사랑[愛]'의 결합력과 포용력을 심성의 덕으로 발휘하는 것이다. 여기서 '예'와 '악'은 서로 보완적으로 기능하며 상호 침투하여 작용하고 있는 것으로서, 서로 떠날 수 없는 연관성을 지니고 있는 것이라 하겠다. 곧 '악'의 조화를 추구하면서 무분별한 일체감에 빠지면 공동체의 질서를 확보할 수 없으며, '예'를 통해 엄격하게 상하(上下) 관계나 존비(尊卑)의 지위를 분별하는 것만으로는 공동체의 결속이 얻어지기는 어려운 일이다. 따라서 '예'와 '악'의 균형 있는 정비는 바로 한 사회의 이상적인 조건으로서 질서와 조화를 성취하는데 있어서 가장 중요한 유교의 과제요 방법이다.

　세종 시대에 '예·악'에 관한 관심은 새 왕조의 창업에 따라 새로운 체제 질서의 제도적 정립을 위한 사업으로서 '예·악'의 정비를 추구하는 것이면서, 동시에 '예·악'의 제도적 정비를 통하여 유교 이념의 사회적 이상을 실현하려는 시대 의지로서 이해되어야 할 필요가 있다. 또한 여기서 새로운 왕조의 수립에 따르는 사회의 다양한 계층을 융화시키기 위한 통합 과정에 음악의 조화 기능이 요구되고 국가 체제의 새로운 질서를 확보해 가는 정착 과정에서 의례 제도의 분별과 질서화의 기능이 요구되고 있었던 것이 사실이다.

세종 시대에 이룩한 유교 문화적 성취의 수준은 바로 '예·악'의 정비를 통해 가장 잘 드러나는 것이라 할 수 있다. 사실상 세종 시대에는 《성리대전》 등 성리학의 문헌이 수입되고 성리학의 학문적 기반에 대한 이해는 확산되었지만, 성리학에 대한 개념적 분석을 하거나 해석의 차이에 따른 토론을 전개함으로써 나타나는 새로운 이론적 연구 성과가 거의 없다는 것이 뚜렷한 특징적 현상의 하나라 할 수 있다. 이러한 사실은 이 시대의 유교 이념에 대한 관심이 철학적 이론의 심화에 빠져들어 가는 방향이 아니라, 그 이념을 현실 사회 속에서 구현하고자 추구하였던 것이요, 이러한 현실적 구현의 핵심적 방법이 바로 '예·악'의 정비를 통하여 나타나고 있는 것이라 하겠다.

주자는 《중용장구》에서 성인(聖人)이 사람의 마땅히 행해야 할 바를 절도로 제시하여 천하에 법도가 되게 한 '교(敎)'의 내용으로 '예·악·형·정(禮樂刑政)'을 들고 있다. 그만큼 '예·악·형·정'의 4조목은 정치와 교화의 기본 과제로서 제시되고 있는 것이다. 또한 '예·악'이 교화의 근본이 되고 '형·정'은 교화의 말단이 되는 것으로 파악하여 본말론적 구조로 파악되기도 한다. 이처럼 '예·악'은 유교의 근본 이념으로서 왕도(王道) 정치를 위한 기본 방법으로 인식되고 있음을 말해 준다.

여기서 나아가 세종 시대에는 의례 제도를 정비하면서도 단군(檀君)과 고려 시조(始祖)에 대한 제사 의례를 규정하고 있는 사실은 의례 제도를 중국에서 그대로 수입하는 것이 아니라, 우리의 역사적 연원에 대해 존숭하는 자세를 확립하고 있음을 보여준다. 또한 아악(雅樂)을 정리하면서도 중국 음악으로서의 '아악'에 대해 우리 음악으로서의 '향악(鄕樂)'의 위치를 주목하고 그 중요성을 충분히 인식하고 있었다. 이것은 곧 '예·악'의 제도적 정비라는 과제를 유교 이념의 기준으로서 중국의 제도를 그대로 도입하는 획일적 중국화를 추구하는 것이 아니라, 민족적 주체 의식이나 시대 사회의 현실 의식 속에서 중국의 유교 문화를 받아들이고 있다는 사실을 확인할 수 있게 한다.

2) 의례의 교화 기능과 쟁점

유교 의례는 적용 영역에 따라 크게 국가 의례[王朝禮·國朝禮]와 학교 의례[學禮], 향촌 의례[鄕禮], 가정 의례[家禮]로 구분해 볼 수 있다. 여기서 조선 초기에 가장 중요한 비중으로 다루어진 의례의 문제가 국가 의례로서 '오례(五禮 : 길례(吉禮)·흉례(凶禮)·빈례(賓禮)·군례(軍禮)·가례(嘉禮))'요, 이에 병행하여 가정 의례로서 '사례(四禮: 冠禮·婚禮·喪禮·祭禮)'도 점차 이해와 실천의 폭이 넓어져 갔던 사실을 볼 수 있다. 국가 의례의 정비는 조선 왕조의 건국 초기 시급한 과제이었음에도 불구하고, 태종 때에 허조(許稠)를 시켜 길례(吉禮)의 서술 사례와 의례 절차의 형식을 편찬하게 하였을 뿐이요, 다른 의례의 체계적 정리로 나아가지 못하였다. 그만큼 의례의 정립이 지극히 복잡하고 어려운 과제였던 것이다. 세종 시대에 들어와서 국가 의례의 기본 형태로서 '오례' 제도의 의례 절차를 상세하게 규정한 것은 바로 의례 체제를 정비함으로써 조선 왕조의 국가 체제를 정립한 것이라고 할 수 있다.

이처럼 의례 제도를 정비하는 과정에서는 《주례》·《의례》·《예기》등 예학의 기본 경전을 의례 인식의 기반으로 삼으면서, 안으로는 조선 초기에 시행되었던 의례의 전거가 되는 자료를 받아들이면서, 밖으로는 당·송 시대의 옛 의례 제도와 명나라의 의례 제도에 이르기까지 광범하게 섭취하고 고증하면서 버리고 취하거나 줄이고 보태어서 실용할 수 있는 의례의 기준을 정립하였던 것이다. 이러한 의례 정리 작업을 세종은 정척(鄭陟)·변효문(卞孝文) 등에게 시켜서 진행하였으나, 그 의례 절차의 기준을 결정하는 과정에서 세종의 직접적인 결단을 거침으로써 '예'의 표준 절차가 확립될 수 있었던 것이다.69) 이처럼 국가 의례를 고증하고 정리하여 편찬하는 작업은 세종 시대의 일대를 걸쳐 처음부터 끝까지 끊임없는 깊은 관심 속에 진행되었던 것이다. 그 결실이 곧 세종이 돌아간 이듬해에 '관례(冠禮)'를 제외하고는 완성을 보게 되었던 《오례의(五禮儀)》의 편찬작업이었다.

사실상 '예'는 그 이념으로서의 본질적 가치와 형식으로서의 현실적 실천 형식이 서로 떠날 수 없다. 곧 '예'의 문제는 항상 의례의 보편적이고 영속적인 가치로서 의례의 본질적 정신에 관한 자각과 더불어 현실 속에서 실천하기 위한 가변적 실천 형식에 관한 규정이 병행되어야 할 것이다. 따라서 '예'를 제정하고 적용하는 과정에서 원칙의 기본적 문제에서 다양한 쟁점이 등장하여 끊임없이 논의되지 않을 수 없었다. 당시 의례 문제에 대한 쟁점은 우리 사회에 이미 정착된 습속(習俗)과 의례의 근본 원리에 합당한 표준 제도 사이의 관계를 어떻게 정립할 것인가의 문제가 가장 중요한 당면 과제로 대두되고 있었다. 여기서는 세종 시대의 예설에 이 문제에 관한 두 가지 논의를 검토해 보겠다.

그 하나는 습속을 인정하면서 어떻게 의례의 개혁을 습속화시킬 수 있는가의 방법 문제라 할 수 있다.

부사직(副司直) 이상(李相)은 상소를 통해 예법의 기본 형식인 의관(衣冠)의 제도에서 어떤 형태가 예법에 맞는 표준의 것인지 검토하고 있다. 곧 대중들의 의례 제도에 대한 태도에서 그 시대 사회에 익숙하게 습관화된 것을 편안하게 여기고 익숙하지 않은 것을 해괴하게 여기는 대중의 심리를 주목하여 '습속'이 의례의 제도적 정착을 위해 중요한 것임을 제시한다.

"옛날의 의관(衣冠)을 지금 세상에서 쓰고 입으면 고을 사람들이 해괴

---

69) 《세종실록》권128, 1, 〈오례(五禮)〉: "上乃命鄭陟, 卞孝文, 撰定嘉賓軍凶等禮, 取本朝已行典故, 兼取唐宋舊禮及中朝之制, 其去取損益, 皆稟辰斷, 卒未告訖, 冠禮亦講求而未就."

하게 여길 것이며, 지금 세상의 의관을 옛날 사람에게 씌우고 입힌다면 담당 관청에 죽임을 당할 것이다. 의관에 어찌 옳고 그른 것이 있겠는가. 습관 된 것과 습관 되지 않은 것일 뿐이다. 무릇 백성은 아침저녁으로 본 것은 그 마음에 편안하여 천하의 일이 당연히 이와 같다고 여기는데, 하루아침에 몰아다가 이것을 버리고 저것을 취하게 한다면 걱정하고 근심하지 않음이 없으며, 즐겨 따르지 않을 것이다."70)

그는 일차적으로 대중 속에 습속을 이룬 의례를 고친다는 것이 어려움을 주목하고 있다. 그 역사적 사례로 진(秦)나라가 정전법(井田法)을 폐지하자 백성들이 근심하고 원망하였으며, 왕망(王莽)이 정전법을 다시 회복시키자 백성들이 또 근심하고 원망하였다는 것이다. 또한 조(趙)나라의 무령왕(武靈王)이 중국의 풍속을 변혁시켜 오랑캐의 복식[胡服]을 본받게 하자 아랫사람들이 좋아하지 않았고, 위(魏)나라 효무제(孝武帝)가 오랑캐의 복식을 변혁하여 중국의 복식을 본받게 하니 아랫사람들이 역시 좋아하지 않았다 한다. 그만큼 이상(李相)은 의례의 고전적 기준이나 이념적 정당성의 문제를 논의하기에 앞서서 일차적으로 대중에게 친숙한지 여부가 기준이 되고 있는 것임을 강조한다. 따라서 의관의 제도에 대해서도 그 자체로 옳고 그른 것이 아니라 오직 습관에 익숙한지 아닌지에 따른 것이라 하여, 선왕의 법도에 맞는 의복 제도[法服]를 요구하는 이념적 가치와 경전적 권위에 일치하는 표준을 찾기보다도, 현실적으로 대중 속에 얼마나 친숙하게 젖어 들어 있는가를 의례 제도의 기준으로 제시하고 있는 것이다. 그러나 그는 의례 제도가 친숙하게 습관화하는 것이 중요하다는 인식 위에 현재의 제도를 개혁하기 어렵다는 문제점의 지적과 더불어 우리의 제도를 중국 제도와 비교 검토하여 합리적 개혁을 추진하기 위한 방법으로서, 의례와 제도의 개혁을 갑작스럽게 추진하는 것이 아니라, 위에서 모범을 보이고 점진적으로 퍼져 나가게 하는 풍화(風化)를 통하여 점차 젖

---

70) 《세종실록》 30년 1월 을사(18일) ; "有服古衣冠於今之世, 則駭於州里矣, 服今衣冠於古之世, 則戮於有司矣, 衣冠烏有是非哉, 習與不習耳, 夫民朝夕見之, 其心安焉, 以爲天下之事, 正應如此, 一朝驅之, 使去此而取彼, 則無不憂虞, 而莫肯從矣."

어 들고 안정화하는 유속(流俗)으로 정착되어 가는 개혁 방법을 제시
하고 있다.

> "백성의 마음이란 습관된 것에는 편하게 여기고 보지 못한 것은 해괴하
> 게 여긴다. 그러므로, 위에서 행함에 아랫사람이 본받게 되는 것을 '풍
> (風)'이라 하고, 훈훈하게 쪼여 점점 물들게 하는 것을 '화(化)'라 하며,
> 서로 끌려 휩쓸어 휩쓸리는 것을 '유(流)'라 하고, 여러 사람의 마음이 안
> 정된 것을 '속(俗)'이라 한다. '풍·화(風化)'가 이미 상실되고 '유·속
> (流俗)'이 이미 이루어지면, 비록 분별하는 지혜가 있더라도 논의해 볼 수
> 가 없는 것이다."71)

의례 제도의 변혁을 위해서 먼저 위에서 모범을 보이는 것은 마치
풀 위에 바람이 불면 바람을 따라 풀이 눕듯이 대중이 따라가게 되는
풍조[風]가 출발점이 되는 것으로 중시된다. 그러나 새로운 풍조가 대
중 속에 젖어 들게 하기 위해서는 향기나 증기가 배어들 듯이 속으로
물들어 가게 하는 지속적인 감화[化]의 과정이 요구되는 것으로 본다.
이러한 '풍·화'의 효과가 확산되어 가면 모두 다 따라가는 유행[流]
으로 나타나고, 이 유행이 지속되면서 대중들이 일상의 풍속으로 안정
하게 되는 습속[俗]으로 정착된다는 것이다. 그것은 의례 제도가 정치
의 근본으로 유행과 습속을 떠날 수 없지만 거기에 빠지지 말고, 풍조
와 감화를 통하여 이끌어져 가야 하는 것임을 주장하는 것이다. 그 예
로써 그는 우리 나라가 중국 사신을 대접하는 연회에서 '여악(女樂)'
을 쓰고 있는 사실에 대해, 제나라에서 노나라에 '여악'을 보낸 일로
공자의 비판을 받았던 사실을 들어서, '여악'이 외국 사신을 대접하는
빈례(賓禮)의 예법에 맞지 않음을 지적함으로써, 임금이나 세자가 중
국 사신을 위해 베푸는 연회에서는 기녀(妓女)들이 노래하고 춤추는
'여악'을 쓰지 말도록 요청하였다. 이상이 빈례에 '여악'을 쓰지 말

---

71) 위와 같은 곳 ; "民情安於所習, 駭所未見, 是故上行下效, 謂之風, 薰蒸漸漬, 謂之化,
淪胥委靡, 謂之流, 衆心安定, 謂之俗, 及其風化已失, 流俗已成, 則雖有辨智, 不能論
也."

도록 요청한 상소에 대해 김종서(金宗瑞)도 지지하였으나, 실제로 끝내 시행되지 않았다 한다. 그만큼 습속화된 것을 고친다는 것이 쉽지 않음을 말해 주는 것이기도 하다. 여기서 그는 의례 제도의 변혁을 위해 위로부터 '풍화'의 지도적 역할과 아래에서 '유속'으로 정착되어 안정성을 확보해야 한다는 두 과제를 제시하고, 이 둘 사이에 통합적 연속성을 이루는 실천을 추구하고 있다. 바로 여기서 '풍화'와 '유속'의 통합이 일어나지 않으면 결국 의례의 개혁이 궁극적으로 성공할 수 없음을 보여주고 있는 것이다.

그 다른 하나는 의례의 근본 원리에 따르는 상례(常禮)의 입장과 시대적 상황 속에 적응된 변형으로서 변례(變禮)의 입장이 대립하여 그 각각의 정당성을 주장하는 논쟁으로 전개된 사실이다.

세종 30년(1448)에 종실(宗室) 이담(李湛)은 두 부인을 취하였는데, 한 부인이 죽자 다른 부인 소생의 자식이 복상(服喪)을 하지 않아 고발되면서 문제가 제기되었다. 이 때 두 '적처(嫡妻)'가 있을 수 없다는 '예'의 상법(常法)을 제시하는 견해와, 풍속에 따라 《육전등록(六典謄錄)》에서 비록 두 세 아내라도 모두 '적처'로 허락한 '예'의 변법(變法)을 인정하는 견해 사이에 논란이 벌어졌다. 이에 따라 6품 이상의 조정 신하들이 모두 논의에 참여하여 의례 문제에 관한 활발한 토론이 전개되었던 것이다. 이 때 예조판서 허후(許詡) 등은 예법에 대부는 두 '적처'가 없는 것이 시대에 따라 바뀔 수 없는 정해진 이치라 하고, 고려 말년에 두 세 아내를 함께 얻었던 풍속은 기강이 무너져 예법을 어기고 분수를 범한 것이라 하여 두 '적처'는 예법에 있을 수 없는 것임을 확인하고 있다. 따라서 허후 등은 《육전등록》에서 "존비(尊卑)가 서로 같은 함께 거느리는 아내는 은의(恩義)가 깊고 옅은 것을 분간하여 작(爵)을 봉하고 토지를 준다"라고 한 규정에 대해, 이 규정은 자식들이 서로 자신이 적(嫡)이라 다투는 것을 해결하기 위한 것으로서, "임시로 변통하는 법도[權宜之法]를 세워서 일시적인 폐단을 구제하는 것일 따름이요, 만세에 통행하는 정전(正典)은 아니다"72)라 하여, 상례(常禮)를 따를 것을 주장하고 있다. 이에 비해 도승지 이사철(李思哲)과 집현전부제학 신숙주(申叔舟) 등은 "예법에는 정(正)과 변(變)이 있으니, 만일 일의 난처한 것을 만나면 예법이 따라 변하지 않을 수 없는 것이다.…세상이 모두 그러하니 습속을 죄 주는 것은 가하지만, 유독 이담(李湛)에게만 유행하는 습속을 뛰어넘지 못하였다고 죄를 돌린다면 불가할 듯하다"73)라고 하여 통상적인 습속에 따르는 변례(變禮)를 인정하도록 요구하였다.

동부승지 이계전(李季甸)은 허후(許詡)와 같이 상례(常禮)를 따르는 입장에서 그 근거를 조목별로 제기하면서, "천하의 일이란 '경'(經)과 '권'(權)에 지나지 않으니, '경'이라는 것은 바뀌지 않는 정도(正道)이고, '권'이라는 것은 변하여 중도를 얻는 것(得中)이다. 비록 입법 (立法)하기 이전의 일이라 하더라도 삼강(三綱)·오상(五常)은 만고에 바뀔 수 없는 것이니, 어찌 입법한 다음에야 '강상'이 바른 것을 얻게 되겠는가. 입법을 하지 않았다고 하여 '강상'을 어지럽힌 것을 변하여 '중도'를 얻은 것이라 말할 수 있겠는가"74)라 하여, 불변의 원리인 '경(經 : 상경(常經))'의 정도(正道)와 변화의 원리인 권(權: 권변(權變))의 중도(中道)가 모두 '강상'의 규범을 기준으로 하는 것임을 강조하였다. 따라서 '강상'의 근본 규범을 벗어난 것은 '경'의 원리도 '권'의 변법도 아니요, 예법에서 벗어난 것으로 거부하고 있다. 여기서 그는 장횡거나 정자의 언급에서도 사당에 부묘(附廟)하는데 두 아내를 둘 수 없다고 지적한 사실을 그 증거로 끌어들이기도 하였다.

이에 대해 이사철(李思哲) 등의 견해는 "이미 입법을 통하여 아내라고 이르고, 하루아침에 갑자기 분별하면, 법을 세워 믿음[信]을 보이는 의리에 어긋날 뿐 아니라, 일의 대세에도 장애 되는 것이 많을 것이

---

72) 《세종실록》 30년 5월 계사(9일) ; "姑立權宜之法, 以救一時之弊耳, 非萬世通行之正典也."

73) 위와 같은 곳 : "禮有正有變, 若遇事之難處, 則禮不得不隨時而變,…擧世滔滔, 罪其習俗則可也, 獨以湛爲不能拔於流俗而歸罪, 恐不可也."

74) 위와 같은 곳 : "天下之事, 不過經權, 經者不易之正道, 權者變而得中者也, 雖曰立法前事, 三綱五常萬古不易, 豈立法然後, 使綱常得其正乎, 以不立法亂其綱常, 謂之變而得中可乎."

다"[75]라 하여, 현실적으로 통용되었던 법을 존중하도록 요구하고 있다. 곧 태종 13년(1413)에 비로소 '적처'는 하나 뿐이라 법으로 규정하였던 사실을 지적하고, 그 이전에 얻은 아내는 국가에서 '변례'의 경우로 인정하여 법전에 실었음을 들고 있다.

세종 30년 5월에 발단이 되었던 예법의 논란은 의견이 하나로 귀결되지 않았으나 왕명으로 서모(庶母)의 경우로 적용시켜 기년복(期年服)을 입고 소생의 자식이 별도로 제사를 받들게 하도록 결론을 내렸으며, 그해 12월에 가서야 정부의 통합된 견해가 제시되어, 본인에게 맡겨 두도록 처리되었다. 그렇지만 여기서 예법의 논의가 의리의 문제에까지 심화되고 있음을 보여주고 있으며, 또한 이렇게 상반된 쟁점이 활발한 토론을 거치면서도 현실적인 조정이 쉽게 이루어지고 있음을 엿볼 수 있다. 바로 이 점에서 17세기 후반의 예송(禮訟)이 당쟁의 배경에서 극한적 대립과 권력 쟁탈의 계기로 작용하고 있는 사실에 비하여 훨씬 개방적인 자세를 보여주고 있는 것이 사실이다.

3) 오례(五禮)의 정립과 제천(祭天) 의례의 문제

국가 의례로서 '오례(五禮)'의 정리는 이미 고려 인종(仁宗) 때 최윤의(崔允儀)에 의해 《고금상정례(古今詳定禮)》가 편찬되면서 정착되기 시작하였다. 그러나 조선 왕조가 창업되면서 새로운 국가 체제를 뒷받침하고 유교적 통치 이념을 구현하기 위한 의례 체제로서 '오례'의 연구와 편찬 사업이 지속적으로 추구되어 왔다. 곧 조선 초기에 '오례'의 정리 과정은 고려의 《고금상정례》와 송나라에서 제정된 《태상인혁례(太常因革禮)》나 명나라의 《홍무예제(洪武禮制)》등을 참조하여, '오례'의 예론에 기초하여 적절한 정치 체제를 구성하고 있는

---

75) 위와 같은 곳 ; "旣爲立法, 通謂之妻, 而一朝遽爲分別, 則非惟有違於立法示信之義, 於事勢亦多防礙."

것이다. 또한 이러한 '오례'의 구성 내용에 근거하여 중국을 포함한 보다 넓은 국제 질서 속에서 조선 왕실의 위상을 정립하며, 변화되고 확대된 세계관에 대응하는 정치 질서의 의식을 표현하고 있는 것으로 지적된다.76)

태조는 즉위를 선포하는 교서(敎書)에서, 그 첫 조목으로 "천자는 칠묘(七廟)를 세우고, 제후는 오묘(五廟)를 세우며, 왼쪽에는 종묘(宗廟)를 세우고 오른쪽에는 사직(社稷)을 세우는 것은 옛날의 제도이다"라 하여, 종묘와 사직의 제도를 세울 것을 제시하고, 그 네번째 조목으로 "관·혼·상·제(冠婚喪祭)는 나라의 큰 법도이니, 예조에 부탁하여 경전을 세밀히 구명하고 고금을 참작하여 일정한 법령으로 정하여 인륜을 두터이 하고 풍속을 바로잡을 것이다"라 하여, 관·혼·상·제의 사례(四禮)를 국가의 기본 법도로서 법제로 규정하여 인륜과 풍속을 바로잡을 것을 제시하고 있다.77) 의례 제도가 한 왕조의 창업과 그 체제의 정립에 얼마나 중요한 것으로 인식하고 있는지 잘 보여주고 있다. 실제로 태조 4년에는 권근(權近)에게 명하여 관·혼·상·제의 의례를 상정(詳定)하게 하였으며, 태종은 김반(金泮)·김종리(金從理)를 시켜 권근이 《예기천견록(禮記淺見錄)》의 편찬을 돕게 할만큼 예학의 연구와 정리에 깊은 배려를 아끼지 않았다.

태종 원년(1401)에 예조(禮曹)에 속하는, 임시 필요에 따라 만들어진 특별 위원회와 같은 행정 실무 기구의 성격이 강한 '의례상정사(儀禮詳定司)'를 설치하였다가, 태종 10년(1410)에는 예조와 별도로 행정의 최고 책임자들과 전문 예학자들이 모여 의례 문제를 해결하는 특별 기구로서 기능하는 '의례상정소(儀禮詳定所)'를 설치하였던 것이다.78) 이 '의례상정소'는 태종 때 영의정 하륜(河崙)을 비롯하여, 변계량·허조 등 고위 관료로서 예학에 밝은 인물들이 제조(提調)가 되어 당시

---

76) 《한국사》 26, 〈조선 초기의 문화〉 1. 국사편찬위원회, 1995, 23~24쪽 참조.
77) 《태조실록》 원년 7월 정미(28일) ; "冠婚喪祭, 國之大法, 仰禮曺詳定經典, 參酌古今, 定爲著令, 以厚人倫, 以正風俗."
78) 이범직, 〈조선초기의 五禮 연구〉, 서울대학교 박사학위논문, 1988, 53~54쪽 참조.

의 국가 의례 문제를 고증하여 실행 의례를 제안해 왔지만, 실질적으로 다양하고 구체적인 문제에 관해 활발한 토론과 고증이 이루어진 것은 세종 시대에 들어와서 가능하였다. 세종 시대에 '의례상정소'의 활동에 나타난 기능으로서, ① 조선 초기 역사 현실에서 '오례'와 '사례'의 규범을 어떻게 의례 제도로 변용하고 수용할 것인가를 판단하는 것과, ② 의례를 운영하면서 구체적 운영 내용과 현실의 상황과의 갈등을 어떻게 조정할 것인가를 판단하는 것이라 지적되기도 한다.[79] 또한 세종 시대에는 '의례상정소'를 중심으로 당면한 국가 의례의 절차와 실천 양식에 대해 권위 있는 고위 관료와 예학자로부터 자문을 받는 입장에서부터 점차 '집현전'을 중심으로 젊은 학자들에 의해 폭넓은 문헌 검토와 정밀한 고증을 통한 체계적 연구로 방향이 바뀌어가게 되었고, 마침내 세종 17년(1435)에는 '의례상정소'가 폐지되고 그 역할을 집현전이 맡게 되었던 것이다.

국가 의례로서 '오례'는 길례(吉禮)·흉례(凶禮)·빈례(賓禮)·군례(軍禮)·가례(嘉禮)로 이루어져 있으며, 가장 큰 비중을 지닌 것은 제사 의례인 길례(吉禮)와 상례인 흉례(凶禮)라 할 수 있다.《세종실록》의 부록으로 실려 있는《오례의》에 수록된 '길례'의 신위와《고려사》지 권13~17에 수록된 '길례'의 신위(神位)를 대비시켜 보면 그 특징이 잘 드러난다.

	천신(天神)	지기(地祇)	인귀(人鬼)
大祀	〈圓丘〉	〈方澤〉·社稷〈社稷〉	宗廟〈太廟·別廟〉·〈景靈殿·諸陵〉
中祀	風·雲·雷·雨	嶽·海·瀆	先農〈先農籍田〉·先蠶〈先蠶〉·雩祀·文宣王〈文宣王廟〉·朝鮮檀君·後朝鮮始祖箕子·高麗始祖
小祀	〈風師·雨師·雷神〉靈星〈靈星〉·司寒〈司寒〉	名山大川·七祀·禜祭·〈雜祀〉	馬祖〈馬祖〉·先牧〈先牧〉·馬社〈馬社〉·馬步〈馬步〉·〈諸州縣 文宣王廟〉·〈大夫士庶人 祭禮〉

〈 〉 안은《고려사》예지(禮志)에 수록된 신위.

---

79) 李範稷, 앞의 책, 65~66쪽 참조.

여기서 가장 뚜렷한 특징은 고려 시대에 대사(大祀)로 제사 드려졌던 천신(天神)의 '원구(圓丘·圜丘)'와 지기(地祇)의 '방택'(方澤)의 제사가 세종 시대에는 폐지되었다는 사실이다. '원구'와 '방택'은 《주례》 춘관종백(春官宗伯)에서 동짓날 땅위의 '원구'에서 천신(天神)에 제사하고, 하짓날 못 속의 '방구(方丘)'에서 지기(地祇)에 제사한다는 언급에 근거한 것으로 '천신'과 '지기'에 대한 제사를 의미한다.80) 또한 《예기》〈곡례하(曲禮下)〉에서는 "천자는 '천지(天地)'에 제사하고 '사방(四方 : 오악(五嶽)·사진(四鎭)·사독(四瀆)의 신(神))'에 제사하고 '산천(山川)'에 제사하고, '오사(五祀)'에 제사하며, 한 해에 두루 제사한다. 제후는 '방사(方祀 : 四望 가운데 그 방위에 있는 神)'에 제사하고, '산천'에 제사하고, '오사'에 제사하며, 한 해에 두루 제사한다"고 하여, '천지'에 대한 제사는 천자만이 드릴 수 있고, 제후는 드릴 수 없는 것으로 규정하고 있다. 따라서 제사 의례의 봉건적 질서를 규정하고 있는 경전에 근거한다면 조선 왕조가 '천신'과 '지기'에 제사지낼 수 없다는 인식이 제기되었던 것이다.

고려 시대에 제천(祭天)과 제지(祭地)의 의례를 행하였다는 사실은 의례 체제에서 중국에 예속된 것이 아니라 독자적인 국가 의식을 반영하고 있는 것이다. 조선 왕조의 창업 초기에는 고려의 전통을 이어 제천 의례를 행함으로써, 천명을 받아 혁명을 수행한 새 왕조의 성립 근거를 의례적으로 확보할 수 있었다.

그러나 조선 초기 유학자 관료들 사이에는 제천 의례를 행할 수 있다는 견해와 행해서는 안된다는 견해가 갈등을 일으키고 있었던 것이 사실이다. 곧 태조 때 예조전서(禮曹典書)로 있던 조박(趙璞) 등은 종묘·적전(籍田)·사직·산천·성황의 제사와 문선왕(文宣王: 공자(孔子))에 대한 석전제(釋奠祭)는 고금에 널리 통행되어 왔으며, 국가의 불변하는 법전[常典]이라 하여 시행할 것을 요구하면서, "원구는 천자

---

80) 《주례》〈춘관종백(春官宗伯)〉: "大司樂,…凡樂, 圜鍾爲宮,…冬日至, 於地上之圜丘奏之, 若樂六變, 則天神皆降, 可得而禮矣. 凡樂, 函鍾爲宮,…夏日至, 於澤中之方丘奏之, 若樂八變, 則地示皆出, 可得至禮矣."

가 하늘에 제사지내는 의례이니 이를 폐지하기를 청한다"81)고 하여, '원구'의 제천 의례를 폐지하도록 요청하였다. 곧 유교 이념의 의례 체제에 근거하여 조선 왕조는 제후국이요, 중국의 책봉을 받음으로써 국가 체제의 정당성이 확립될 수 있다는 인식을 전제로 하여, 천자의 의례로서 제천 의례는 조선 왕조에서 폐지되어야 한다는 견해를 주장하는 것이다. 이에 비해 태종 때 성석린(成石璘)·하륜(河崙)·이직(李稷) 등은 "진(秦)나라 사람들은 백제(白帝)를 제사하는데, 진나라는 서방에 있어서 백제는 그 주기(主氣)에 이를 제사한다. 우리 동방에서는 단지 주기인 청제(靑帝)만 제사함이 가하다"고 주장하였다. 그것은 우리 나라가 제후국으로서 하늘에 제사하는 것이 봉건적 예법 질서에 합당하지 않다는 원칙을 받아들인 것이며, 그러면서도 이들은 서쪽 지역에 위치하고 있던 진(秦)나라가 '백제[西方白帝]'에 제사 드렸던 전거를 근거로 삼아, 우리 나라는 동쪽에 있으니 '청제[東方靑帝]'에 제사 드릴 수 있다는 것이다. 그것은 지고(至高)의 유일한 주재신인 호천상제(昊天上帝)가 아니라 오행설에 따라 각 방위에서 '기'를 맡아 주장하는[主氣] 천신으로서 오제(五帝 : 오방제(五方帝)) 가운데 우리 나라의 지역인 동방을 맡은 '청제'를 제사하자는 것이다. 이에 대한 태종의 대응은 "어찌 6천(六天)이 있겠는가? 예법은 제사할 만하면 제사하는 것이다. '호천상제'가 불가하다면 '청제'만 어떻게 제사하겠는가?"82) 라 하여, '육천설'(六天說: 호천상제(昊天上帝)와 오방제(五方帝)를 합친 것으로 '육제설(六帝說)'이라고도 함)의 성립 근거에 의문을 제기하고 '호천상제'에 제사할 수 없다면 방위신에 의지하는 것이 당당한 태도가 못되는 것으로 거부하였다.

이와는 달리 세종 초에 변계량은 가뭄이 심하자 원단(圓壇)에서 하늘에 제사 드릴 것을 요청하면서, 우리 나라가 제후국이라 하더라도

---

81) 《태조실록》 원년 8월 경신(11일) ; "圓丘, 天子祭天之禮, 請罷之."
82) 《태종실록》 12년 8월 경진(28일); "秦人祀白帝, 秦西方白帝其主氣也, 故祭之, 吾東方, 可只祀主氣靑帝也, 上曰, 安有六天乎, 禮可以祭則祭昊天上帝, 不可則靑帝何獨祭乎."

제천 의례를 행할 수 있는 근거를 제시하고 있다.83) 곧 우리 나라는
단군이 하늘에서 내려와 세운 사방 천리가 넘는 나라로서 중국의 천
자로부터 분봉(分封)받은 사방 백리의 제후국과는 다르다는 인식을 전
제로 하여, 우리 나라는 제천 의례를 행해 왔던 오랜 전통이 있음을
중시하고, 명나라 태조도 우리 나라에 대해 '의례는 본국의 풍속을 따
를 것[儀從本俗]'과 '법도는 옛 전장(典章) 제도를 지킬 것[法守舊章]'
을 허락 받았던 만큼 우리의 전통을 지키는 것이 중국에 대한 사대(事
大)와 충돌되는 것이 아니라 보고, 또한 기우(祈雨)나 기청(祈晴)을 위
해 제천 의례를 폐지할 수 없다는 견해를 주장하고 있다. 그만큼 유교
이념의 의례 질서를 그대로 받아들이려는 입장과 달리 우리의 역사적
전통과 현실적 요청에 입각하여 독자적 의례 질서가 가능함을 주장하
고 있는 것이다.84)

그 밖에도 조선 시대와 고려 시대 제사의 차이로서 조선 시대에는
국가 의례와 가례가 구별되고 있는데 비하여, 고려 시대에는 대부·
사·서인의 제례(祭禮)도 국가 의례 체제 안에 수용되어 다루어지고
있는 사실을 들 수 있고, 고려 시대에는 소사(小祀)에 속하는 '잡사(雜
祀)'로서 압병제(壓兵祭)·감악신사(紺岳神祠)·서경목멱신사(西京木覓
神祠)·남해신(南海神)·천상제(川上祭)·노인성(老人星)·성황신사(城
隍神祠)·천상제(天祥祭)·오온신(五溫神)·명산대천(名山大川)·기자(
箕子)·동명성제사(東明聖帝祠)·매제(禖祭)·무등산신(無等山神)·금
성산신(錦城山神)·독제(纛祭) 등을 포함하는 것으로 이 '잡사'의 신
들 가운데는 조선 시대의 제사에서는 없어진 고려 시대의 고유한 제
사들이 다수 포함되고 있다.85)

---

83) 《세종실록》 원년 6월 경진(7일); "前朝二千年相承祀天, 今不可廢也, 況本國地方數千
里, 不比古者百里諸侯之國, 於祀天乎, 何嫌之有."
84) 한영우 교수는 변계량의 제천론은 그 발상의 저변에 독립·자주 의식이 흐르고 있
다고 지적한다. 韓永愚, 〈조선전기 성리학파의 사회경제사상〉,《한국사상대계》 2,
성균관대학교 대동문화연구원, 1976, 65~66쪽 참조.
85) 《한국사》 26, 〈조선초기의 문화〉 1, 국사편찬위원회, 1995, 214쪽 참조.《고려사》
〈지(志)〉 17에 수록되어 있는 '잡사(雜祀)'에는 '지기(地祇)'에 해당하는 신(神)들

4) ‘악(樂)’의 이해와 아악(雅樂)의 정리

세종 시대는 의례의 정비와 병행하여 음악의 정리로 예악의 균형을
이룸으로써 ‘예’와 ‘악’이 상승적으로 발전할 수 있는 기반을 확보하
였다. 특히 세종은 박연(朴堧)을 시켜 아악(雅樂)을 정리하고 악기를
제작하게 하며, 아악과 향악의 악곡을 지어 제례악(祭禮樂)과 연례악
(宴禮樂)을 갖춤으로써 음악을 통한 유교 이념의 교화 체제를 정립하
고 있다. 세종 자신은 박연에게 아악 정리를 명하면서, “나는 조회(朝
會)의 아악을 창제하고자 하였다. 법도를 세우고 제도를 창립하는 일
은 예로부터 어려웠으니, 임금이 하고자 하면 신하가 막기도 하고, 신
하가 하고자 하면 임금이 듣지 않기도 하였다. 비록 상하가 모두 하고
자 하여도 시운(時運)이 불리하기도 하였다. 이제 나의 뜻을 먼저 정
하였고 나라에 일이 없으니 마땅히 마음을 다하여 이루어야 할 것이
다”[86]라 하여, 음악을 정리하고 창제하는 일의 어려움을 인식하면서도
확고한 창제의 의지를 밝히고 있다.

음악을 창제하는 사업을 추진하는 바탕에는 음악의 근본 정신에 대
한 유교 이념적 인식이 전제되어 있음을 주목할 필요가 있다.《세종실
록》의 〈아악보서(雅樂譜序)〉에서는 “음악이란 것은 성인이 성품과 감
정을 배양하고 신(神)과 사람을 화합하게 하며, 천·지(天地)에 순응하
고 음·양을 조화롭게 하는 도리이다”[87]라 하여, 음악을 제작하는 주
체가 성인(聖人)임을 전제로, 인간 내면의 마음과 성품을 배양하는 수
양론적 교화 기능에서부터 신과 인간이 화합하는 종교적 제사 기능을
강조하고, 나아가 천·지와 음·양의 우주적 자연 질서에 일치하는 음
악의 근원성을 제시하고 있다. 또한 세종 시대의 아악 정리를 계승하

이 가장 많으나 ‘천신(天神)’·‘인귀(人鬼)’에 해당하는 신들도 포함하고 있다.

86)《세종실록》15년 1월 을묘; “予欲創制朝會雅樂, 立法創制, 自古爲難, 君所欲爲, 臣或
沮之, 臣所欲爲, 君或不聽, 雖上下皆欲, 時運不利, 今也我志先定, 國家無事, 宜盡心成
之.”

87)《세종실록》 권136, 1, 〈아악보서(雅樂譜序)〉: “樂者, 聖人所以養性情, 和神人, 順天
地, 調陰陽之道也.”

여 성종 때《악학궤범(樂學軌範)》을 편찬하였던 성현(成俔)은 〈악학궤범서〉에서 "음악은 하늘에서 나오는 것이나 인간에 깃들어 있는 것이며, 허공에서 발생하여 자연으로 이루어진 것으로서, 사람으로 하여금 마음으로 감동하게 하여 혈맥을 뒤흔들어 놓고, 유통하여 정신을 기쁘게 하는 것이다"[88]라 하여, 음악은 하늘에 근원하는 것으로 천리에 근거하는 것이지만 인간을 통해서 실현되는 것임을 지적한다. 곧 음악을 통해 천인 관계가 소통되고 일치할 수 있음을 밝히며, 음률이란 허공에서 소리가 발생하여 자연의 질서에 합하여 이루어지는 것으로서 인간의 마음을 감동시키고 혈기를 격동시키는 힘이 있는 것임을 강조하였다. 여기서 유교 이념의 악론은 음악을 우주와 인간을 소통시키는 천인 감응 내지 천인 합일의 성리학적 형이상학에 근거하여 해명하고 있는 것임을 확인할 수 있다.

음률에서 오음(五音 : 궁(宮)·상(商)·각(角)·치(徵)·우(羽))은 오행에 상응하는 것이요, 12율(十二律)은 12월에 상응하는 것으로 인식하여, 음률이 자연의 질서와 일치하는 것임을 드러내고 있다. 또한 박연은 아악을 정리하면서 12율을 다시 양(陽)의 6률(六律 : 황종(黃鍾)·태주(太簇)·고선(姑洗)·유빈(蕤賓)·이칙(夷則)·무역(無射))과 음(陰)의 6려(六呂 : 대려(大呂)·협종(夾鍾)·중려(仲呂)·임종(林鍾)·남려(南呂)·응종(應鍾))으로 나누었을 때, 율·려가 음·양으로 조화를 이루고 있는 것임을 주목하여, "양률(陽律)은 당(堂) 아래서 연주하고 음려(陰呂)는 당 위에서 노래하여, 음·양이 배합되어 서로 부르고 화답한 뒤에야 중성화의 소리가 갖추어지고 화평한 기운이 상응하는 것이다"[89]라 하여, 종묘·사직·석전(釋奠) 등의 제례악에서 당상악(堂上樂)과 당하악(堂下樂)을 나누어 음·양의 조화를 이루도록 구성하고 있는 사실이 특징적이다. 그것은 음악이 조화를 근본 원리로 한다는

---

88) 성현(成俔), 〈악학궤범서(樂學軌範序)〉,《속동문선(續東文選)》 권16 ; "樂也者, 出於天而寓於人, 發於虛而成於自然, 所以使人心感而動盪血脈, 流通而精神怡悅也."
89)《세종실록》 8년 4월 무자(25일) ; "陽律奏於堂下, 陰呂歌於堂上, 陰陽配合, 迭相唱和, 然後中聲備, 而和氣應矣."

인식에 기반하여 음악적 조화의 원리를 자연 현상의 음양적 조화의 원리와 일치시켜 이해하고 있는 것이다. 이러한 음악의 원리는 성리학의 우주론적 질서에 근거하고 있는 것이며, 동시에 '예'와 '악'의 융화 속에서 '악'의 역할을 정립시키고 있는 것이다.

나아가 성현은 유교 이념의 사회적 교화 기능 속에서 '악'이 지닌 역할과 위치를 주목하여, "느낀 바가 같지 아니하기 때문에 소리도 같지 아니하다.… 그 같지 않은 소리를 결합하여 하나가 되게 하는 것은 임금이 어떻게 이끌어 가느냐에 달려 있는 것이다. 이끌어 가는 데는 사특하고 정대한 차이가 있으니, 풍속이 좋아지고 나빠지는 것이 여기에 걸려 있다. 이것이 바로 음악의 도가 정치와 교화에 크게 관계가 되는 까닭이다"[90)라 하여, 다양한 감정과 소리가 하나로 귀결되도록 이끌어 가는 군왕의 교화는 음악의 기능과 일치하는 것임을 확인하고 있다. 곧 기쁜 마음으로 느낀 소리는 퍼져서 흩어지며, 성난 마음으로 느낀 소리는 거칠고 사나우며, 슬픈 마음으로 느낀 소리는 오그라지며 낮고, 즐거운 마음으로 느낀 소리는 너그러우며 느린 것으로서, 희·노·애·락(喜怒哀樂)의 인간감정과 음률의 소리가 상응하는 것임을 확인하고, 이러한 감정을 절도에 맞게 하여 중도의 조화를 정대하게 실현하는 수양론적 과제와 음악이 음률을 어느 감정에 흐르거나 치우치지 않도록 하여 아름답게 조화시키는 과제와 일치하는 것임을 제시한다. 따라서 조화로운 음악의 구현은 사람의 감정을 절도에 맞게 조화시켜 주며, 이러한 감정의 조화는 풍속의 순화를 이루어 정치적 교화 기능을 발휘할 수 있는 것임을 보여주고 있다.

세종은 《성리대전》에 수록되어 있는 채원정(蔡元定)의 《율려신서(律呂新書)》를 경연에서 강의하게 하고, 주자의 《의례경전통해(儀禮經傳通解)》의 '시악(詩樂)' 12편과 원나라 임우(林宇)의 《대성악보(大成樂譜)》 17곡을 참조하는 등 임금 자신이 음률과 악곡을 깊이 연구하였

---

90) 성현(成俔), 〈악학궤범서(樂學軌範序)〉, 《속동문선(續東文選)》 권16 ; "因所感之不同, 而聲亦不同,…能合其聲之不同, 而一之者, 在君上導之如何耳, 所導有邪正之殊, 而俗之隆替係焉, 此樂之道所以大關於治化者也."

고, 고려 때 송나라로부터 들여오고 조선 초기에 명나라로부터 들여온 편종(編鍾)과 편경(編磬) 등의 악기를 통해 음률을 세밀히 시험하고 해주에서 나는 거서(巨黍)로 황종척(黃鍾尺)을 정하여 음률의 기준을 잡았고, 경기도 남양(南陽)에서 나는 채석(彩石)으로 경(磬)을 만들며, 한강변에 주종소(鑄鍾所)를 두고 종(鍾)을 만드는 등 악기를 제작하게 함과 더불어 《용비어천가》를 악곡에 실어 '여민락(與民樂)' 등 임금이 직접 악곡을 짓고, 정대업(定大業)·보태평(保太平)의 악곡에는 문무(文舞)와 무무(武舞)의 춤을 붙였으며, 조회(朝會)와 연례(宴禮)의 악곡만이 아니라 사직·종묘·문묘 등의 제례악의 악곡을 지음으로써 예악의 체제를 균형 있게 갖추었다.

당시 음악에는 중국에서 수입한 아악(雅樂)과 당악(唐樂)이 있고, 우리의 전통 음악인 향악(鄕樂)이 있는데, 박연 등이 아악을 정리하고 나서 아악으로 제례악을 대치하려 할 때 세종은 "아악은 본래 우리 나라 음악이 아니고, 실은 중국 음악이다. 중국인은 평소에 익숙하게 들었던 것이니 제사에 연주하는 것이 마땅할 것이나, 우리 나라 사람들은 살아서는 향악을 들었는데 죽은 다음에 아악을 연주하는 것이 어떠하겠는가"91)라 하여, 중국 음악을 그대로도입하기 보다는 우리의 정서에 친숙한 향악을 제례악에도 쓰도록 요구하고 있다. 그만큼 음악이 우리 자신의 정서에 밀착되는 주체적인 음악일 때 그 본래의 기능을 할 수 있는 것이지, 중국 음악의 맹목적 도입과 추종을 거부하는 입장을 밝히고 있다.

---

91) 《세종실록》 12년 9월 기유(11일) : "雅樂本非我國之聲, 實中國之音也, 中國之人. 平日聞之熟矣, 奏之祭祀宜矣, 我國之人, 則生而聞鄕樂, 歿而奏雅樂, 何如."

4. 의리론(義理論)과 도덕론(道德論)

1) 혁명론의 도덕 의식

조선 왕조의 초기는 고려 왕조를 무너뜨리고 혁명을 통해 세웠던 만큼 그 혁명의 정당성을 확인함으로써 새 왕조가 지닌 정통성을 확보하기 위해 비상한 관심을 기울여 왔다. 곧 당시의 유교적 도덕 의식과 가치관은 한편으로 조선 왕조를 거부하고 고려 왕조에 대해 충절을 지켰던 절의론을 높이 존중하면서도 다른 한편으로 조선 왕조에 의한 역성 혁명의 정당성을 뒷받침하는 중심 역할을 담당하였다. 이러한 혁명의 정당성을 확인하는 과제는 조선 왕조의 창업 초기에만 제기되었던 것이 아니라 수성기에 접어들었던 세종 시대에도 그 정당성이 거듭 재확인되었던 것이 사실이다.

세종 시대에 조선 왕조 혁명의 정당성을 확립하기 위한 작업의 대표적 경우의 하나는 바로 조선 왕조의 창업을 찬양하는 노래로서 《용비어천가(龍飛御天歌)》를 지었던 것이요, 다른 하나는 역사 편찬을 통해 조선 왕조 창업의 당위성을 제시하였던 것으로 보인다.

세종 시대에는 조선 왕조가 천명에 따라 혁명으로 이루어졌다는 정당성을 재확인하고 이를 대중 의식 속에 깊이 심기 위해 태조의 4대조부터 태종까지 6대의 선왕(목조(穆祖)·익조(翼祖)·도조(度祖)·환조(桓祖)·태조(太祖)·태종(太宗))의 공적과 덕행을 노래한 송가(頌歌)로서 《용비어천가》 125장을 지었다. 《용비어천가》는 왕명에 따라 권제(權踶)·정인지(鄭麟趾)·안지(安止) 시가(詩歌)로 편찬한 것이다.[92] 그 내용은 중국의 제왕들이 천명을 받아 국가의 기업(基業)을 일으킨 자

취를 서술하고, 그에 상응하는 조선 왕조 창업의 근원이 되는 태조의
선왕들과 창업을 수행한 태조 및 태종의 덕행과 사업을 찬송하는 것
이다. 권제 등이 《용비어천가》를 올린 전(箋)에서는 "덕과 인을 쌓아
서 큰 복조를 융성하게 열었으니, 그 공적을 저술하고 사실을 기록하
여 노래[歌章]로 널리 펴는 것이 마땅하다"93)고 하여, 천명을 받아 왕
업을 일으키는 복을 받게 된 것은 덕과 인을 쌓음으로써 가능하였던
것임을 확인한다. 또한 "뿌리깊은 나무는 가지가 반드시 무성하고, 근
원이 멀면 흐름이 더욱 긴 것이다.… 은혜와 신의가 본래 진실하여 사
람들의 붙좇는 자가 한 두 대(代)만이 아니었으며, 상서로운 징조가
여러 번 나타났으매 하늘의 돌보심이 거의 몇백년입니다"94)라 하여,
덕을 쌓은 것이 하루아침에 이루어진 것이 아니라, 여러 대에 걸쳐 이
루어진 뿌리 깊은 것임을 확인하며, 곧 목조가 처음 북쪽 변방에서 일
어나는 데서부터 익조·도조가 경사(慶事)를 쌓고, 환조 때 상서로움
이 나타나는 사실에 이르기까지 선조로부터 여러 대에 걸쳐 쌓여진
공덕으로 천명을 받게 되었던 것임을 강조하고 있다.

따라서 《용비어천가》를 올리는 이 전(箋)에서 목조가 처음 터전을
마련할 때로부터 태종이 잠저(潛邸)에 있을 때까지의 사적에서 기이하
고 거룩한 것을 빠짐없이 찾아 모으고, 또 왕업(王業)의 어려움을 자
세히 갖추어 기록하였다는 것이다. 여기서는 특히 혁명을 일으킨 창업
의 중심 인물로서 태조와 태종의 덕을 강조하고 있다. 곧 "태조 강헌
대왕께서는 상성(上聖)의 자질로써 천년의 운수에 응하여, 신성한 창
을 휘둘러서 무력의 위엄을 떨쳐 오랑캐를 신속히 소탕하고, 천명[寶
籙]을 받아 너그럽고 어진 정치를 펼쳐서 모든 백성을 화목하고 편안

---

92) 《용비어천가(龍飛御天歌)》는 권제(權踶)·안지(安止)·정인지(鄭麟趾)에 의해 1445
   년 처음에 우리말의 시가(詩歌)로 지어졌고, 이어서 한시(漢詩)로 번역되었으며, 그
   후 박팽년(朴彭年)·강희안(姜希顔)·신숙주(申叔舟)·이현로(李賢老)·성삼문(成三
   問)·이개(李塏)·신영손(辛永孫)이 주해(註解)를 붙여 1447년 10권으로 간행되었다.
93) 《세종실록》 27년 4월 무신(5일), "積悳累仁, 蔚啓洪祚, 撰功記實, 宜播歌章."
94) 위와 같은 곳 ; "根深者末必茂, 源遠則流益長,…恩信素孚, 人之歸附者, 非一二世, 禎
   符屢見, 天之眷顧者, 殆數百年."

하게 하였습니다. 태종 공정 대왕께서도 영민하고 총명함은 옛 사람을 뛰어넘고 용감하고 지혜로움은 무리에 뛰어나서, 기미를 밝게 보시고 나라를 세우시니, 공이 억만년에 높으시고 화란(禍亂)을 평정하고 사직(社稷)을 안정시키니, 덕이 백왕(百王)의 으뜸입니다. 위대하신 여러 대(代)의 큰 공은 전성(前聖)과 더불어 아름다움이 같았습니다”95)고 하여, 태조의 공덕으로 특히 무력의 위엄으로 남쪽의 왜구와 북쪽의 여진족 및 홍건적을 물리쳐 나라를 지켰던 사실과, 천명을 받아 나라를 세운 뒤에 ‘너그럽고 어진[寬仁]’ 정치를 베풀었던 덕을 높이고, 백성을 ‘화목하고 편안하게[緝綏]’ 해 준 공을 들고 있다. 또한 태종의 경우에도 그의 탁월한 능력이나 판단력과 더불어, 화란을 평정하고 사직을 안정시켰다는 공을 지적하고 있다. 이러한 덕과 공이 혁명의 정당성을 뒷받침해 주고 천명을 확인해 주는 근거로 제시되고 있는 것이다. 이어서 수성의 군주인 세종에 대해서도, “주상 전하께서는 오직 한결 같고 정밀하여, 선왕의 사업을 잘 이어 펼치며, 도리가 널리 퍼지고 정사가 다스려져서 비가 쏟아지듯이 덕택이 널리 젖었고, 예(禮)가 갖추어지고 악(樂)이 조화로워 문물이 지극하게 드러나 빛납니다”96)고 하여, 세종의 ‘한결같이 하고 정밀하게 하는[一精]’ 수양론적 학문 자세를 주목하고, 선왕의 ‘뜻을 이어가고 사업을 펼치는[繼述]’ 효(孝)의 덕을 높이며, 도가 구현되고 정치가 이루어져 백성들이 덕의 혜택에 젖으며 예악의 문물을 찬란하게 성취한 공적을 찬양하고 있는 것이다.

태조의 공덕으로 특히 고려 우왕(禑王) 때 요동 공벌의 명령을 받고 우군도통사(右軍都統使)로 출정하였다가 압록강의 위화도에서 회군하였던 사건을 들고 있다. 태조는 출정의 명령을 받자 네 가지 불가한

---

95) 위와 같은 곳 ; “太祖康獻大王, 挺上聖之資, 應千齡之運, 揮神戈而奮威武, 迅掃夷狄, 受寶籙而布寬仁, 輯綏黎庶, 太宗恭定大王, 英明邁古, 勇智絶倫, 炳幾先而建邦家, 功高億載, 戡禍亂而定社稷, 德冠百王, 偉累世之鴻休, 與前聖而駢美.

96) 위와 같은 곳 ; “主上殿下, 惟一惟精, 善繼善述, 道洽政治, 霈然德澤之旁霑, 禮備樂和, 煥乎文物之極著.”

이유를 제시하면서 그 첫째 조목으로 '작은 나라로서 큰 나라를 치는 일'이 불가함을 들었던 것은 형세의 크고 작은 것을 넘어서 중국을 대국으로 섬기는 사대(事大)의 의리를 내포하고 있는 것이다. 태조는 위화도에서 여러 장수들을 설득하면서, "만약 상국(上國)의 지경을 범한다면, 종묘·사직과 백성에게 화가 올 것이다" 하여, 종묘·사직이라는 국가 존립을 지키고, 백성을 전란의 희생으로부터 안전하게 보호하기 위한 것임을 밝히고 있다.

> "군사를 일으켜서 명나라 치기를 감행하니, 아무리 극진히 간하여도 끝끝내 듣지를 아니했네. 부득이 행군을 하면서도 중심엔 틀리는 일인지라, 당시의 인심에 순종하여 정의의 깃발을 돌리셨네. 아름다운 운명이여, 우리의 깃발이 도로 돌아옴은 상제의 명령에 순응함이신져. 정의를 내세움이 그 누구던가. 신령한 결단으로 홀로 실행하셨네"97)

무무(武舞)의 악곡이었던 〈정대업(定大業)〉의 '지덕(至德)' 편에서는 위화도 회군을 정의로운 결단으로 높이고, 인심과 천명에 순응하는 것으로 밝히고 있다. 위화도 회군은 바로 《맹자》 양혜왕하(梁惠王下)에서 '작은 나라로서 큰 나라를 섬긴다는 것이 하늘을 두려워하는 것[以小事大者, 畏天者]'이요, '하늘을 두려워하는 것이 나라를 보존하는 것[畏天者, 保其國]'이라 하여, 큰 나라에 거역하다가 백성을 죽음에 몰아넣고 나라를 멸망시키는 재앙을 받지 말아야 한다는 자기 보존의 논리에 근거한 것이다. 그러나 그것은 인심과 천명을 따르는 정의를 실현하는 도덕 의식으로 인식되고 있다.

이렇게 태조가 천명을 받았다는 사실을 증거하기 위해 꿈에서 신인(神人)이 금척(金尺)을 내려 주셨다는 신비한 일을 강조하고 있다. 곧 태조가 혁명을 하여 왕위에 오르기 이전에 "꿈에 신인(神人)이 하늘에서 내려와서 금척(金尺)을 내어 주면서, '공(公)은 자질이 문무(文武)

---

97) 앞의 책, 29년 6월 을축(4일) ; "稱兵敢干上國, 旣之極諫, 聽我藐藐, 雖則啓行, 中心是違, 順我人情, 回我義旂, 休命, 我旂載回, 帝命是順, 誰其倡義, 神斷獨運."

를 겸비하고 백성이 모두 심복하니, 이 자[尺]를 가지고 나라를 바로잡을 이는 공이 아니면 그 누가 있으랴' 하였다"(《용비어천가》제13장) 하여, 나라를 바로잡을 수 있는 인물로 지명하고 또 모든 제도의 기준으로서 척도를 상징하는 '금척'을 주어 천명의 징표로 삼았다는 것이다. 이처럼 혁명의 필연성은 꿈속에서의 신인(神人)을 통해 천명이 전해진 것으로 확인한다. '금척'은 바로 낡은 질서를 무너뜨리고 새로운 질서의 제도를 수립할 기준을 의미하는 것이라 할 수 있다. 이《용비어천가》의 제작은 기본적으로 중국의 정통을 이루고 있는 제왕의 역사적 사실과 대비하여 조선 왕조의 시조인 태조의 혁명이 정당할 수 있음을 입증하는 작업이다.

변계량은 태조가 지극한 덕과 융성한 공으로 고려의 4백 년 왕업을 대신하여 나라를 세운 것은 "사람이 할 수 있는 것이 아니요, 하늘이 한 것이며, 창업으로 왕통을 자손에게 전하여 무궁하기를 기약하는 것은 선왕들만 염려하는 것이 아니라 하늘의 뜻이다"[98]라 하여, 한 왕조를 창업하는 것은 덕과 공을 갖추어야 하지만 인간의 힘으로 이루어지는 것이 아니라 천명이 있어야 하는 것임을 근본 전제로 제시하고, 또 왕통을 자손 대대로 전할 수 있는지의 여부도 하늘의 뜻이 있어야 하는 것임을 역설한다. 그만큼 천명은 인간의 도덕성을 바탕으로 삼지만 인간을 초월하는 의지임을 확인하고 있는 것이다.

유교의 도덕 의식은 개인의 행위 규범에 뿌리를 두고 있지만, 인간의 성품과 하늘의 이치에 근거하는 보편적 근원성을 지니는 것이다. 이와 더불어 도학 이념은 유교의 도덕적 가치관을 개인의 도덕성이나 인간 관계의 윤리 규범을 넘어서 역사에 대한 윤리적 평가 의식을 추구함으로써, 의리론의 영역을 확대시키고 있다.

세종 때 주자의 《자치통감강목(資治通鑑綱目)》이 들어와 경연 강의에서도 토론되었으며, '강목(綱目)'의 체계는 《춘추》의 존왕천패(尊王賤覇) 의리와 더불어 역사와 왕조의 정당성 내지 정통성을 밝히는 원

---

98)《춘정집》 권6, 2, 〈영락칠년팔월일봉사(永樂七年八月日封事)〉(8~83) ; "…非人之所能爲也, 天也, 創業垂統傳子及孫, 期至無窮者, 豈惟祖聖之慮耶, 亦天之意也."

리로 인식되었다. 따라서 《춘추》와 《자치통감강목》(《통감강목》)은 조선 초기의 도학적 역사 인식에서 의리론적 역사관의 기준으로 받아들여지고 있었던 것이다. 세종 때 권제(權踶)가 운문으로 우리 역사를 서술한 《동국세년가(東國世年歌)》는 중국사(〈역대세년가(歷代世年歌)〉)와 우리 역사(〈동국세년가(東國世年歌)〉)를 상하편으로 구성하고 있으며, 고려 때 이승휴가 지은 《제왕운기(帝王韻記)》와 서술 체제나 내용에서 매우 흡사하다. 그러나 《제왕운기》가 사마광의 《자치통감》에 따라 중국의 삼국 시대에서 위(魏)나라를 정통으로 서술하는 것과 달리 《동국세년가》에서는 주자의 《통감강목》에 따라 촉(蜀)을 정통으로 삼고 있으며, 《제왕운기》는 민족과 국가의 영광을 드러내고자 하였지만, 《동국세년가》는 군주의 권위를 높이는데 관심을 기울인 것으로 대비되고 있다.99) 이처럼 《동국세년가》에서 《통감강목》의 의리론적 정통 의식을 수용하고, 왕권의 정통성에 비중을 두고 있는 것은 이 시대 역사 인식이 의리론을 중시하는 사실을 확인할 수 있다.

　조선 왕조의 창업에 따른 혁명의 필연성을 입증하고 정당화하기 위하여 초기에는 고려 왕조 말기의 정치가 잔학하고 혼미하였던 것으로 부정적 역사 서술을 하였던 것이 사실이다. 정도전과 정총(鄭摠) 등이 태조 때 편찬한 《고려국사(高麗國史)》는 특히 공민왕 이후의 역사적 사실을 부정적으로 왜곡한 것이 많았으므로, 이미 태종 때 개편을 계획하였으며, 세종 때는 《고려사(高麗史)》의 개수(改修) 작업이 이루어졌다. 세종은 유관(柳觀)·윤회(尹淮)에게 《고려사》를 개수하도록 명하면서, 주자의 《통감강목》도 사실에 근거하여 그대로 기록한 점을 지적하고, "마땅히 사실에 의거하여 바르게 기록하면, 찬미하고 비난할 것이 스스로 나타나서 족히 후세에 전하고 신빙할 수 있을 것이다"100) 라고 언급함으로써, 역사 서술에서 사실을 객관적으로 기술할 것을 요구하였다. 곧 고려 왕조의 말기를 부정적으로 서술하는 것만으로는 의

---

99) 韓永愚, 《朝鮮前期 史學史》, 서울대학교 출판부, 1981, 36~39쪽 참조.
100) 《세종실록》 5년 12월 병자(29일) : "今之秉筆者, 旣不能窺聖人筆削之旨, 則但當據事直書, 褒貶自見, 足以傳信於後."

리의 근거로서 공정성을 확보하기 어려우며, 역사를 통한 올바른 교훈을 얻기도 불가능한 것임을 인식하였던 것이다. 따라서 세종 때에는 《고려사》를 개수하면서 고려 왕조의 사실을 다시 회복시킴으로써, 역사의 연속성위에서 조선 왕조의 위치를 재 천명할 수 있었던 것이다. 그것은 의리의 정당성이 역사적 사실을 왜곡하지 않은 객관적 진실성 위에 정립함으로써 더욱 강한 설득력을 지니며, 보편적 정당성을 확보할 수 있는 것임을 파악하였던 것이다.

세종 6년 윤회·유관에 의해 《수교고려사(讎校高麗史)》가 완성되었으나, 반포되지 못하였고, 세종은 다시 신개(申槩)·권제에 명하여 《고려사전문(高麗史全文)》을 완성하였으나, 여전히 문제점이 남아 있다 하여 다시 세종 31년에 김종서(金宗瑞)·정인지 등에게 고려사의 개수를 명하여 문종 2년에 편년체의 《고려사절요(高麗史節要)》가 완성되었다. 이처럼 앞선 왕조의 역사를 서술하는데 비상한 관심을 기울이고 엄격한 역사 기술의 의리론적 원칙을 요구하였던 사실을 엿볼 수 있다. 유교 이념의 통치 체제에서는 역사란 바로 정의의 기준으로 심판하는 대상이 되고, 이 역사 비판의 의리가 현재를 이끌어 가고 미래를 지향하는 가치 기준으로 제시되는 것이다.

2) 강상론의 도덕 의식

수성기(守成期)에 접어든 세종 시대에는 변혁의 정당성을 확인하는 혁명론만을 강조할 수는 없었고, 이미 정립된 조선 사회 체제를 안정적으로 지탱할 수 있는 도덕 원리로서 강상론(綱常論)을 의리론의 기준으로 정착시켜야 한다는 요구가 제기되었다. 태조 때는 명나라에 역성 혁명의 사실을 보고하면서, 고려 왕조를 수호하기 위해 혁명 세력을 제거하려고 시도한 정몽주에 대해, "간사한 계책을 몰래 이루어 난(亂)의 발단을 일으키고자 하여,… 나라 사람들이 분개하고 원망하여 정몽주를 함께 목베었다"101)고 하여, 정몽주가 변란을 꾀하였던 간사한 인물로 규정하고 있다. 그러나 태종 때에 들어오면 태종 원년(1401) 권근(權近)은 상소문에서 '절의를 포창(褒彰)할 것'을 강조하면서, "임금된 자가 의(義)를 들어서 창업할 때에 자기에게 붙좇는 자는 상을 주고, 붙좇지 않는 자는 죄를 주는 것이 진실로 마땅한 일이나, 대업이 이미 정하여져서 수성(守成)할 때에 이르러서는 반드시 전대(前代)에 절의를 다한 신하를 상주어, 죽은 자는 벼슬을 추증하고 살아 있는 자는 불러 써서, 정표(旌表)와 상을 가하여 후세 인신(人臣)의 절의를 장려하는 것이니, 이것은 고금에 통하는 의리이다"라 하고, 특히 정몽주에 대해서는 "섬기던 곳에 마음을 오로지 하고 그 절조를 변하지 않아서 생명을 잃는 데에 이르렀으니, 이것이 이른바 대절(大節)에 임하여 빼앗을 수 없다는 것이다"라 하고 길재(吉再)에 대해서는 "혁명한 뒤에 오히려 예전 임금을 위하여 절개를 지키어 능히 작록을 사양한 자는 오직 이 한 사람뿐이다"(태종 원년 1월 14일)라 하여, 정몽주와 길재의 절의를 포상하도록 청원하였다. 권근은 정몽주 등의 절의를 높여야 할 근거로서 조선 왕조의 신하들을 위해 절의를 장려해야 한다는 필요성을 지적하면서 동시에 한통(韓通)이 후주(後周)를 위해 죽었지만 송나라 태조가 추증하였고, 문천상(文天祥)이 송나라를 위해 죽었는데 원나라 세조가 추증하였던 중국의 역사를 들어 그 당위성을 입증하고 있다. 태종도 권근의 요청에 응하여 정몽주에게 '영의정부사(領議政府事)'를 증직하였던 것이다.(태종 원년 11월 7일)

변계량은 자신의 좌주(座主 : 과거 시험 급제자가 시험관을 일컬음)였던 정몽주에 대해, "선생의 한 번 죽음은 인륜과 세상의 교화에 관계됨이 매우 크다. 어찌 전조(前朝)의 수백년 동안 인재를 기르고 풍속을 교화한 효과가 그에게 모였고, 우리 조선 억만년 신하된 자로서 강상의 수립이 그에게서 일어났을 따름이 아니랴"102)라 하여, 정몽주

---

101) 《태조실록》 원년 7월 정유(18일) : "鄭夢周等潛成奸計, 欲生亂計,…國人憤怨, 共誅夢周."
102) 《춘정집》 권5, 17~18, 〈포은선생시고서(圃隱先生詩藁序)〉 ; "先生之一死, 有關於人倫世敎爲甚大, 豈唯前朝數百年作成人才風化之效, 鍾於公, 我朝鮮億萬年臣子綱常

가 고려 왕조를 위해 절의를 지키다가 죽음을 당한 것은 고려 왕조를 통한 인재 배양과 풍속 교화의 귀결점이요, 조선 왕조의 신하들이 지켜야 할 강상의 출발점이 되는 것이라 강조한다. 따라서 태종은 정몽주의 절의를 가상히 여겨 증직을 더해 주고 '문충(文忠)' 이라 시호까지 내렸던 사실을 지적하고 있다. 그만큼 조선 왕조 자체에서 '혁명'이 아니라 '강상'이 보편적 도덕 규범의 기준으로 중시되어 가는 변환 과정을 보여주고 있는 것이다.

길재(1353~1419)는 이색·정몽주·권근을 따라 교유하며 배웠고, 권근(1352~1409)보다 한 살이 적었지만 성균관 유생 시절 권근을 스승으로 모시고 배웠으며, 권근이 죽자 스승에 대한 예법으로 심상(心喪) 3년의 예를 지켰다. 그런데 스승이었던 권근은 그 자신 절의를 지키지 못하고 조선 왕조에 벼슬을 하였지만, 오히려 제자의 위치에 있었던 길재에 대해 '두 왕조의 임금을 섬기지 않는' 절의를 극진히 높이고 있다. 권근은 '절의'를 인심에 고유한 것으로 만세에 소멸될 수 없는 것이라 하고, '도학'을 천지의 상경(常經)으로 만세에 없어질 수 없는 것이라 하면서도, 현실 속에서는 사람들이 공리(功利)에 이끌리고 사설(邪說)에 유혹되어 학문의 강론이 정대하고 도에 대한 믿음이 독실하며 견해가 특출하고 지키는 바가 확고한 사람이 아니면 그 절의와 도학을 온전히 지키지 못할 것임을 지적하고 있다. 여기서 권근은 길재가 옛 임금을 위해 의리를 지키고 신하의 절의를 잃지 않은 행적을 높여, "고려가 5백년 동안 교화를 베풀어 선비의 풍도를 권장한 효과가 선생(길재)의 한 몸에 모아 다하였고, 조선이 억만년토록 강상을 붙들어 신하의 절의를 밝히는 근본이 선생의 한 몸으로부터 비롯되었으니, 명교(名敎)에 유공함이 이보다 클 수 없다"103)고 하여, 길재가 태종의 부름을 받고도 '충신은 두 임금을 섬기지 아니한다'는

之立, 起於公而已哉."

103) 《양촌집》 권20, 8, 〈제길재선생시권후서(題吉再先生詩卷後序)〉: "有高麗五百年培養敎化, 以勵士風之効, 萃先生之一身而收之, 有朝鮮億萬年扶植綱常, 以明臣節之本, 自先生之一身而基之, 其有功於名敎甚大."

의리로 벼슬을 사양하였던 절의를 조선 왕조의 신하가 지켜 가야 할
절개의 기반이라 역설하고 있다. 길재는 아들 길사순(吉師舜)이 임금
의 부름을 받아 상경하게 되자 아들을 훈계하면서, "너는 마땅히 내가
고려에 쏠리는 그 마음을 본받아 네 조선의 임금을 섬기도록 하
라"104)고 하였다 한다. 길재의 절의는 고려 왕조를 수호하고 회복하기
위해 투쟁하는 저항 의식이 아니라 자신이 지켜야 할 내면의 도덕 규
범이 지향하는 가장 절실한 과제로서의 절의인 것이며, 따라서 그 절
의는 아들에게 조선 왕조를 위해 지켜야 할 것으로 쉽게 대치시켜질
수 있는 것으로 보았던 것이다. 조선 왕조가 고려에 충절을 지킨 정몽
주와 길재의 절의를 높이는 이유도 바로 그 절의의 도덕 규범이 조선
왕조를 지탱하는 규범으로 실현될 수 있는 것이기 때문이다.

또한 세종 때 설순(偰循)이 왕명으로 편찬한 《삼강행실도(三綱行實
圖)》의 '충신' 편에는 조선 왕조의 개국 공신들을 모두 제외시키고 오
히려 혁명에 저항하여 죽음을 당한 정몽주와 창업 후에도 협력을 거
부하였던 길재를 고려의 충신으로 수록하고 있다. 세종은 정몽주와 길
재를 《삼강행실도》의 〈충신도〉에 넣고 이들의 절의를 찬양하는 찬시
(讚詩)를 짓게 하였다. 정몽주를 위해서는 "고려말 쇠미하여 천운이
일어나니/ 뭇 사람 세력을 붙잡고 모두 날아오르네/ 조용히 죽음에 나
아가는 오천(烏川 : 정몽주)선생/ 우리 조선에 절의가 일어나도록 열어
주네[麗季衰微泰運升, 群賢攀附摠飛騰, 從容就死烏川子, 啓我朝鮮節義
興]"라 하고, 길재를 위해서는 "정정한 높은 절개 서리보다 차가우니/
곧바로 백이·숙제의 자취를 따르고자/ 거룩한 임금님이 그 의열(義
烈) 높여 드러내니/ 우리 나라 억만년토록 강상을 세웠다네 [亭亭高節
凜秋霜, 直欲追蹤餓首陽, 聖代褒崇彰義烈, 三韓億載樹綱常]"라 하여, 정
도전과 길재는 조선 왕조가 요구하는 절의의 기준이요 표상으로 높여
지고 있음을 확인할 수 있다. 그것은 이미 조선 왕조가 수성기에 접어
들면서 혁명론의 입장이 아니라 강상론을 표방하여 의리론의 기준으

______

104)《세종실록》원년 4월 병술(12일) ; "汝當效我向高麗之心, 事汝朝鮮之主."

로 삼고 있다는 입장을 명확하게 제시하고 있는 것이다.

세종 시대에는 길재의 문하인 김숙자가 관직에 나가기 시작함으로써 조선 왕조의 정통성에 대한 전반적인 신임이 확립되었다. 이른바 조선 초기 사림파의 도통(道統)으로 제시되고 있는 '정몽주→길재→김숙자…'로 이어지는 학맥에서 정몽주·길재는 '절의' 정신의 모범이고, 이 '절의'의 강상론을 계승하는 것이 김숙자 이후 사림파의 의리 정신이라 할 수 있다. 따라서 의리론의 관심은 왕조의 성립 자체가 어떻게 정당한지에 관한 논란에 집중하고 있는 것이 아니라, 오히려 조선 왕조의 입장에서 위기 속에서 그 체제를 위해 충절을 지키는가 아니면 세력과 이익을 따라 지조를 못지켰던가의 문제에 더욱 큰 관심이 기울어지고 있는 사실을 볼 수 있다. 명나라의 영조(英宗: 천순황제(天順皇帝))가 오랑캐에 의해 사로잡혔을 때 조선의 박팽년(朴彭年)은 정침(正寢: 사랑)에서 자지 않고 항상 문밖에 짚자리를 깔고 있었으며, 그 이유를 묻자, "천자가 오랑캐 나라에 있으므로 천하가 황황하니, 내가 비록 배신(陪臣)이나 차마 마음이 편치 못한 까닭이다"105)라고 대답하였다 한다. 여기서 세종 시대 유학자들의 의식 속에는 춘추대일통(春秋大一統)의 원리에 따라 중국의 천자에 대한 배신(陪臣)으로서 충성을 다하는 의리론이 형성되고 있음을 엿볼 수 있다.

그러나 의리론은 현실적 권력의 중심으로서 왕권에 예속되는 것이 아니라 도덕 규범으로서 강상론에 근거하는 것이므로, 왕권의 정당성 내지 정통성이 시인될 수 없을 때는 그 왕권 계승의 정통을 확보하기 위하여 절의를 통한 저항이 의리론에 비추어 긍정되는 의식 기반이 형성되었다. 세종의 뒤에 문종(文宗)을 지나 단종(端宗)이 어려서 즉위하여 숙부인 수양대군(首陽大君)이 왕위를 찬탈하면서 명분을 선양(禪讓)이라 하였지만 세종 시대의 유신들은 사육신(死六臣)과 생육신(生六臣) 등의 경우와 같이 저항을 통한 절의 정신을 보여 주었다. 이들의 충절은 옛 임금으로부터 입은 은의(恩義)에 대한 보답이라는 감상

---

105) 《국역 연려실기술》 1, 민족문화추진회, 1977, 443쪽 참조. 하위지(河緯地)의 경우도 동일한 행적을 보여주고 있다. 앞의 책, 450~451쪽 참조.

적 행동이 아니라 왕권의 불의한 찬탈에 대한 의리론적인 비판이요 항거였다고 할 수 있다. 이들의 행동에 대한 평가에서 그 후 조선 시대를 통하여 도학의 의리론에서 세종에 협력하였던 정인지와 신숙주 등을 권세에 따르는 무리로 버려두고 '사육신'과 '생육신'들을 절의파로 존숭하여 왔으며, 이러한 의리론은 곧 세종 시대에 배양되어 확산되었던 강상론적 의리 정신의 결실이라 볼 수 있을 것이다. 다만 여기서 세종 시대의 의리론은 강상론으로만 굳어져 있는 것이 아니라, 혁명론과 강상론이 병존하였으며, 그 양자를 종합적으로 인식하는 가운데 강상론으로 이끌어 가고 있는 사실을 유의할 필요가 있다.

3) 도덕 규범의 사회적 확산

유교 사상의 중심축은 도덕 의식이며, 조선 초기 사회에서 유교 이념의 통치 체제를 정립하고 사회 질서를 구축하기 위한 기본 과제도 바로 도덕 규범을 확립하고 대중 속에 확산시키는 것이었다. 세종은 즉위 초에 나라 안의 효자·절부(節婦)·의부(義夫)·순손(順孫)의 행적을 조사하게 하고, 정초(鄭招)에게 명하여 그 뛰어난 행적의 인물을 고르게 하고, 예조에서 최종적으로 41명을 추천하였을 때 이들에게 정문(旌門)을 세워 표창하고 벼슬을 주어 권장함으로써 도덕 규범을 풍속으로 뿌리내리도록 이끌어 갔다. 또한 세종은 성균관과 사부 학당에 고려 때 권부(權溥)가 지은 《효행록(孝行錄)》을 나누어주어, 유생들이 도덕 규범의 기초로서 '효'의 실천에 관심을 갖도록 유도하였으니, 그만큼 학문의 이론적 천착에 앞서서 도덕적 실천의 중요성을 강조하였던 것이다.

세종 시대에는 유교적 도덕 규범을 대중 속에 확산시켜 안정된 사회 체제를 확립하기 위한 방법으로서 《삼강행실도(三綱行實圖)》를 편찬하여 널리 유포시켰던 사실을 주목할 필요가 있다. 세종 13년(1431) 임금은 《삼강행실도》의 편찬을 계획하면서, 이상적 정치가 바로 인륜을 밝히는 것이요, 인륜의 핵심이 '삼강' 이라 지적하고 있다.

> "삼대의 정치는 모두 인륜을 밝히는 것이었다. 후세에 교화가 땅에 떨
> 어지고 백성들이 서로 친목하지 않으므로 군신(君臣)·부자(父子)·부부
> (夫婦)의 큰 인륜이 모두 타고난 성품에 어두워 항상 박한 데에서 상실되
> 고 말았다. 간혹 행실이 뛰어나고 절개가 높아 습속을 따라가지 않고 사
> 람의 이목에 우뚝한 자도 또한 많았다. 나는 그 특이한 자만을 뽑아 그림
> 을 그리고 찬(贊)을 붙여 중앙과 지방에 반포하여 어리석은 지아비나 지
> 어미도 모두 이를 보고 느껴 감동하여 일어나게 하고자 하니, 또한 백성
> 을 변화시키고 풍속을 이루는 한가지 방법이리라."106)

　세종이 특히 관심을 두었던 것은 인륜의 기본 조목으로서 '삼강' 을
대중 속에 가장 쉽게 제시함으로써 가장 넓게 전달할 수 있다는 인식
이 깃들어 있다. 따라서 어리석은 백성들에 이르기까지 도덕적 풍속을
확산시켜 가는 것을 정치적 기본 과제로 삼았던 것이다. 이 때 세종의
명에 따라 설순이 편찬한 《삼강행실도》는 대중이 쉽게 이해할 수 있
도록 그림으로 내용을 제시하였으며, 찬양하는 시를 붙여 감동을 심화
시키도록 하였던 것은 대중 교화를 위한 교과서적 저작이었음을 보여
준다.

　또한 《삼강행실도》의 각 행적을 그린 그림 위에는 뒤에 훈민정음으
로 설명까지 붙여 놓아 문자를 모르는 사람에서 한글만 아는 사람도
이해할 수 있게 하였고, 나아가 뒷면에 한문으로 기록된 사실 기사나
찬시(讚詩)를 통해 지식인들에 이르기까지 모든 계층의 보편적 도덕
질서로서 확립하고자 한 것을 알 수 있다. 특히 대중의 기본적 도덕
규범으로서 유교적 덕목의 충(忠)·효(孝)·열(烈)을 제시한 것은 불의
에 저항하는 의리론이라기보다 국가와 가정의 사회 체제를 지탱하는
규범 체제를 확립하려는 것이라 할 수 있다. 《삼강행실도》에서 효자·

---

106) 《삼강행실도(三綱行實圖)》〈삼강행실도서(三綱行實圖序)〉(권채(權採)). 세종의
　　《삼강행실도》편찬과 반포에 관련한 언급으로 거의 같은 내용이 《세종실록》　16
　　년 4월 27일 조에도 나타나고 있다.

충신·열녀를 내세웠으며, 효자에 대한 기록에는《효행록》에 실려있는 이제현(李齊賢)의 찬(贊)을 채록하고 있는 사실에서 이러한 도덕 규범의 대중 교화를 위한 노력은 고려 때의 업적을 계승하고 있는 사실도 엿볼 수 있다. 이처럼《삼강행실도》를 통해 대중의 도덕 의식을 계발하고 있는 것은 사회 질서의 기반을 확고하게 하려는 의도에서 나온 것이며, 이 도덕 질서는 바로 조선 왕조의 통치 기반을 확보하는 것이었다.

나아가 인륜에서 '효'와 '충'의 관계에 대한 인식도 세종 시대에는 더욱 절실하게 제시되고 있는 것을 볼 수 있다. 황희(黃喜)는 모친상에 거상(居喪)을 하고 있을 때 세종으로부터 좌의정을 제수 받아 기복(起復 : 거상 도중에 상복을 벗고 벼슬에 나오는 일)하여 세자를 모시고 명나라에 사신으로 다녀오라는 명령을 받았다. 이 때 그는 임금의 성총을 입어 슬픔을 잊고 자최(齊衰)의 상복을 벗는다는 것은 "행실과 의리가 먼저 허물어지고 염치가 모두 손상되어, 명분의 교화에 죄를 짓고 공론(公論)에 비난을 받게 될 것"이라 하여, 거상을 마치도록 해주기를 간청하였다. 이에 대해 세종은 임금에 대한 '충'의 규범과 부모에 대한 '효'의 규범이 일체를 이루는 것임을 강조하면서, "임금과 어버이는 오륜에 있어서 단지 명목과 지위만 다를 따름이며, 충과 효는 두 가지 도가 아니고 시행하는 것은 모두 한 가지이다"107)라 하여, 부모에 대한 '효'를 옮겨서 임금을 위해 '충'을 하도록 요구하였다.

이에 대해 황희는 다시 "충과 효는 신하와 자식된 자의 큰 절개로서 어느 한 쪽도 폐지할 수 없다. 그러나 사람이 '효'를 다하지 못하면 온갖 행실이 다 무너져서 '충'으로 옮겨갈 바탕이 없어진다[忠孝者, 臣子之大節, 不可偏廢, 然人不盡孝, 則百行俱喪, 無以爲移忠之本]"고 하여, '효'가 '충'에 앞서 근본적 규범임을 강조하고, '충'을 실현하기 위한 기반으로서 '효'를 먼저 확보할 수 있도록 요구하고 있다.

---

107)《세종실록》9년 10월 임술(8일) : "君親在五倫, 但有名位之異, 忠孝非二道, 惟其施措則同."

그러나 세종은 끝내 '기복' 하라는 명령을 철회하지 않았으니, 여기에
서 '효'를 근본적 규범으로 선행시킬 것을 요구하는 유학자 신하와
충·효가 둘이 아닌 하나임을 강조하는 군왕의 입장 사이에 도덕 의
식의 차이를 엿볼 수 있다.

Ⅳ. 세종 시대의 불교 사상

1. 불교 교단의 활동과 현실

1) 불교 교단의 억압과 허용의 양면성

조선 초기에 정도전(鄭道傳)에 의해 불교에 대한 철저한 이론적 비판이 제시된 이후 불교 배척의 입장은 세종 시대에서도 임금과 유학자들의 기본적 자세로서 더욱 강화되어 갔던 것은 사실이다. 태조(太祖)에서 태종(太宗)을 거쳐 세종으로 이어가면서 불교 사찰의 철폐를 확대하고 전답과 노비 등 사찰의 재산을 국유화하며, 승려의 출가를 억제를 하거나 환속을 종용하는 등 억불 정책을 통한 불교 교단의 억압을 강화해 갔다. 그러나 유교 이념을 정통화하여 불교 신앙을 전면적으로 억압해야 할 것인지, 불교 신앙이 광범하고 확고한 기반을 지니고 있는 현실적 여건을 고려하여 허용하여야 할 것인지에 대해서는 조정의 유학자 신하들 사이에서도 의견의 일치가 이루어졌던 것은 아니다.

세종 원년(1419) 참찬(參贊) 김점(金漸)은 임금에게 중국 황제의 법도를 따르도록 요구하면서 중국 황제가 불교를 숭상하여 관리나 백성들이 《제불여래명칭가곡(諸佛如來名稱歌曲 : 여러 부처와 보살의 이름을 외우며 부르는 노래)》을 노래하고 있는 사실을 들고 있다. 바로 전해에 명나라의 사신이 황제의 하사품으로 《명칭가곡(諸佛如來名稱歌曲)》1천부를 가져오자, 정부에서는 중국 사신이 지나가는 길가의 승려들에게 이 《명칭가곡》을 나누어주어 외우게 하였던 일이 있다. 그것은 중국의 뜻에 영합하기 위한 것이지 조선 정부가 중국 황제의 호불(好佛) 입장을 따르는 것이 아니었다. 이에 김점은 중국 황제의 권위를 끌어들여 불교 교단에 대한 허용 정책을 요구하였던 것이다. 이에 대해 예조판서 허조(許租)는 중국의 법이라도 본받아야 할 것과 본받지 말아야 할 것이 있다고 지적하고, 불교를 존숭하고 신앙하는 것은 제왕의 성덕(盛德)이 될 수 없는 것이므로 따르지 말아야 할 것임을 주장하여 상반된 입장을 밝혔다.108)

또한 중국 사신은 황제의 명으로 조선에 와서 모든 사찰에 봉안되어 있는 사리(舍利)를 바치라 요구하고, 불경을 간행할 종이를 요구하는 등 중국 황실이 불교 신앙에 독실함을 보여주었다. 세종은 558과(果)의 사리를 모아서 보내는 등 황제의 명령을 따르는데 정성을 다하였다.109) 실제로 중국 황제가 불교에 대해 적극적으로 호의적 태도를 보이고 있는데, 조선 정부가 불교에 대해 엄격한 억압책만을 관철시키기는 사실상 어려운 일이었다. 비록 불교 교단의 누적된 폐단이 심하더라도 불교를 억압하기 어려운 현실적 이유는 안으로 불교적 기반이 넓고 튼튼하다는 사실과 더불어 밖으로 중국의 황실이 끊임없이 불교에 대한 호의적 태도를 보이고 있다는 압박감이 작용하였던 사실에서 찾아볼 수 있다.

세종초 당시 진관사(津寬寺)·회암사(檜巖寺)의 승려들이 계집종과 사통한 일이 발각되자 이를 기회로 청정한 생활과 걸식과 고행(苦行)으로 수도해야 할 승려가 종을 부리고 안일에 빠져 음란한 행위를 한다고 비판하면서 전국의 사찰이 소유하고 있는 노비를 혁파시켰다.110) 그러나 뒤이어 승려 30명이 중국으로 도망한 사건이 일어나자, 승려들이 중국으로 도망하여 불교를 숭상하는 중국 황실에 우리 나라를 무고하는 일을 막기 위해 승려들을 안심시킬 수 있도록 절에 따라 노비를 돌려주기도 하고, 승려들에게 《명칭가곡》을 외우도록 권장하기도 하였다.111) 그만큼 불교 교단의 억압은 승려들의 반발에 따라 중국의 외교적 압박을 초래할 수 있는 위험이 있으므로 단순하게 추진하기 어려운 일이었다. 더구나 오랜 역사를 통해 자리잡았던 뿌리깊은 불교

---

108) 《세종실록》 원년 1월 병진(11일).
109) 《세종실록》 원년 9월 경신(18일).
110) 《세종실록》 원년 11월 무진(28일).
111) 《세종실록》 원년 12월 신축(11일).

적 문화 전통과 대중적 의식 기반을 쉽사리 제거할 수 없다는 한계점
은 통치자들에게 절실하게 인식되었던 것으로 보인다.

불교 억압 정책이 한창 진행되던 세종 초기에 유교적 통치 이념의
수행을 지키는 언관(言官)으로서 사간원(司諫院)의 상소에서는 “요사
한 말로 백성을 속이는 것을 물리쳐서 불교가 유행하지 못하게 하고,
놀고먹는 승려들을 몰아다가 농사를 짓게 함으로써 근절되지 않은 남
은 구습을 영원히 없애 버릴 것”을 강경하게 요구하고 있다. 그러나
이처럼 엄격한 불교 억압책을 주장하는 사간원에서도 현실적으로 불
교 억압의 어려움을 인식하고 있었던 것이다. 이 사간원의 상소에서도
“불교가 세상에 유행한 지가 이미 오래되어, 습속으로 익숙해졌으므
로 그 법(法)을 갑자기 제거할 수가 없으며, 그 무리들을 하루아침에
모두 몰아낼 수 없다”는 불교 억압책의 현실적 한계를 받아들이고 있
다. 이에 대처하는 방법으로 “우선 예방하기 위한 방법을 마련하여 지
나치게 많아지지 않도록 엄중히 금지함으로써, 그들이 거리낌없이 행
하지 못하도록 하는 것이 옳을 것이다”112)라 하여, 불교 교단의 확장
이나 승려들이 법을 어기고 횡행하는 일을 금지하는 일에 주력할 것
을 제안하여, 억압책의 점진적 실천 방법을 제시하고 있었던 것이다.

집현전제학 윤회(尹淮)가 불교의 폐해와 오류를 조목별로 상세하게
제시하는 상소를 올렸을 때도 세종은 그의 말이 이치에 맞는다고 인
정하면서도 “다만 불가의 법은 그 유래가 오래 된 까닭으로 갑자기
모두 없앨 수는 없다”113)고 언급하여, 불교 억압책을 그대로 받아들일
수 없음을 밝히고 있다. 유래가 오래다는 것은 사회 기반의 구석구석
까지 뿌리를 내리고 있어서 원칙만을 적용하여 처리할 수 없는 현실
을 지적한 것이다. 따라서 세종 시대 정부의 불교 대책은 한편으로 불
교 교단의 폐해를 제거하기 위한 억압책을 쓰면서, 다른 한편으로 급
격한 억압책에 따라 발생하게 되는 부작용을 줄이기 위해 불교 허용
책을 병행하지 않을 수 없는 것이었다.

---

112) 《세종실록》 3년 7월 임술(2일).
113) 《세종실록》 6년 3월 갑신(8일).

세종 30년(1448) 임금은 창덕궁(昌德宮) 겹담밖에 있던 문소전(文昭殿) 곁의 무너진 불당을 복구한다는 명분으로 내불당(內佛堂)을 세우고자 하였을 때, 유학자 신하들의 반대가 격렬하자, "세상의 모든 일은 취할 것이냐 버릴 것이냐에 불과할 뿐이다. 도태시켜 남김이 없게 되면 버린다고 하는 것이 옳겠지만, 도태시킬 수 없다면 취한다고 하는 것이 옳다"114)라고 하여. 임금으로서 불교를 도태시킬 수 없는 만큼 그 실질적 존재를 인정할 수밖에 없는 현실을 밝히고 있다. 또한 신하들의 격렬한 반대가 계속되자, 세종은 "불교가 일어난 때부터 역대의 임금들은 어질기도 하였고 어질지 못하기도 하였지만, 2천여 년 동안에 능히 모두 도태시킨 임금도 없었고, 또한 모두 도태되었던 날도 없었다"115)라고 하여, 불교의 존재를 적극적으로 인정하지 않을 수 없는 현실을 강조하였다. 물론 이에 대해 신하들의 반박도 집요하였다. 곧 모두 도태시킬 수 없다면 취하는 것이라는 임금의 현실 논리가 아니라, 옳지 않다면 도태시켜야 한다는 당위 논리로 맞섰으며, 임금이 조종(祖宗)을 위해 내불당을 짓겠다고 하자, 신하들은 태종이 불교를 배척했던 선왕의 유지(遺旨)에 어긋난다고 주장하였다. 또한 신하들이 《원육전(元六典)》과 《속육전(續六典)》의 법전에 사찰의 창건이나 중수가 금지되어 있음을 들자, 임금은 이 법전이 아랫사람들에게 적용되는 것이지 임금에게 적용되는 것이 아님을 주장하여 맞섰다. 이렇게 임금과 신하 사이에 작은 규모의 사찰 건립을 둘러싸고 집요한 반대와 단호한 관철이 팽팽하게 맞서는 것은 바로 이 시대에 불교를 매개로 이루어진 유교 이념의 정통 의식과 통치 현실의 포용 원칙 사이의 갈등이라고 할 수 있다.

여기서 임금의 통치 현실에 대한 인식은 포용을 통한 안정에 관심을 기울이지 않을 수 없었다. 따라서 태조도 무학(無學) 선사를 왕사(王師)로 삼아 불교 교단과의 유대를 지속하였던 사실이 있고, 세종도 억압 정책에 신중한 배려를 하고 있을 뿐 아니라 후반기에는 흥천사

---

114) 《세종실록》 30년 7월 신축(17일).
115) 《세종실록》 30년 7월 임인(18일).

(興天寺)의 중수를 비롯한 불사(佛事)를 일으켜 불교 교단에 대한 억압 정책을 완화시키기 시작하였다. 특히 세종은 관료들의 격렬한 반대에도 흔들리지 않고 내불당(內佛堂)의 건립을 강행함으로써 상당히 적극적인 보호 태도를 보이기도 하였다. 이처럼 세종이 내불당을 짓는 불사를 일으킨 사건은 유교 정통의 통치 이념에 따라 일방적인 불교 억압을 요구하는 유학자들의 입장에 대해 임금 자신이 견제 태도를 보이고 있는 것이다. 그만큼 국가 전반의 통치를 위한 임금의 안목은 이념의 원칙을 고수하는데 집착하기보다는 국내외의 여건을 고려하여 사회 현실의 다양한 세력들 사이에 균형과 조화를 구현할 필요가 컸던 것으로 보인다.

2) 왕실과 유신(儒臣)들의 호불(好佛) 활동

세종 30년 내불당(內佛堂)의 건립 문제는 유학자 신료들의 광범하고 강경한 반대를 받으면서도 임금의 의지가 끝내 관철되고 말았다. 이러한 사건은 임금의 개인적인 불교에 대한 호의적 태도를 보여주는 것이나, 임금이 명분으로 내걸고 있는 것처럼 조종(祖宗)을 섬기기 위한 방편이기만 하다고 보기는 어렵다. 오히려 통치자로서 군왕의 입장에서는 귀족층에서 서민 대중까지 그리고 특히 부녀자들의 신앙심 속에 깊이 뿌리내리고 있는 불교적 세계관과 생활 관습을 갑자기 부정하고, 유교 정통주의의 이상을 추구하여 사회를 유교 체제로 급진적인 개혁을 하면서 발생하게 되는 긴장과 갈등을 완화시켜야 할 필요성도 있을 것이다.

뿐만 아니라 유교 이념이 국가 체제의 확고한 기준으로 정립되면서, 군왕의 통치 행위도 유교 이념에 의해 과도한 제약을 받게 되었던 것이 군왕으로서는 부담감을 느끼지 않을 수 없을 것이다. 국가의 정책 결정은 물론이고 군왕의 거동과 심성에 이르기까지 끊임없이 유교 이념에 의해 점검 받기를 요구하는 유신(儒臣)들의 주장은 군왕에게 상당한 부담이 되었던 것으로 보인다. 또한 중국 중심의 대일통(大一統)

의리에 따라 사대주의에 빠져들고 있는 유교 지식인의 세계관이 조선 왕조의 독립적 국가 의식을 심하게 약화시키고 있는 점은 국가 경영의 통치자에게 경계심을 줄 수 있었을 것이다. 삼국 시대 이전부터 조선 초기까지 내려오던 제천(祭天) 의례가 세종 때에는 유교 의례의 명분에 따라 중단되어야 했다. 제천 의례는 천자만이 지낼 수 있다는 조목이 적용된 것이다. 또한 세종이 훈민정음을 창제하였을 때에도 그 반포와 시행에 적극적인 반대를 하였던 최만리(崔萬理)의 명분도 중국 중심의 천하관에 조선 정부가 예속되기를 요구하는 것이다. 따라서 임금이 불교를 어느 정도 보호함으로써 급격한 개혁에 따르는 사회 불안을 완화할 뿐만 아니라 중국 중심에 편입되기를 요구하는 유교의 사대주의적 천하관을 견제할 수 있었을 것으로 보인다.

이처럼 세종 시대에 임금에 의해 불교에 대한 호의적 태도가 제기되자, 왕실과 귀족들은 물론이요 정통주의적 신념이 미약한 유신(儒臣)들 사이에서도 불교 신앙 활동에 적극적으로 참여하거나 우호적 교류가 확산되고 있는 사실을 볼 수 있다. 당시 유학자들은 불교 배척을 기본 이념으로 받아들이고 있다 하더라도 이들의 상당수는 오랜 기간 동안 불교 교리에 상당한 조예를 지니고 있으며, 특히 유교 이념이 약한 왕실의 척족들이 불교 신앙에 기울어지자 그 주위에 모여드는 유신들이 등장하기 시작하였던 것이다.

이 때 불교에 호의적 태도를 뚜렷이 드러내었던 유학자 신료의 대표적 인물로서 김수온(乘崖·拭疣 金守溫, 1409~1481)이나 정효강(鄭孝康)을 들 수 있다.

"김수온은 본래 부처에게 아첨하는 사람이었다. 그의 형인 승려 신미(信眉)는 승도(僧道)에 대한 자랑을 늘어놓아 임금의 총애를 받았다. 김수온은 임금의 곁에 있는 신하를 통하여 수양대군(首陽大君)과 안평대군(安平大君) 두 대군과 사귀면서 불서(佛書)를 번역하였다. 혹 대궐 안에서 불사(佛事)가 있으면, 사복소윤(司僕少尹)인 정효강(鄭孝康)과 함께 눈을 감고 오뚝하게 앉아서 하루 종일 철야로 합장한 채 독경하고 염불하며 설법을 하였는데 조금도 부끄러워하는 빛이 없었다. 그리고 늘 대군들을 꾀이기를 '《대학》이나 《중용》은 《법화경》이나 《화엄경》의 미묘함에 미치지 못하다'라고 하였다"116)

　　"김수온은 간사한 승려 신미(信眉)의 아우로서, 불교를 몹시 좋아하여 그 학설을 깊이 믿어 왔다. 그는 항상 말하기를, '만일 불경을 읽어서 그 뜻을 얻게 되면, 《대학》과 《중용》은 찌꺼기에 지나지 않을 것이다'라고 하였다. 정효강은 천성이 사특하고 괴팍하여 불교를 너무도 독실히 좋아하였다. 그가 길을 가다가 승려를 만나게 되면 반드시 말에서 내려 지극히 공경하는 예(禮)를 하였다. 김수온과는 입술과 이처럼 서로 친하였으므로, 모든 불사가 있을 때마다 반드시 그들에게 맡겨졌다."117)

　《세종실록》에 실려 있는 김수온과 정효강에 대한 사관(史官)의 기록은 비판적 입장에 서있는 것이지만, 이들이 불교에 얼마나 심취해 있는지를 잘 보여주고 있다. 김수온은 그 자신 여러 사찰의 사기(寺記)·중수기(重修記)·법회기(法會記)·영응기(靈應記) 등 불사(佛事)에 관한 문장을 많이 남기고 있을 뿐만 아니라, 세종의 왕명을 받아서 《석가보(釋迦譜)》를 보충 편찬하였고, 《월인천강지곡》을 짓는 일에도 깊이 관여하였다. 이처럼 유학자의 손으로 불교 예찬론을 폈던 사실은 당시 유교 지식인들 사이에 불교 배척의 엄격한 배타적 정통주의자들과 더불어 불교에 친화적 융화론자들이 있었다는 사실을 말해준다.

　세종 30년 12월 궁궐의 북쪽에 내불당(內佛堂)을 완성하였을 때 그 화려하고 사치함이 극치에 이르렀던 것으로 묘사되고 있다.

　　"황금과 구슬이 눈을 현란하게 하였고, 단청이 너무 찬란하였으며, 붉은 비단을 재봉하여 '주의(柱衣)'라고 이름하고 기둥에 입혀서 더러워지지 않게 하였다. 또한 향나무를 조각하여 산을 만들고 황금 불상 3구를 그 가운데 안치하였는데, 이 황금 불상은 일찍이 안평대군의 감독하에 성녕대군의 집에서 주조한 것이었다. 근위병들에게 관대(冠帶)를 갖추게 하고 임금의 행차를 호위하는 의례와 마찬가지로 하여 불상을 가마에 실어서

---

116)《세종실록》30년 9월 신묘(8일).
117)《세종실록》31년 11월 정축(1일).

대궐 안에 들여오니, 임금이 몸소 관람한 후에 불당에 안치하였다"[118]

　황금 불상이란 태조가 계획했다가 못 이룬 뜻을 이어 세종이 황금으로 삼신여래상(三身如來像)을 조성한 것이다. 이 때 약사(藥師)·미타(彌陀)·보살·나한(羅漢)의 상(像)도 조성하였다. 또한 세종은 신미(信眉)와 김수온에게 명하여 〈삼불례참문(三佛禮懺文)〉을 짓게 하였으며, 세종 자신은 〈찬불가(讚佛歌)〉의 새로운 악곡과 악장을 지어 재회(齋會)에서 악(樂)과 무(舞)를 성대하게 베풀었다.[119] 이처럼 임금이 앞장선 불교 예찬과 불교 의례 행위는 단순히 불교 신앙을 허용하는 차원이 아니라 왕실이 불교 신앙에 적극적으로 참여하고 있음을 보여주는 것이다. 곧 실질적으로 왕실의 입장은 유교를 정통으로 확립하기를 추구하는 국가 체제의 공식적 명분과는 달리 유교 이념의 통치 원칙과 불교 신앙을 병행시키고 있다는 사실을 밝혀 주는 것이다.

　특히 왕실 안에서 불교 신앙이 활기를 띠고 있는 것은 세종 시대의 특징적인 현상으로 주목할 필요가 있다. 태종의 빈(嬪)인 의빈 권씨(懿嬪權氏)가 삭발하여 승려가 되었던 일로 조정 안에서 물의를 일으켰고, 세종의 형인 효령대군(孝寧大君)도 불교를 신봉하여 성대하게 수륙재(水陸齋)를 벌이고 효령대군 자신이 승려가 되기도 하였다. 또한 세종의 아들인 수양대군(首陽大君)과 안평대군(安平大君)도 불경(佛經)에 심취하였고 불교 교리의 심오함에 깊이 공감하고 있음을 보여준다.

　수양대군은 주서(注書) 성임(成任)에게 불교가 유교보다 우월함을 강조하여, "석씨(釋氏)의 도(道)가 공자(孔子)의 도보다 뛰어난 것이 하늘과 땅 차이만큼만 있는 것이 아니다. 선유(先儒)가 말하기를 '비

---

118)《세종실록》 30년 12월 정사(5일).
119)《식우집(拭疣集)》 권2, 〈사리영응기(舍利靈應記)〉. 세종이 지은 찬불가(讚佛歌)는
　　새　악곡으로 〈앙홍자지곡(仰鴻慈之曲)〉·〈발대원지곡(發大願之曲)〉·〈융선도지곡
　　(隆善道之曲)〉·〈묘인연지곡(妙因緣之曲)〉·〈포법운지곡(布法雲之曲)〉·〈연감로지
　　곡(演甘露之曲)〉·〈의정례지곡(依定慧之曲)〉의 7곡이 있고, 악장(樂章)으로 귀삼보
　　(歸三寶)·찬법신(讚法身)·찬보신(贊報身)·찬화신(贊化身)·찬약사(贊藥師)·찬미
　　타(贊彌陀)·찬삼승(贊三乘)·찬팔부(贊八部)·희명자(希冥資)의 9장이 있다.

록 몸을 꺾고 태우고 찧고 갈아 없애는 고행을 하고자 할지라도 베푸는 바가 없다'고 하였지만, 그것은 이치를 알지 못하고 망령되이 말한 것이다"120)라고 하였다. 불교를 이단으로 배척하는 정통론적 입장과는 정면으로 상반된 입장에서 불교가 유교보다 우월함이 하늘과 땅의 차이보다 더 크다고 주장하는 수양대군의 언급은 세종 시대에 왕실 안의 불교 신앙이 지닌 뿌리가 얼마나 깊은지를 생생하게 보여주는 것이다. 이처럼 세종 시대에는 불교 교단의 사회적 폐단을 개혁하는 방향과는 달리, 왕실 주위에서는 독실한 불교 신앙에 따라 불사(佛事)를 일으킬 뿐만 아니라, 한 걸음 나아가 불교가 유교보다 우월하다는 확신을 공언하고 있는 사실을 주목할 필요가 있다.

3) 불교 교단의 활동

세종 시대의 불교 교단은 정부의 교단 정비에 따라 종파의 재편이 일어나고 있다. 곧 세종 초의 불교 교단은 교종(敎宗) 계열로서 남산종(南山宗)·자은종(慈恩宗)·시흥종(始興宗)·중도종(中道宗)·화엄종(華嚴宗)의 오교(五敎)와 선종(禪宗)계열로서 조계종(曹溪宗)·천태종(天台宗)의 양종(兩宗)으로서 '오교양종'의 체제를 이루고 있었다.121)

---

120) 《세종실록》 30년 12월 정사(5일) : "大君曰, 釋氏之道過孔子, 不啻霄壤, 先儒曰, 雖欲挫燒舂磨, 無所施, 此未知其理而妄言者也."

121) '남산종'은 당나라 도선(道宣)이 창립한 사분율종(四分律宗)으로 우리 나라의 양산 통도사(通道寺)가 이에 속한다. '자은종'은 당나라 규기(窺基)가 수립한 것으로 유식종(唯識宗)이라 일컬어지며, 우리 나라에서는 신라의 원측(圓測)이 현장(玄奘)의 문하에서 규기와 동문으로 유식론을 배웠으며, 유식학의 저술을 남기고 있다. '시흥종'은 명칭만 남아 있을 뿐이고 그 내용과 성격에 관하여 알려진 것이 없다. '중도종'은 법상종(法相宗)에서 유(有)와 공(空)에 치우치지 않는 것으로 자신의 입장을 일컫는 용어이다. 국내에서는 신라의 진표(眞表)에 의해 보은 법주사(法住寺) 등에서 전파되기 시작하였다고 한다. 원효(元曉)의 해동종(海東宗 : 분황종(芬皇宗))과 같은 종파로 보는 견해도 있다. '화엄종'은 당나라 때 두순(杜順)→지엄(智儼)→현수(賢首)로 이어져 왔고, 우리 나라에서는 원효의 해동종과 의상(義湘)의 부석종(浮

세종 2년(1420) 당시 조정에서 서울 안에 있는 '오교양종'의 사찰에 각 관청의 노비를 나누어주기로 결정하고 이를 시행하는 과정에 나타난 문제로서 자은종과 천태종은 도성안에 이 종파에 소속된 절이 없었다. 따라서 이 문제를 검토하던 신하들의 의견은 도성에 가까운 삼각산 아래에 있는 장의사(藏義寺)와 중흥사(中興寺)를 두 종파에 나누어 소속시키자는 의견과 자은종에 속한 경고사(京庫寺)와 천태종이 소유한 모화루(慕華樓) 동구에 있는 초막을 절로 삼자는 의견도 있었으나, 임금의 의견은 도성밖에 있으면 아무리 큰 절일지라도 노비를 지급하지 않기로 규례를 정하였던 사실을 들어, 도성 안에 두 개의 절을 가지고 있는 종파의 절을 절이 없는 종파에 나누어주고 노비를 지급하도록 제시하고 있다.(세종 2년 1월 26일) 여기서 확인할 수 있는 사실은 '오교양종'의 체제가 정립되었지만 도성 안에 각 종파와 정부의 연락을 관장하는 중심 사찰이 이 때에 확보되고 있다는 것이다. 국가가 전국 사찰의 노비를 줄이면서 도성 안의 사찰에 다시 노비를 나누어주고 있는 것은 불교 교단을 정부의 통제 아래에 두고자 하는 정책적 의도를 보여주는 것이며, 불교 교단으로서도 정부와 적절하게 교섭할 수 있는 통로를 확보하게 되었던 것을 보여준다.

그 당시 불교 교단에 대한 억압 정책으로 많은 불교 사찰을 혁파시켜가고 있는데, 이를 관할하는 정부의 입장에서 보면 각 종파에서 정부에 보고한 내용에 문제점이 있었다. 곧 혁파하지 않기로 한 절들은 모두 평지에 있는 것들이고, 산수의 경치가 아름다운 깊은 산 속에 세워진 절들은 혁파하지 않을 사찰 목록에서 빠져 있다는 것이다. 박은(朴訔)은 "심지어 불경(佛經)에 실려 있는 금강산 표훈사(表訓寺)와 같은 절도

石宗)의 두 계통이 성립하였으나 주로 의상에 의해 영주 부석사(浮石寺)를 중심으로 계승되어 왔다. '조계종'은 고려 때 지눌(知訥)에 의해 순천 송광산 길상사(吉祥寺) 터에 조계산 수선사(修禪社)를 개설하여 선풍(禪風)을 일으키면서 창설된 것이라는 설이 유력하다. '천태종'은 수(隋)나라의 지의(智顗)가 《법화경(法華經)》을 중심으로 제법실상론(諸法實相論)의 이론 체계를 수립한 종파요, 고려 때 의천(義天)에 의해 국청사(國淸寺)를 중심으로 창립되었으며, 천태 소자종(疏字宗)과 천태 법사종(法事宗)으로 분별되기도 하였다.

혁파하지 않기로 한 경우에 들어 있지 않으니, 옳은 일이라고 말하기 매우 어렵다"라고 주장하고, 이원(李原)도 "각 종파를 합쳐서 선종(禪宗)과 교종(敎宗)의 양종으로 만들고, 수가 뛰어난 곳의 절들을 택하여 거기에 나누어 소속시키도록 하며, 나머지 촌락에 있는 절들은 모두 없애고 그 절에 속해 있던 토지는 혁파하지 않은 절들에 나누어 주는 것이 옳을 것이다"(세종 2년 1월 26일)라고 언급하여 도시에 세운 평지의 절들은 혁파하더라도 경치 좋은 명산의 오래된 절을 남겨 두어야 한다는 정부의 입장을 밝히고 있다. 그러나 불교 교단의 입장은 명산에 있는 고찰이야 정부가 쉽게 없애기 어려우니 내버려두더라도 도시에 가까워 대중들과 쉽게 접촉할 수 있는 사찰을 확보하는 것이 시급한 과제였을 것이다. 그만큼 불교 교단을 억제하려는 정부의 관심과 교세를 하려는 불교 교단의 관심이 엇갈리고 있는 것을 보여준다.

세종 6년(1424)에는 예조(禮曹)의 보고에 따라 조계종(曹溪宗)·천태종(天台宗)·총남종(摠南宗)의 3종파를 '선종'으로, 화엄종(華嚴宗)·자은종(慈恩宗)·중신종(中神宗)·시흥종(始興宗)의 4종파를 '교종'으로 통합시키는 불교 교단에 대한 대정비계획을 수행하였다.122) 이 때 서울과 지방에서 승려들이 거처할 만한 사찰을 가려서 36개의 사찰만 남겨 두어, 두 종파에 18개 사찰씩 나누어 소속시켰다. 이 때 정부가 공인하는 36개 사찰에는 토지를 넉넉히 주고 이 곳에 상주할 승려의 수를 보면 다음과 같다.(세종 6년 4월 5일 및 6년 5월 12일)

---

122) 여기서 종파의 명칭은 세종 2년의 '오교양종'에 보이는 명칭과 약간의 차이가 나타나고 있다. 새로운 종파의 명칭으로 총남종(摠南宗)은 총지종(摠持宗)과 남산종을 결합한 명칭으로, '총지종'은 신라 때 당나라에 유학하였던 혜통(惠通)이 밀교(密敎)의 교풍을 일으켰는데 개성 천마산의 총지암(摠持庵) 등이 이 계통이었다한다. '총지'는 다라니(陀羅尼)·진언(眞言)·밀어(密語)를 가리키는 말이다. 총지종이 종파의 명칭으로 문헌에 나타난 것은 조선초 태종 때부터이다. 중신종(中神宗)은 중도종과 신인종(神印宗)을 결합한 명칭으로, 신인종은 신라 때 명랑(明朗)을 종파의 시조로 삼고서 고려 때 성립한 밀교 계통의 우리 나라 종파이다.

① 선종(禪宗) 18사(寺)

지역		사명(寺名)	원속전 (元屬田)	추가 (追加)	수륙위전 (水陸位田)	항거승 (恒居僧)	비고
서울		흥천사(興天寺)	160결	90결		120명	
개성		숭효사(崇孝寺)	100결	100결		100명	
		연복사(演福寺)	100결	100결		100명	
		관음굴(觀音堀)	45결	105결	100결	70명	
경기(京畿)	양주(楊州)	승가사(僧伽寺)	60결	90결		70명	
		개경사(開慶寺)	400결			200명	
		회암사(檜巖寺)	500결			250명	
		진관사(津寬寺)	60결	90결	100결	70명	
	고양(高陽)	대자암(大慈菴)	152.96결	97.04결		120명	
충청(忠淸)	공주(公州)	계룡사(鷄龍寺)	100결	50결		70명	
경상(慶尙)	진주(晉州)	단속사(斷俗寺)	100결	50결		100명	
	경주(慶州)	기림사(祇林寺)	100결	50결		70명	
전라(全羅)	구례(求禮)	화엄사(華嚴寺)	100결	50결		70명	
	태인(泰仁)	흥룡사(興龍寺)	80결	70결		70명	
		* 흥룡사(興龍寺)를 금강산 장안사(長安寺)로 대치					
강원(江原)	고성(高城)	유재사(楡岾寺)	205결	95결		150명	
	원주(原州)	각림사(覺林寺)	300결			150명	
황해(黃海)	은율(殷栗)	정곡사(亭谷寺)	60결	90결		70명	
함경(咸慶)	안변(安邊)	석왕사(釋王寺)	200결	50결		120명	

② 교종(敎宗) 18사(寺)

지역		사명(寺名)	원속전 (元屬田)	추가 (追加)	항거승 (恒居僧)	비 고
서울		흥덕사(興德寺)	250결		120명	
개성		광효명(廣孝明)	100결	100결	100명	
		신암사(神巖寺)	60결	90결	70명	
		감로사(甘露寺)	40결	160결	100명	
경기(京畿)	해풍(海豊)	연경사(衍慶寺)	300결	100결	200명	
	송림(松林)	영통사(靈通寺)	200결		100명	
	양주(楊洲)	장의사(藏義寺)	200결	50결	120명	
		소요사(逍遙寺)		150결	70명	

충청(忠淸)	보은(報恩)	속리사(俗離寺)	60결	140결	100명	
	충주(忠州)	보련사(寶蓮寺)	80결	70결	70명	
경상(慶尙)	거제(巨濟)	견암사(見巖寺)	50결	100결	70명	
	합천(陜川)	해인사(海印寺)	80결	120결	100명	
전라(全羅)	창평(昌平)	서봉사(瑞峯寺)	60결	90결	70명	
		*서봉사(瑞峯寺)를 금강산 정양사(正陽寺)로 대치				
	전주(全州)	경복사(景福寺)	100결	50결	70명	
강원(江原)	회양(淮陽)	표훈사(表訓寺)	210결	90결	150명	
황해(黃海)	문화(文化)	월정사(月精寺)	100결	100결	100명	
	해주(海州)	신광사(神光寺)	200결	50결	120명	
평안(平安)	평양(平壤)	영명사(永明寺)	100결	50결	70명	

위의 사찰과 토지 및 승려 수의 목록을 보면 선종 18사찰에 부여된 토지가 4,200결이고 상주 승려 수는 1,970명이요, 교종 18사찰에 부여된 토지가 3,700결이고 상주 승려 수는 1,800명이다. 합치면 36사찰에 토지 7,900결과 상주 승려 3,770명이 된다. 강력한 억제 정책 아래서 공인된 7,900결은 1등전 기준으로 2,175만평 정도가 되고 6등전 기준으로 8,718만평이 되니 결코 적은 숫자라고 할 수 없다. 당시의 불교 교세가 얼마나 큰 규모를 가졌는지 엿볼 수 있게 한다. 또한 36사의 상주 승려 수가 3,770명이라는 것도 이미 적은 수가 아니지만 실제로는 이 보다 엄청나게 많은 수가 사찰에서 승려로 활동하였던 것으로 보인다. 법으로는 도첩(度牒)이 없는 승려를 환속시키도록 되어 있지만 행정 관료들이 실제로 이 법을 집행하지 않고 있었으며, 정부에서도 도첩이 없는 승려를 부역에 동원하고 나서 도첩을 주는 숫자가 한꺼번에 수천 명에 이르기도 하는 사실을 보면 실제의 승려 숫자는 세종 시대에도 엄청난 숫자에 이르렀던 것을 짐작할 수 있다.

당시의 보고에도 "도성 안팎 금산(禁山)에 무식한 승려(僧尼)들이 새로 초암(草庵)을 짓고 재석(齋席)을 베풀어 사람들이 모여들며, 소나무와 잡목을 모두 베어 버려서 금산을 붉게 만드니 아주 옳지 못한 일이다"(세종 6년 6월 22일)라 지적되고 있는 것처럼 서울 근처 금지되어 있는 산에서도 새로 암자를 짓는 일이 허다하였음을 알 수 있다. 또한 당시 백성들에게 공역(公役)의 의무가 있으므로 출가하여 승려가 되고자 하는 사람은 반드시 도첩을 받도록 법령으로 정해져 있다. 그러나 현실은 승려들도 국가의 법령을 두려워하지 않고 도첩이 없이 승려 생활을 하며, 양반의 자제들만 아니라 군역을 지고 있는 군인과 향리(鄕吏)나 역졸(驛卒)의 자식과, 공노예와 사노예까지 제 마음대로 머리를 깎고 승려가 되고 있는 문제점이 지적되고 있다. 따라서 도첩이 없는 승려는 조사하여 환속시키라는 유신(儒臣)들의 강력한 요구가 있었지만, 임금도 도첩이 없는 승려를 강제로 환속시켜 승려들의 반발을 일으키기보다는 관청의 수리 등 각처의 공사에 승려들을 동원하고서 그 대가로 도첩을 주는 방향으로 생각할 것을 요구하였던 것이다. (세종 11년 8월 28일)

세종 시대 불교 교단은 국가의 억압 정책 아래서 참선(參禪)하고 수도(修道)하는 기본 역할 이외에도 조선 사회 안에서 다양한 신앙 활동과 대사회적 활동을 벌이고 있는 사실을 확인할 수 있다.

먼저 신앙 활동의 양상으로서, 그 하나는 '경행(經行)'으로 고려 시대로부터 전해 오는 오랜 관습적 신앙 행위이다. 매년 봄철과 가을철의 두 번째 달에 각 종파의 승려들이 거리를 돌아다니면서 《대반야경(大般若經)》을 독송하는 동시에 나발을 불고 번(幡)과 개(蓋)를 늘어 세우고 향불을 들어 앞에서 인도하여 길거리를 돌아다녔다. 이 '경행'은 질병이나 액운을 물리친다는 믿음으로 불교 신앙이 민속화하고 있었던 것이며, 2품(品) 이상의 관리가 임금의 명을 받아 향을 사르고 감찰이 이를 주관하며 모두 걸어서 이 행렬을 따라다녔다. 이러한 '경행'을 도성 안에서 못하도록 금지가 된 것은 세종 4년의 일이다.(세종 4년 2월 19일)

또 하나는 '백종(百種)' 혹은 '백중(百中·百衆)'으로 음력 7월 15일에 절에 가서 영가[魂]를 불러다가 천도재(薦度齋)를 지내는 풍속이 있는데, 이날 승려들이 도성 안까지 들어와 거리에서 깃발을 세우고 징과 북을 치면서 음식상을 차려 놓고 죽은 사람의 이름을 부르는 것을 백종시식(百種施食)이라 하였다. 이날 운집한 남녀 불교도들이나 사대부의 집에서도 곡식과 베를 시주하였다. 도성 안에서 이러한 '백종시식'의 행위에 대해서는 임금도 질책하고 있었던 사실은 국가의 금법이 있어도 실제로는 불교 신앙의 행위가 지속되고 있었음을 말해준다.(세종 27년 7월 14일)

다른 하나는 '염불향도(念佛香徒)'의 활동으로서 불교도들이 마을에다 불당을 세우고 염불하는 신앙 행위를 말한다. 당시 주검동(朱儉同) 등 16인이 마을에 불당을 크게 지어 금을 칠한 불상을 만들어 모시며 등롱(燈籠)과 징과 북을 모두 갖추어 놓고 불경을 외우고 작법(作法)을 하였던 일이 있었다. 사헌부에서 이들을 적발하여 심문하자, 임금은 염불하는 향도의 행위를 오래 전부터 들어왔는데 무슨 법을 근거로 이들을 심문하는지 책망하였던 사실이 있었다.(세종 31년 8월 5일)

다음으로 승려들이 국가적 요구에 부응하여 사회 활동을 하는 경우들이 있다. 그 하나는 사회 구제 사업에 동원되어 활동하는 것이다. 세종은 흥복사(興福寺)에 구료소(救療所)를 설치하여 죽을 쑤어 굶주린 백성들을 먹이도록 하였는데, 이 일은 관리와 승려가 함께 맡아보게 하였다.(세종 4년 9월 10일) 또한 연고 없이 거리에서 죽은 자를 매장해 주는 매골승(埋骨僧)이 있었으며, 당시 10명의 승려가 매골승으로 일하였는데, 그 수효를 16명으로 늘여서, 동·서의 활인원(活人院)에 각각 8명씩 소속시켜 도성 안과 성 아래 10리를 나누어 맡게 하게 하는 사실을 볼 수 있다.(세종 9년 9월 1일) 이와 더불어 서울과 지방의 온천에서 병든 사람을 간호하고 치료하는 일을 그 지역의 한량과 승려에게 맡겨서 온천을 수리하고 병든 사람을 간호하는 일을 이들에게 맡기고 있는 사실도 볼 수 있다.(세종 9년 9월 27일) 그 밖에도 한증막에서 환자의 치료를 돕는 일에도 승려들이 동원되어 활동하고 있었다. 이러한 사회 구제 사업은 불교 교단이 능동적으로 벌였던 것은 아니지만 정부에서 이 사업에 가장 적합한 집단으로 승려들을 동원하고 있는 사실에서 당시 불교 교단의 대사회 활동 양상을 엿볼 수 있다.

2. 함허(涵虛)의 불교 교리 인식

1) 선・교회통(禪敎會通)의 학풍

세종 25년(1443) 훈민정음이 제작되자 가장 먼저 훈민정음으로 이루어진 작품은 《용비어천가》였지만, 뒤이어 세종 29년(1447) 훈민정음이 반포되었을 때는 세종의 명에 따라 수양대군이 훈민정음으로 석가모니의 일대기를 편찬하여 《석보상절(釋譜詳節)》을 간행하고, 세종은 《석보상절》을 보고 바로 석가모니의 공덕을 찬양하는 송가로서 《월인천강지곡》을 저술하였다. 이 불교 문헌들은 왕실에서 훈민정음을 제작하여 반포할 때 유교 문헌보다 앞서서 초기에 간행하여 배포한 것으로서 의미가 깊다. 또한 백성을 위한 언어 생활의 도구인 훈민정음을 통해 왕자가 석가모니의 일대기를 기술하고 임금이 석가모니의 공덕을 찬양하는 저술을 간행하였던 것은 대중의 불교 신앙에 대한 지식과 교리를 더욱 심화시킬 수 있는 중요한 계기를 열어 주고 있었던 것이 사실이다. 세종 때 훈민정음에 의한 불교 문헌의 간행을 발단으로 하여 그 다음 세조 때는 《능엄경(楞嚴經)》・《법화경(法華經)》・《선종영가집(禪宗永嘉集)》・《금강경(金剛經)》 등 불교 경전을 언해(諺解)하여 간행하는 사업으로 지속되고 있다. 이러한 사실은 불교 교리에 대한 이해가 두터운 부녀자와 서민 대중의 불교 신도층에 기반하여 대중적으로 심화되고 확산되는 현상의 뚜렷한 증거로 확인될 수 있다.

세종 시대에 불교 교리에 정통한 학승으로서 저술을 남기고 있는 경우는 기화(得通 己和, 1376~1433)가 유일하고 대표적인 인물이다. 그의 당호는 함허당(涵虛堂)이요, 처음 법명은 수이(守伊)며 법호는 무준(無準)이었으나, 44세 때 오대산 영감암(靈鑑菴)에서 나옹(懶翁 惠勤)의 진영(眞影)에 제사를 드리고 그 암자에서 자다가 꿈속에서 한 신승(神僧)으로부터 기화(己和)라는 법명과 득통(得通)이라는 법호를 받았다 한다. 그는 원래 유학을 공부하여 성균관 유생이었는데, 21세 때 동료의 죽음을 보고 생사의 무상함을 느껴 관악산 의상암(義湘菴)에서 출가하고 이듬해 회암사(檜巖寺)에서 무학(無學 自超)의 법요(法要)를 들었다. 따라서 그의 학맥은 '나옹 혜근→무학 자초→득통 기화'로 이어서 고려 말 조선 초의 선학(禪學)을 계승하는 것이다.

나옹에서 계승된 선학은 임제종(臨濟宗)의 선풍(禪風)이다. 그 자신 〈종풍가(宗風歌)〉에서는 "한가지 연꽃을 들어 보임에 한 가닥 미소로 답하니/ 동쪽과 서쪽이 한 마음에서 서로 부합하네[一拈花一笑來, 東西相付一靈臺]"라 하여 영산회상(靈山會上)에서 석가와 가섭 사이에 발단하는 선(禪)의 기원에서부터, "비밀의 전법은 33대를 전한 뒤에/ 한 가지 꽃에서 다섯 잎이 열리네[密傳傳至三三後, 一朶花中五葉開]"라 하여 인도 선학(禪學)의 28대조요 중국 선학의 초조(初祖)인 달마(達摩)에서 육조(六祖) 혜능(慧能)에 이르기까지 33대를 이어온 선학의 법맥을 밝히고 있다. 또한 "마음이 곧 부처요 마음도 부처도 아니라/ 네 집을 이어 전하나 별다른 물건이 있는 것이 아니네[卽心佛非心佛, 歷傳四家無別物]"라 하여 육조(六祖)를 이은 남악(南嶽 懷讓)의 문하에서 '마조(馬祖 道一)→백장(百丈 懷海)→황벽(黃檗 希運)→임제(臨濟 義玄)'로 4전(傳)하는 임제의 연원을 제시하며, 마조가 제자 대매(大梅 法常)에게 "마음이 곧 부처이다[卽心卽佛]"라 하고, 뒤에 다시 "마음도 부처도 아니다[非心非佛]"라 하였던 가르침을 주목하여 마조의 도맥임을 확인하고 있다. 나아가 그는 "몽둥이와 고함이 우레처럼 교차하니/… 삼구와 일구가 능히 치고 터져 나오네[棒喝交馳如雷恒,… 三句一句能擊發]"라 하여, 고함질러 깨우치게 하는 할(喝)의 방법을 중시하는 임제의 선풍을 지적하고, 임제가 학인(學人)을 이끌어 가는 방법으로서 '삼구(三句)'와 더불어 삼현문(三玄門)·삼요(三要)를 갖추고 있는 '일구(一句)'를 제시하여 임제종의 선풍을 강조하고 있다.123) 그러나 그는 끝에서 "여러 가법이 궤도가 다르다 말하지 말라/ 온갖 줄기의 강물은 동쪽으로 흐르지 않음이 없네[莫謂諸家不同轍, 百千無水不朝東]"라 하여 선학의 여러 종파가 교법이 서로 다른 것이 아니라 깨달음[覺]을 추구하는 길에서 하나로 통하는 것임을 역설하는데 그의 종풍이 지닌 포용적 특성을 보여준다.

또한 기화의 불교 이해는 선(禪)을 기준으로 삼으면서 교(敎)를 배제한 것이 아니라 병행시키며 선학으로 끌어들임으로써 당대 불교 인식의 수준을 정립하는 역할을 수행하였던 것이다. 유교 이념이 주도적 지위를 확립한 조선 사회 안에서 불교 교단을 정비하고 재건해야 하는 이 시대 불교 교단의 사상적 경향은 불교 내의 종파적 경쟁이 아니라 선(禪)과 교(敎)를 조화시켜 가는 융화적 입장을 밝히고 있다. 《법화경(法華經)》·《능엄경(楞嚴經)》·《금강경(金剛經)》 등 대승(大乘) 경전을 중심으로 하여 현실과 진리가 분리되는 것이 아니고, 색(色)과 공(空)이 둘이 아니라는 융합의 정신이 강조되는 경향이 뚜렷하게 나타났다. 그러면서도 선(禪)의 비중이 높아져 형식적 계율보다 일심(一心)의 정신적 경지를 추구하는 경향이 강화된 것으로 보인다. 또한 다른 한편으로 대중 신앙적 요구와 더불어 진언종(眞言宗)과 정토종(淨土宗)에 속하는 타력신앙(他力信仰)의 전통도 교(敎)·선(禪) '양종'으로 통합된 교단 속에서 끊임없이 계승되고 있는 사실에서

---

123) 임제록(臨濟錄)》에 의하면 〈임제삼구(臨濟三句)〉는 다음과 같다.
　　제1구: "삼요의 도장을 찍어내니 붉은 점이 선명하고, 생각을 붙이기도 전에 주객이 분명하다[三要印開朱點側, 未容擬議主賓分]"
　　제2구: "현묘한 깨달음에 어찌 무착의 물음을 용납하겠으며, 방편이 어찌 분별 망상 끊긴 근거를 저버리겠는가[妙解豈容無著問, 漚和爭負截流機]"
　　제3구: "무대 위의 꼭두각시를 보아라. 당겼다 놓았다 함이 모두 속에 있는 사람에게 달려 있다[看取棚頭弄傀儡, 抽牽都來裏有人]"
　　또한 '삼구'의 경계로서, 제1구에서 깨달으면 '조사와 부처의 스승이 되고[與祖佛爲師]', 제2구에서 깨달으면 '인간과 천상계에 스승이 되고[與人天爲師],' 제3구에서 깨달으면 '자기조차도 구제하지 못한다[自救不了]'고 제시한다. '삼요(三要)'는 대기원관(大機圓觀 : 조관(照觀))·대용전창(大用全彰 : 직절(直截))·기용제시(機用齊施)요, '삼현(三玄)'은 체중현(體中玄)·용중현(用中玄)·현중현(玄中玄)이다.

이 시대 불교의 다양성을 살펴볼 수 있다. 이러한 이 시대 불교 사상의 경향은 기화의 불교 이해 속에서 뚜렷한 현상으로 확인이 가능하다.

그는 불교 경전에 대한 주석을 함으로써 문자를 거부하고 참선에만 전념한 선사(禪師)가 아니라, 교학(敎學)에 대한 깊고 확고한 자신의 이해를 제시하고 있다. 그의 경전 해석에 관한 저술로는 《금강경오가해설의(金剛經五家解說誼)》·《금강경윤관(金剛經綸貫)》·《원각경설의(圓覺經說誼)》가 있으며,124) 《함허득통화상어록(涵虛得通和尙語錄)》의 가찬류(歌讚類)에도 〈대승기신론석제병서(大乘起信論釋題幷序)〉〈원각경제(圓覺經題)〉〈법화경제(法華經題)〉·〈미타경찬(彌陀經讚)〉 등은 경전에 대한 석제(釋題)나 찬가(讚歌)의 형식으로 자신이 지닌 경전에 대한 관심을 보여주는 것이다. 또한 그는 당시 선학의 지침서로 많이 활용되고 있던 현각(玄覺)의 《선종영가집》을 주석 하여 《선종영가집설의(禪宗永嘉集說誼)》를 저술하고 있다. 《선종영가집》은 세조가 훈민정음으로 토를 달고 신미(信眉)와 효령대군(孝寧大君) 등이 번역하여 세조 때 언해본으로 간행될 만큼 중시되었던 문헌이다. 또한 그가 주석한 《금강경》과 《원각경》의 경우는 선종에서 전통적으로 가장 중시해 오던 경전이었던 만큼 그의 경전 주석에는 이미 선학적 관심이 깃들어 있음을 확인할 수 있으며, 이와 더불어 《금강경》과 《원각경》은 선(禪)과 교(敎)가 만나는 자리로서 주목될 필요가 있다.125)

---

124) 기화의 경전 주석 저술은 다음의 원명보다 통상 약칭으로 일컫는다.

〈약칭〉 《금강경오가해설의》 ： 〈원명〉 《금강반야바라밀경오가해설의(金剛般若波羅密經五家解說誼)》

〈약칭〉 《금강경윤관》 ： 〈원명〉 《금강반야바라밀경륜관(金剛般若波羅密經綸貫)》

〈약칭〉 《원각경설의》 ： 〈원명〉 《대방광원각수다나료의경설의(大方廣圓覺修多羅了義經說誼)》

125) 중국 화엄종의 5조(祖)로서 선(禪)·교(敎)의 일치를 주장하였던 종밀(圭峯 宗密, 780~841)은 《금강경찬요(金剛經纂要)》를 지었을 뿐 아니라 《원각경소(圓覺經疏)》를 저술하여 《원각경》 연구에 가장 중요한 업적을 이루었다. 카마타 시게오(鎌田茂雄), 《화엄의 사상》, 한형조 역(譯), 고려원, 1987, 94~95쪽 참조.

《금강경오가해설의》는 오가의 해석으로 ① 당(唐) 종밀(圭峯 宗密)의 《금강경소론찬요(金剛經疏論纂要)》, ② 당 혜능(六祖 慧能)의 《금강경해의(金剛經解義 : 금강경구결(金剛經口訣))》, ③ 양(梁) 부대사(雙林傅大士)의 《금강경제강송(金剛經提綱頌)》, ④ 송(宋) 도천(冶父 道川)의 착어(着語)와 송(頌), ⑤ 송 종경(豫章 宗鏡)의 《금강경제강(金剛經提綱)》을 포함하고 있는데, 첫머리에 실려 있는 종밀·혜능의 서(序)에 한 곳씩 설의를 붙였고, 끝부분에 실려 있는 부대사의 송(頌 : 偏計·依他·圓成) 3곳에 설의를 붙였을 뿐이고, 도천과 종경의 글에 집중적으로 설의를 붙이고 있다.126) 이러한 선택적 해석의 사실은 《금강경오가해》 가운데서도 종밀·혜능·부대사의 해석이 논리적이거나 교학적 견해를 수용하고 있는데 비하여, 도천과 종경의 해석은 선학적 입장에 철저한 것이었음을 지적하여, 《금강경》에 대한 기화의 선학적 관심을 보여주는 것으로 지적되고 있다.127)

또한 기화는 경전이 도피안(到彼岸)으로 인도해 주는 역할을 중시하여, '경(經)'을 지름길[徑]이라 하고, "오묘한 뜻을 설명하여 뒷사람들에게 지름길을 열어 주고 다른 길로 빠지지 않도록 하여 곧바로 보배로운 곳에 도달할 수 있게 하는 것이다"라 하고, '경'을 날과 씨의 경위(經緯)를 뜻하며 종과 횡으로 짜여 있는 것을 의미하는 것이라 하여, "오묘한 뜻을 종설하고 횡설하여 혹은 부수고 혹은 세우며, 이름과 구절과 문장으로 얽어서 법(法)을 이루니, 만대에 행위의 본보기가 되며 중생을 열어 주고 만물을 풀어 주어 피안에 도달하게 한다"128)고

---

126) 성종 13년(1482)에는 《금강경》에 붙인 도천의 착어(着語)·송(頌)과 종경의 제강(提綱) 및 기화의 설의(說誼)를 묶은 《금강경삼가해(金剛經三家解)》의 언해본을 간행하여 유포시키고 있다.

127) 김영두는 고익진의 견해를 인용하면서 기화가 도천과 종경의 선적 반야관(禪的般若觀)에 비중을 두었던 것은 일용의 현실성을 주목함으로써 당시 불교를 허무적멸한 것으로 비판하는 유교의 불교 배척론에 대응하는 방법으로 본다. 김영두, 〈함허의 금강경설의연구〉, 《한종만화갑기념 한국사상사》, 원광대학교 출판국, 1991, 427~428쪽 참조.

128) 《금강경오가해설의(韓國佛敎全書)》 제7책, 동국대학교 출판부, 1986, 17쪽 참조, 이하 '한불전[7], 17'로 줄임) : "經者徑也, 詮如上之妙旨, 開後進之徑路, 令不涉乎他

해명하고 있다. 그만큼 경전이 해탈하고 피안에 도달하기 위한 길이 되고 법도가 되는 것으로 그 역할을 인정해 주고 있는 것이다.

그러나 그는 "문자는 도(道)를 드러내는 도구이며, 사람들을 이끄는 방편이다"[129]라고 하여, 선학의 전통 위에서 경전을 이루는 문자도 도구요 방편으로 한정시키고 있다. 이와 더불어 그는 "만약 문자에 집착하면 갈래만 보고 근원에 혼미할 것이요, 만약 문자를 버린다면 근원만 보고 갈래에 혼미하게 된다. 근원과 갈래에 모두 혼미하지 말아야 비로소 법성(法性)의 바다에 들어갈 수 있다"[130]라고 하여, 문자에 집착하지도 말 것이요, 문자를 버리지도 말 것이라는 포용적 입장에서 그 역할의 한계를 규정하고 있다. 따라서 그는 부처의 설법도 단지 도(道)에 들어가는 방편임을 강조하고, "방편에 의거하여 도에 들어가는 것은 옳지만 방편을 고수하여 버리지 않는 것은 잘못이다"[131]라 하여, 방편에 집착하지는 말되 '도'에 들어가는데 방편을 활용할 것을 주장하고 있는 것이다. 그만큼 기화의 불교 사상은 선학에 기반을 두고 있으면서 선학과 교학을 포섭하는 선교회통의 입장을 보여주는 것이라 하겠다.

2) 반야(般若)의 개념과 성격

기화는 《금강경오가해》의 서설(序說)에서 궁극적 실재를 '한 물건[一物]'이라 일컬으며, 그것은 "명칭과 형상을 끊었고, 옛과 지금을 꿰

途, 能直至乎寶所."

　　《원각경설의》(한불전[7], 126) : "經是經緯義, 經緯卽縱橫之義也, 如上妙旨橫說堅說, 或破或立, 以名句文, 錯縱成法, 以爲萬代儀軌, 開生物解, 令到彼岸."

129) 《금강경오가해설의》(한불전[7], 13) ; "文字, 現道之具也, 導人之方也."

130) 앞의 책(한불전[7], 43) ; "若著文字, 見派迷源, 若捨文字, 望源迷派, 源派俱不迷, 方入法性海."

131) 앞의 책(한불전[7], 42) ; "佛所說法, 只是入道方便, 依方便而入道則可, 守方便而不捨則不可."

뚫었으며, 한 티끌 속에 자리잡으면서 우주를 둘러싸고, 안으로 온갖 묘용(妙用)을 포함하며 밖으로 모든 기미에 대응한다. 삼재(三才: 천(天)·지(地)·인(人))에 주인이 되고, 만법(萬法)에 왕이 되니, 아득히 넓어 견줄 것이 없고, 우뚝하게 높아 짝이 없네"132) 라고 하여, '한 물건'이 일정한 이름이나 모양을 지닌 대상화되는 존재를 초월하고 과거나 현재라는 시간적 한정도 벗어나며, 극소에서 극대까지 공간적 제한이 없으며 무한하고 오묘한 능력으로 모든 구체적 현상에 대응함으로써, 우주와 만상의 주인이 되고 임금이 되어 주재하는 '가장 존귀하여 더 위가 없는 [最尊極無上]' 지위에 있다는 것이다. 나아가 그는 이 '한 물건'에 대해 "신(神)이라 말하지 않으랴. 땅을 굽어보고 하늘을 우러러보는 사이에도 밝게 빛나며, 보고 듣는 즈음에서도 숨어 드러나지 않네. 현(玄)이라 하지 않으랴. 천지보다 앞서가도 그 처음이 없고, 천지보다 뒤에 가도 그 끝이 없네. 공(空)인가? 유(有)인가? 나는 그 까닭을 모르겠네"133)라고 하여, '한 물건'을 형상의 유(有)·무(無)를 넘어서 있는 '신(神)'이나, 시작도 끝도 없는 '현(玄)'으로 설명하고 있는 것은 유교의 '신' 개념과 도가의 '현' 개념까지 끌어들이고 있는 것으로 보인다. 또한 그는 이 '한 물건'의 본체란 매우 현묘하며 텅 비고 맑아서 신령하게 소통한 것이라 하여, 형상의 기준으로 '있다[有]'거나 '없다[無]'고 규정할 수 없음을 강조하며, 따라서 언어의 길이 끊어지고 마음이 작용하는 자리가 소멸된 곧 언어와 사유의 세계를 넘어서는 궁극적 근원으로 밝히고 있다.134) 곧 그는 '금강반야바라밀경'이라는 경전의 명칭에서 '반야'란 바로 '한 물건을 억지로 일컬은 것[一物之强稱]'이라 하고, '경'이란 '한 물건을 드러

---

132) 앞의 책(한불전[7], 10~11) : "有一物於此, 絶名相, 貫古今, 處一塵圍六合, 內含衆妙, 外應群機, 主於三才, 王於萬法, 蕩蕩乎其無比, 巍巍乎其無倫."

133) 앞의 책(한불전[7], 11) : "不曰神乎, 昭昭於俯仰之間, 隱隱於視聽之際, 不曰玄乎, 先天地而無其始, 後天地而無其終, 空耶有耶, 吾未知其所以."

134) 앞의 책(한불전[7], 11) ; "物體深玄, 虛澈靈通, 有不定有, 無不定無, 言語道斷, 心行處滅故云爾."

내는 도구[現物之具]'라 정의하였다. 곧 반야는 불교의 궁극적 깨달음의 가르침으로 지적되고 있는 것이다.135)

여기서 기화는《금강경》의 '종(宗)'이요 '체(體)'가 되는 '반야'를 정의하여, "반야의 영원(靈源)은 툭 틔어 모양이 없고, 훵하니 머무는 바가 없다. 비어서[空] 있지 않고 맑아서[湛] 앎이 없다"라고 하여, 모양도 머무는 자리도 없으며 존재도 지각도 없다 하여 그 본체의 초월적 성격을 지적하고 있다. 이와 동시에 그는 "앎이 없으면서도 알지 못함이 없고, 있지 않으면서도 있지 않음이 없으며, 머뭄이 없으면서도 머물지 않는 바가 없고, 모양이 없으면서도 여러 모양에 장애 되지 않는다. 이것이 묘유(妙有)가 작용이 되는 까닭이다"136)라고 하여, 그 반야의 본체로서 영원(靈源)은 지각과 존재와 자리와 형상으로 규정할 수 없는 것이지만, 반야의 작용에서는 지각과 존재와 자리와 형상이 모두 살아나는 묘유(妙有)의 세계가 열리는 것임을 제시한다. 곧 그는 '반야'를 체·용의 양면으로 해명하여 초월적 본체의 세계와 현상적 작용의 세계를 함께 드러내면서 통합하고 있는 것이다.

그는 '반야'라 일컬어지는 '한 물건'이 ○ 곧 하나의 '원상'(圓相)으로 제시되고 있음을 주목한다. 곧 '한 물건'을 하나의 '원상'으로 제시하기 시작한 것은 당나라 때 남양(南陽 慧忠)에서 시작되어 탐원(耽源)을 거쳐 앙산(仰山 慧寂)으로 전해 온 선종 전통에 근원하는 것임을 밝히고 있다.137) 여기서 그는 삼세(三世)의 모든 부처를 비롯하여 육도(六道)의 윤회나 사법계(四法界)나 일체의 모든 현상이 이 '원상'을 벗어날 수 없다 하여, 궁극적 근원을 가리키는 것임을 확인하고,

---

135) 박해당은 불교가 추구하는 궁극적인 깨달음의 가르침이란 반야의 증득(證得)을 통해서 가능하다 하고, 기화에 의해 그 반야가 '일물(一物)'로서 제시되고 있는 개념내용을 상세하게 분석하고 있다. 박해당, 〈기화의 불교사상연구〉, 1996, 서울대학교박사학위논문, 20~29쪽 참조.

136)《금강경오가해설의》(한불전[7], 14) ; "般若靈源, 廓然無諸相, 曠然無所住, 空而無在, 湛而無知,…無知而無不知, 無在而無不在, 無住而無所不住, 無相而不礙諸相, 此所以妙有爲用也."

137) 앞의 책(한불전[7], 19) ; "圓相之作, 始於南陽忠國師, 國師傳之耽源, 源傳之仰山."

이를 선종에서 ‘최초의 일구’라 말하고, 교종에서 ‘가장 청정한 법계’라 하며, 유교에서 ‘통체로서 하나의 태극’이라 하고, 노자가 ‘천하의 어미’라 일컫는 것이라 확인한다.138) ‘한 물건’ 곧 ‘반야’를 이름 붙일 수 없는 궁극 존재로 파악하여 ‘성리학에서 말하는 ‘모든 것을 포괄하는 유일의 태극[統體一太極]’의 개념이나 노자가 ‘천하를 낳는 어미[天下母]’라 하면서 ‘도(道)’라고도 일컬어 보고 ‘대(大)’라고도 억지로 불러 보는 것으로 확장시켜 이해하고 있다. 그만큼 기화는 ‘반야’ 내지 ‘한 물건’이라 일컬어지는 궁극 존재를 종파적 개념의 틀 안에서 규정하려는 태도가 아니라 모든 사상 전통 속에서 다양하게 이해되고 있는 것을 포괄하는 태도를 보여주고 있는 것이다.

또한 그는 ‘반야’를 텅 비고 고요한[空寂] 본체와 비추고[照] 밝혀주는[靈明] 지각 작용의 양면으로 파악하고 있다. 여기서 본체가 비고 고요하니 ‘유(有)’에 머물지 않고, 작용이 비추고 밝히니 ‘무(無)’에 얽매어 있지 않는 것으로, 반야의 본체와 작용이 서로 결합할 때 ‘유’나 ‘무’에 사로잡히지 않고 본성의 모든 덕이 자리에 합당하게 드러나는 것이라 강조한다.139) 곧 반야의 본체와 작용이 분리되고 서로 어긋나게 되면서 ‘유’나 ‘무’에 사로잡히게 되지만, 반야의 본체와 작용이 서로 일체를 이루고 통일될 때 ‘유’와 ‘무’가 동시에 이루어지고 얽매임으로부터 자유로워질 수 있는 것임을 보여주는 것이다.

나아가 그는 ‘반야’를 ‘지혜(智慧)’로 번역하는 사실에서 자신의 인식 주체로서 ‘고명(孤明)’이 언제 어디서나 밝고 신령하여 분명하게 아는 것임을 지적한다.140) 또한 그는 ‘반야’를 깨달음의 본체와 작용

---

138) 앞의 책(한불전[7], 20) : “禪謂之最初一句, 敎謂之最淸淨法界, 儒謂之統體一太極, 老謂之天下母.”

139) 《선종영가집설의》(한불전[7], 195) : “般若之所以爲般若, 寂而常照, 照而常寂, 寂照同時, 照用尋常.”

　　《금강경오가해설의》(한불전[7], 67) : “住於有則違於空寂之本體, 住於無則違彼靈明之本用,… 不住有則契乎本體, 不住無則契乎本用, 旣與本體本用相契, 則性上萬德, 當處現前.”

140) 《금강경오가해설의》(한불전[7], 16) : “般若, 此飜爲智慧, 何名爲智慧, 虛空不解說

을 통합하고 있는 것으로 파악한다. 따라서 기화는 '반야'가 성립하는 근거를 분석하여, "그 본체를 가리켜 '법신(法身)'이라 하고, 그 큰 작용을 가리켜 '해탈(解脫)'이라 하며, 그 자체를 가리켜 '반야'라 한다"고 하여, 반야의 본체를 깨달음의 본질로서 '법신'과 반야의 큰 작용을 깨달음의 실현으로서 '해탈'로 제시하고 있는 것이다. 따라서 반야는 참되고 완전한 깨달음으로써 '원각(圓覺)'으로 제시되기도 한다.141)

이러한 '반야'는 지혜요 깨달음이요 밝고 신령한 지각 능력을 지닌 것이니, 그 주체는 '마음'으로 확인되고 있다. 그는 마음을 "텅 비었으나 신령하고 고요하지만 신묘하다. 텅 비었으므로 위로 진리에 가만히 합하고 신령스러우므로 아래로 현상적인 사태와 사물들에 응한다"고 정의하고, 이러한 마음의 인식 능력을 진리를 그대로 비쳐 주는 지혜인 '여리지(如理智)'와 세속의 현상을 비쳐 주는 지혜인 '여량지(如量智)'의 두 지혜로 분석하고 이 둘은 일체로서 중도(中道)를 비추는 지혜인 '제일의지(第一義知)' 내지 '일체종지(一切種智)'라 해명하고 있다.142) 그러나 그는 마음의 지각을 사유하는 윤회의 마음과 헤아리는 윤회의 견식이라는 분별적 지각의 차원과, 이러한 마음도 견식도 없이 적멸의 큰 바다를 이루는 온전한 깨달음으로써 '원각'의 경계가 있음을 분별한다. 따라서 그는 '원각'을 증득하고자 한다면 사유하고 헤아리는 마음으로는 도(道)에 합할 수 없으므로, 도에 합할 수 있는 '무심(無心)'을 배우도록 요구하며, 또한 '마음이 본래 무심[心本無

法聽法, 四大不解說法聽法, 只今目前, 歷歷孤明,…一切時一切處, 昭昭靈靈, 了然常知, 此所以得名爲般若也."

141) 앞의 책(한불전 [7], 25) : "般若之所以爲般若也, 指其本體則名爲法身, 指其大用則名爲解脫, 指其當體則名爲般若."

《원각경설의》(한불전[7], 148) : "圓覺自性, 性自空寂, 本絶名相, 亦有不空之性, 靈通感應, 隨緣成就一切事法."

142) 《선종영가집설의》(한불전[7], 195), "心也者, 虛而靈, 寂而妙, 虛故上冥於理, 靈故下應機緣, 此所謂理量二智, 如理智以照眞, 如量智以照俗, 理量同體, 此所謂第一義智, 亦名一切種智, 此則照中道之也."

心]'임을 알아야 할 것을 강조하고 있다.143) 곧 '반야'요 '원각'은 마음의 분별적 지각이 아니라 근원적이고 통체적인 깨달음이며, 이러한 마음의 깨달음은 마음 자체를 대상화시키는 분별적 인식도 없는 '무심'의 상태임을 제시하고 있는 것이다.

3) 반야의 구현과 수행

나아가 기화는 '반야'의 지혜가 모든 인간의 마음에 갖추어져 있지만, 중생(衆生)은 무명(無明)으로 인하여 현상적 마음[緣慮]을 영원하고 참된 자아로 잘못 인식하는 '상견(常見)'이나 어떤 참된 존재도 인정하지 않는 '단견(斷見)'에 빠지는 것임을 지적하며, 중생은 아상(我相)과 인상(人相)의 분별에 집착하여 업(業)을 짓고 윤회를 하는 것이라 한다. 따라서 중생을 해탈로 이끌어 가고 반야를 드러내게 하기 위해서는 자신의 속에서 진지(眞智)를 확인하고 드러내어야 하는 것으로 본다. 곧 "다만 맑고 깨끗한 깨달음의 모습을 원만하게 비출 수 있다면 넉넉히 무명을 뒤엎어 부수고 올바른 깨달음을 이룰 수 있다"144)라고 하여, 맑고 깨끗한 모습[覺相]을 온전하게 비추어 밝혀 주는[圓照] 참된 인식 능력을 발휘함으로써 분별적 사유에 빠져 있는 무명(無名)을 깨뜨리고 올바른 깨달음(正覺)을 성취할 수 있다는 것이다. 그것은 원만하게 비추는 '원조(圓照)'의 바른 인식능력을 회복함으로써 부처도 미혹을 끊고 깨달음을 이루었던 것이요, 모든 중생들도 반야를 드러내고 해탈을 이룰 수 있는 길을 찾을 수 있는 것으로 본다.

무명에 따라 환망함[幻]을 일으키는 데서 벗어나 올바른 인식을 통해 깨달음을 이루기 위한 방법으로는 한 번에 깨달음을 이루는 돈(頓)

---

143)《원각경설의》(한불전[7], 143), "思惟, 是輪廻心也, 測度, 是輪廻見也, 圓覺境界, 是無心無見大寂滅海也,…欲證圓覺, 先學無心, 無心合道, 有心難契,…欲證圓覺, 先當了心, 心本無心, 無心合道."

144) 앞의 책(한불전[7], 129) : "但能圓照淸淨覺相, 足以飜破無明而成正覺."

의 방법과 점차적인 수행(修行)을 통해 이루는 점(漸)의 방법이 제시되고 있다. 곧 '점(漸)'은 근기가 우둔한[鈍根] 사람들이 환망함을 떠나더라도 다시 정(情)이 생겨나기 때문에 계속하여 환망함을 떠나야 비로소 '원각'에 돌아올 수 있다는 것으로, "마치 불이 나무로부터 나오지만, 나무가 불로 인하여 타 없어져 마침내 나무와 불이 다하여 필경공(畢竟空)을 이루는 것과 같다"고 비유하고 있다. 또한 '돈(頓)'은 근기가 영리한[利根] 사람이 환망함을 떠나 다시는 정(情)이 생기지 않게 할 수 있으면 '원각'이 저절로 드러나는 것으로, "마치 한 줌의 실을 자르면 한번에 모두 끊어지는 것과 같다"고 비유한다.145)

　여기서 그는 "이(理)는 이미 한꺼번에 깨달았다 할지라도 사(事)는 한꺼번에 없애기 어려우니, 만약 수행을 일으키지 않는다면 끝내 증오(證悟)로 나아가기 어렵다"146)고 밝혀, 돈오(頓悟)와 점수(漸修)의 두 방법을 근기에 따라 달리 적용되는 것으로만 규정하지 않고, '돈오'와 '점수'를 이(理)와 사(事)에 대응시킴으로써 모든 경우에 두 방법이 필요한 것이라 보고 있다. 바로 이러한 수행 방법의 인식에서 기화는 지눌(晋照　知訥)의 돈오점수론(頓悟漸修論)을 계승하고 있는 것이라 하겠다.147) 나아가 기화는 본체로서 '무주(無住)'가 작용인 '만행(萬行)'에 대해 큰 근본[大本]이 되고, '만행'은 '무주'의 큰 활용[大用]이 되는 것이라 하여, 양쪽을 동시에 중시하여 전체 속에 통일시켜 파악하고 있다. 이처럼 그는 모든 행위로 나타나는 활동적 세계를 중시하면서, 유교적 '예(禮)'의 개념을 적극적으로 재평가하고 있는 점을 주목할 필요가 있다. 그는 '예'를 "인간 세상의 큰 활용이니, 존망이

---

145) 앞의 책(한불전[7]　134) : "漸則如火因木出, 木因火滅, 木火俱盡, 成畢竟空, 此鈍根之人, 雖能離幻, 未能更不生情, 轉轉情生, 故須轉轉離幻, 方歸圓覺之比也, 苟能離幻, 更不生情, 則不勞心力, 覺自現前,…此則如斬一握絲, 一斬一切斷, 所以謂之頓也, 此當利根者也."

146) 《금강경오가해설의》(한불전[7], 117) : "理卽頓語, 事難頓除, 若不起修, 終難趣證."

147) 박해당, 앞의 책, 56~57쪽 참조. 박해당은 지눌과 기화가 점수(漸修)와 더불어 계율 지키기[持戒]를 강조하였던 사실은 타락한 불교 교단에 대한 반성과 건전한 수행기풍을 진작하고자 한 것이라 지적하고 있다.

걸려 있는 곳이요 화복이 말미암아 일어나는 곳이다. 사람이 '예'를
알면 나아가고 물러남이 볼만하고, 행동거지가 정당함을 얻으니, 시행
하지 못할 것이 없다"148)라고 하여, '예'에 합당한 행위의 중요성을
강조하는 것도 수행의 의미와 역할을 중시하는 것이라 하겠다.

---

148) 《금강경오가해설의》 (한불전[7], 36) : "禮也者, 人間世之大用也, 存亡之所繫, 禍福
之所由興也, 人知禮則進退可觀, 擧措得宜, 無施不可."

3. 유교(儒敎)·불교(佛敎)의 조화론

1) 유불 조화론(儒佛調和論)의 배경

조선 왕조가 도학 이념을 통치 이념으로 정립하여 불교 교단에 대한 압박을 가중시켜가고 있는 상황에서 불교 교단이 유교 사회 체제에 대해 취할 수 있는 기본 입장은 유불 조화론(儒佛調和論)을 표방함으로써 한편으로 유교의 억압과 비판을 완화시키고 다른 한편으로 유교 사회 안에서 교단의 안정된 위상을 확보하고자 추구하는 것이었다.

그러나 불교는 이미 중국에 전래된 초기였던 위진남북조시대에서부터 유·불·도 삼교의 이질성에 대한 비판적 지적에 대해, 삼교의 공통 기반을 확인하며 조화론을 제기하기 시작하였다. 손작(孫綽)은 〈유도편(喩道篇)〉에서 불(佛)은 '깨달음[覺]'을 의미하며 맹자가 성인을 '먼저 깨달은 자[先覺]'라 언급하였던 사실에 근거하여, 주공·공자와 부처를 같은 존재라 하고 다른 것은 명칭일 뿐이라 지적한다.149) 또한 모자(牟子)는 〈이혹론(理惑論)〉에서 불교의 삭발 제도나 독신 제도가 머리털을 보존하거나 혼인을 하여 자손을 이어가게 하는 유교의 효(孝)의 조목과 상충하는 점 등을 지적하는 질문에 대해 유교와 불교가 근본 정신에서 모순되는 것이 아님을 해명하고 있다.150)

---

149) 승우(僧祐), 《홍명집(弘明集)》 〈손작유도편(孫綽喩道篇)〉[신수대장경(新修大藏經) 2102] : "周孔卽佛, 佛卽周孔, 蓋外內名之耳,…佛者梵語, 晉訓覺也, 覺之爲義, 悟物之謂, 猶孟軻以聖人爲先覺, 其言一也."

150) 왕치심(王治心), 《중국종교사상사》, 전명용 역(譯), 이론과 실천, 1988, 128～129쪽 참조. 왕치심은 《홍명집》에 수록된 삼교 융화론의 입장으로서 모자(牟子)의 유·

유·불·도 삼교회통론(三敎會通論) 내지 유·불 조화론은 당(唐)나라 때 매우 융성하였으며, 그 영향 아래 신라 말의 최치원(孤雲 崔致遠)은 〈난랑비서(鸞郎碑序)〉에서 화랑의 정신 기반인 우리의 현묘한 도인 풍류(風流)가 유·불·도의 가르침을 모두 포용하고 있음을 지적하였고, 쌍계사(雙溪寺)에 있는 〈진감국사비(眞鑑國師碑)〉에서도 "도는 사람에서 멀리 있는 것이 아니요, 사람은 나라에 따라 다르지 않다. 그러므로 우리 나라 사람이 불교도 하고 유교도 한다"151)고 하여, 유교와 불교가 모두 인간의 동일한 성품에 근거하여 나타난 것임을 지적하고 있다.

이러한 불교의 포용적인 융화론의 전통은 특히 조선 초기에 들어오자 정통주의적 유교 이념에 의해 격심한 비판과 억압을 받으면서 불교의 생존을 위한 대응 논리로서 더욱 적극적으로 계발되지 않을 수 없었다. 불교 비판의 선봉이었던 정도전의 《불씨잡변(佛氏雜辨)》을 중심으로 불교 비판의 논리가 체계적으로 정립되고, 이어서 불교 교단에서도 기화의 《현정론(顯正論)》을 통한 유불 조화론이 제시되었으며, 저자가 불확실하지만 이 시대의 저작으로 《유석질의론(儒釋質疑論)》이 나타나고 있다. 이처럼 유교와 불교의 비판론이나 융화론은 직접 대화나 토론의 단계로 발전하지는 않았지만, 진지한 논란과 변호를 통하여 이 시대 조선 사회의 유교와 불교가 자신의 정체성을 확인하고 다른 종교에 대한 인식 입장을 확인하였다는 점에서 매우 중요한 사상사적 문제의식을 제기한 것으로 주목할 필요가 있다.

불융화론과 더불어 장융(張融)은 도·불 융화론의 논리로서 "도리는 같으나 외형은 다르다"는 뜻으로 '도동기수(道同器殊)'를 제시하고 있음을 소개하고 있다.
151) 이우성 교역(校譯), 《신라사산비명(新羅四山碑銘)》, 아세아문화사, 5쪽; "夫道不遠人, 人無異國, 是以東人之子, 爲釋爲儒."

2) 조선 초기의 유불 조화론

조선 시대에 들어오자 유교적 통치 이념을 확고하게 정립하기 위해 불교 교단에 대해 강력한 비판과 견제를 추구하였던 유학자 관료들도 현실적으로 엄청난 불교 세력을 뜻대로 통제하기 어려움을 인식하게 되자, 불교 교리에 대한 체계적 비판이론을 수립함으로써 비판의 기반을 확산시키고 지속화하고자 도모하였다. 이러한 작업을 수행한 대표적 인물인 태조 때의 정도전(三峯 鄭道傳)은 《불씨잡변(佛氏雜辨)》을 통해 도학의 이단 비판론을 불교 비판에 철저히 적용시켜 집대성하였다.

세종 시대에 활동하던 기화는 당시 불교 교단이 당면한 최대의 과제라 할 수 있는 유교의 불교에 대한 비판 이론을 불교의 입장에서 변론하는 《현정론(顯正論)》을 저술하여 호교론(護敎論)을 전개하였다. 여기서 기화의 호교론은 유교의 비판에 대한 해명이면서 동시에 불교와 유교의 근원적 공통 기반을 확인함으로써 융화론의 입장을 정립하는 것이었다. 이처럼 유학자들의 불교 비판이 봇물처럼 쏟아지던 시대에 불교를 변호하는 입장에서 유교에 대한 관계를 적극적으로 추구하였던 이 시대 대표적 학승인 기화는 그 자신 성균관의 유생으로서 유학을 공부하다가 21세 때 출가하였던 인물이다. 따라서 청년 시절 한때 유학자로서 유교의 불교 비판 이론에 익숙하였던 기화가 불교에 귀의하여 불교와 유교의 조화론을 전개하고 있는 사실은 세종 시대의 불교 사상이 새로운 방향으로 나타날 수 있는 계기를 열어 주는 것이다. 그만큼 기화를 통하여 불교와 유교가 깊이 있게 만나고 있음을 의미하는 것이다.

이처럼 당시 유교와 불교 지식인들 사이에 벌어졌던 비판과 변론을 통한 교류 과정에서 불교의 호교론을 체계화한 저술을 대표하는 것은 기화의 《현정론》이요, 불교에 대한 비판론을 체계화한 대표적 저술은 정도전의 《불씨잡변》으로, 《불씨잡변》과 《현정론》은 조선 초기 유·불 사상의 교류 과정에서 쌍벽을 이루고 있는 대표적 저술이다. 실제로 《불씨잡변》에서 비판한 문제들의 상당 부분이 《현정론》에서 변호되고 있는 것은 사실이다. 그러나 기화가 《불씨잡변》을 읽고 이에 대한 응답으로 《현정론》을 저술하였다고 보기는 어렵다.152) 유교의 불교에 대한 비판의 주제와 논리는 당나라 한유(韓愈) 이후 송대 도학자들에 의해 지속적으로 제기되어 왔으며, 조선 초기의 많은 유학자들 사이에 공통의 화제를 이루고 있었다. 따라서 기화는 통상의 화제로 분출되고 있던 비판 조목들을 수합하여 전반적으로 해명하고 변론하였던 것이라 할 수 있다.

기화의 《현정론》과 그 내용에서 매우 유사한 저술인 《유석질의론(儒釋質疑論)》도 유불 조화론의 입장을 밝히고 있다. 《유석질의론》의 여러 판본에는 원래 저자가 밝혀지지 않았고, 그 동안 기화의 저작이라는 견해가 널리 퍼졌던 것은 사실이나 이에 대한 반론도 제기되고 있다.153) 따라서 《유석질의론》의 저자를 기화로 확인하기보다는 이 시대 불교 교단이 지닌 유불 조화론이라는 같은 문제 의식을 제기하고 있는 저자 미상인 또 하나의 중요한 저술로 받아들이는 것이 타당할 것으로 보인다. 《현정론》과 《유석질의론》은 유불 조화론이라는 기본 입장에서 조선 초기 유교의 불교 비판에 대한 불교의 호교론을 다루고

---

152) 기화의 《현정론》이 저작된 연대는 확인할 수 없으나 기화가 세종 15년(1433)에 죽었으니 그 이전의 저술인 것은 분명하다. 이에 비해 정도전의 《불씨잡변》은 태조 7년(1398)의 저술이지만, 이 책이 저술된 직후 정도전 이 왕자란(王子亂)으로 죽음을 당하게 되자 그의 저작들이 파묻혀서 잊혀지고 말았다. 윤기견(尹起畎)의 〈불씨잡변발(佛氏雜辨跋)〉에 의하면 정도전이 죽고나서 40년이 지난 세종 20년(1438) 윤기견이 성균관 유생(儒生)시절 정도전의 족손 한혁(韓奕)으로부터 유고(遺稿)를 얻어보고 간직하다가 다시 18년이 지나서 그가 세조 2년(1456) 양양(襄陽) 군수로 재임하던 시절에 간행하여 보급하였다 한다.(《삼봉집(三峯集)》, 권9, 33~34) 따라서 정도전의 《불씨잡변》이 세상에 널리 알려지기 시작한 것은 세조 때 이후임을 확인할 수 있다.

153) 《유석질의론》의 저자는 원래 밝혀지지 않았지만, 권상로(權相老)가 1928년 기화의 저작으로 지적하기 시작한 이후 많은 사람들이 받아들이고 있지만, 박해당은 두 저작의 구체적인 차이점을 설득력 있게 지적함으로써 《유석질의론》이 기화의 저작이라는 현재의 통설을 거부하고 있다. 여기서 박해당은 《유석질의론》을 기화의 사후에 정도전의 《불씨잡변》이 유포된 뒤에 저술된 것으로 유추하고 있다. 박해당, 앞의 책, 4~6쪽 참조. 필자도 박해당의 견해에 공감한다.

있는 저작이라는 공통성을 인정하면서도 이 두 문헌의 전체적 성격을 보면《현정론》이 유불 조화론의 입장을 불교 변호의 입장에서 온건한 융화론을 전개하고 있다면,《유석질의론》은 유불 조화론의 기조 위에 있지만 불교의 근원적 정당성과 우월성을 더욱 강경하게 주장하고 있다는 특징적 차이점을 확인할 수 있다.

불교 비판론이 당시 유교 지식인들의 공통된 주제였다면, 유불 조화론은 당시 불교 지식인들이 지닌 기본 태도라 할 수 있다. 당시 불교 교단의 양적 세력은 여전히 광대하였다 하더라도, 불교 교단이 국가의 통치 원리를 제공하고 있던 유교 이념에 대해 도전한다는 것은 사실상 불가능한 일이었다. 그 뿐만 아니라 학풍과 수행의 기강이 극심하게 침체된 불교 교단의 입장에서는 조선 사회 안에서 존립 기반의 정당성을 확보하기 위해서 유교적 가치관과 모순되는 것이 아니라 조화할 수 있는 것임을 밝히는 것이 당면의 시급한 과제였을 것이다. 유불 조화론의 제시는 유교의 비판을 완화시킬 수 있는 대외적 호교론의 논리이면서, 동시에 불교 교단이 조선 사회의 새로운 국가 체제 속에서 새롭게 진로를 찾아가기 위한 대내적 방향 탐색의 논리이기도 하였던 것이다. 곧 유불 조화론은 불교 교단이 조선 사회 안에서 대중의 신앙 전통을 안정되게 유지할 수 있는 기반이었으며, 동시에 통치자로부터 보호받을 수 있는 기본 조건이요, 나아가 유교 사회 속에서 불교가 활동하고 역할할 수 있는 환경을 확보하기 위한 방법이기도 하다.

세종 시대에는 일부의 유학자들 사이에서도 불교에 대한 긍정적 이해의 입장에서 유불 조화론이 제기되고 있는 사실을 볼 수 있다. 김수온(金守溫)은 유교와 불교의 조화가능성을 지적하면서, "유교와 불교는 서로 의논하지 않더라도 예로부터 동일한 풍화(風化)이니, 이 둘은 기꺼이 일치하는 것이다"154)라고 하여, 풍속을 교화하는데 같은 기능을 하고 있는 것으로 일치할 수 있음을 강조한다. 또한 그는 정치의

---

154)《식우집(拭疣集)》 권4, 27, 〈제학조상인시권(題學祖上人詩卷)〉; "雖然儒釋不相謀, 終古同風兩懽適."

기본 원리가 유교와 불교에 근본하여 제시되었던 것으로 밝히고 있다. "예로부터 제왕(帝王)이 천하와 국가를 다스리는 것은 인·의(仁義)를 숭상함으로써 정치하는 도리의 아름다움에 이르지 않음이 없으며, 또한 청정(淸淨)에 근본함으로써 정치를 수행하는 근원을 맑게 하지 않음이 없다.… 하물며 불교는 삼교(三敎)가 높이는 것이요 모든 덕의 주재가 되는 것이 아니랴. 그러므로 역대의 제왕이 혹은 불교를 존숭하기도 하고 혹은 신봉하기도 하였던 것은 불교에 헛되고 구차스럽게 매달린 것일 뿐인 것이 아니다"155)

곧 유교는 인·의(仁義)의 원리로 치도(治道)의 아름다움을 이루고, 불교는 청정(淸淨)의 가르침으로 치도의 근원을 맑게 하는 것이라 하여, 유교와 불교가 모두 치도에 유용한 것임을 강조하고 있다. 따라서 제왕이 불교를 신봉하는 것은 복이나 받고자 하는 구차한 행위일 뿐인 것이 아니라 불교를 통해 치도를 바로 잡아가는 효과를 추구하는 것이라 본 것이다.

실제로 조선 초기의 군왕과 왕실에서 불교에 대해 호의적 태도를 보여주었던 사실은 단순한 기복 행위에 그치는 것이 아니라 국가 통치의 일환으로서 종교 정책적 성격을 갖는 것이 사실이다. 이처럼 불교에 대한 왕실의 호의적 분위기에 호응하여, 그 동안 계속된 억압 아래서 위축되었던 불교 교단에서는 일부의 승려를 중심으로 왕실과의 접촉을 통해 교세의 안정을 추구하려는 노력이 일어났던 것이다. 이때 왕실과 긴밀한 관계를 유지하는 승려들은 유교가 조선 사회의 통치 이념으로서 지닌 권위와 현실적인 힘을 인식하고 있었다. 여기에 당시 불교 교단의 지도층은 유교 이념의 가치 체계에 적응함이 절실하게 필요하다는 현실적 문제 의식을 가졌다. 따라서 당시 불교 지식인들은 유학자들의 불교 배척 이론에 대해 불교의 입장에서 해명하는 작업이 당면 과제임을 자각하였다. 곧 불교 교단은 유교의 강경한 비

---

155) 앞의 책, 권2, 4, 〈복천사기(福泉寺記)〉: "自古帝王之治天下國家也, 莫不崇仁義以臻治道之美, 亦莫不本淸淨以澄出治之原,…況佛氏爲三敎之尊, 萬德之主乎, 故歷代帝王或崇或信, 非徒苟焉而已也."

판에 대해 포용적 입장에서 해명하는 융화론의 체계를 제시함으로써, 유교 이념의 사회 체제 속에서 불교를 유지하고 전파할 수 있는 이론적 정당성을 확보하고자 하였던 것이다.

3) 함허(涵虛)의 유·불 조화론

(1) 삼교회통론(三教會通論)과 융화적 입장

기화는 유·불·도 삼교를 대비시키면서, 그 기본 교리에서 겉으로 드러난 언어적 내지 형식적 차이를 넘어서서 근본 정신의 상통성을 확인하고 있다. 이러한 그의 삼교 합일론이 지닌 포용적 자세는 서로 다른 이질적 사상 전통 사이의 배타적 갈등을 극복하고 서로의 근원을 성찰하여 상호 이해와 화합의 사유 방법을 제시하여 설득하려는 것이다. 그는 노자와 석가와 공자의 말씀을 한 구절씩 인용하면서 그 의미가 상호 일치하고 소통함을 제시한다.

> 노자의 말씀 : "함이 없으면서도 하지 않음이 없다[無爲而無不爲]" 마땅히 함이 있으면서도 함이 없는 것이다.
> 석가의 말씀 : "고요하면서도 항상 비추고, 비추면서도 항상 고요하다[寂而常照, 照而常寂]"
> 공자의 말씀 : "무릇 '역(易)'이라는 것은 생각함이 없고 함이 없다. 고요하여 움직이지 않으나 감응하여 통달한다[夫易無思也, 無爲也, 寂然不動, 感而遂通]"

여기서 공자가 '고요하다'는 것은 감응하지 않음이 없으니 곧 석가가 말하는 '고요하면서도 항상 비춘다[寂而常照]'는 것이요, 공자가 말하는 '감응하여 통달한다[感通]'는 것은 고요하지 않음이 없는 것이니, 곧 석가가 말하는 '비추면서도 항상 고요하다[照而常寂]'는 것이다. 또한 노자가 '함이 없으면서도 하지 않음이 없다[無爲而無不爲]'

는 것은 곧 '감응하면서도 항상 고요하다[寂而常感]'는 것이요, 《노자》에서 직접 인용한 말은 아니지만 '함이 있으면서도 하는 바가 없다[有爲而無所爲]'는 것은 곧 '감응하면서도 항상 고요하다는 것[感而常寂]'이라 한다. 그것은 노자의 무위(無爲) 개념이 불교의 '고요함[寂]'과 유교의 '감응함[感]'에 결합되고 있는 것임을 확인하고 있는 것이다. 따라서 그는 "삼교(유·불·도)에서 말하는 바는 가만히 서로 부합되어서 한 사람의 입에서 나온 말과 같다"156)고 하여, 유·불·도 삼교의 일치론을 밝히고 있다.

　기화는 〈반야가(般若歌)〉에서도 "12부(部)에 속한 매우 깊은 불교의 모든 경률(經律)과/ 도가·유가나 백가(百家) 제자(諸子)의 저술과/ 세간·출세간의 모든 법문들이/ 모두 다 그 가운데서 흘러나오네"157)라 하여, 유·불·도의 삼교만이 아니라 제자백가와 모든 교설의 법문(法門)들이 마음의 반야에서 연역되어 나오는 것으로 같은 근원을 지닌 것이라 확인한다. 또한 그는 〈장노찬(莊老贊)〉에서도 "공자의 배개와 안자의 표주박에는 다 같이 즐거움 있고/ 요임금이 전하고 순임금이 받은 것 모두 마음 전하는 법이네/ 장자·노자는 취할 만한 것 없다고 말하지 말라/ 고요하고 담박하며 맑고 비어 있기는 고금에 으뜸이네"158)라 하여, 공자와 안자의 안빈락도(安貧樂道)하는 삶과 요임금과 순임금이 인심(人心)·도심(道心)의 심법을 전하는 것을 높일 뿐만 아니라, 노자와 장자의 담박하고 맑은 기상을 높이 칭송하고 있는 사실에서도 기화는 다른 사상에 대해 배타적 태도가 아니라 허심 탄회하게 수용하고 인정하는 삼교회통론의 열린 자세를 보여주고 있다. 이와

---

156)《현정론》(한불전[7], 225) : "老之言, 曰無爲而無不爲, 當有爲而無爲, 釋之言, 曰寂而常照, 照而常寂, 孔之言, 曰夫易, 無思也, 無爲也, 曰寂然不動, 感而遂通, 夫寂然者, 未嘗無感, 卽寂而常照也, 感通者, 未嘗不寂, 卽照而常也, 無爲而無不爲, 卽寂而常感也, 有爲而無所爲, 卽感而常寂也, 據此則三家所言, 冥相符契而如出一口也."

157)《함허당득통화상어록》(한불전[7], 240), 〈반야가(般若歌)〉 : "甚深十二諸經律, 道儒百家諸子述, 世與世諸法門, 盡從這裏而演出."

158) 앞의 책(한불전[7], 249), 〈장노찬(莊老贊)〉 : '孔枕顔瓢同有樂, 堯傳舜受共傳心, 莫言莊老無堪取, 恬湛淸虛盖古今."

더불어 그는 반야로서 하나의 '원상(圓相)'을 설명하면서, 선종에서 '최초의 일구'라 하고, 교종에서 '가장 청정한 법계'라 언급하면서, 이를 유교에서 말하는 '통체로서 하나의 태극'과 노자가 말하는 '천하의 어미'와 일치시키고 있는 사실도 궁극적 진리에서 삼교의 일치를 확인하는 것이다.159)

(2) 《현정론》의 호불 변론

기화는 출가하기 전에 해월(海月)이라는 승려에게 《논어》를 가르쳤던 일이 있다. 이때 "인(仁)이란 천지 만물을 자기와 한 몸으로 삼는다"는 정자(程子)의 주석(《논어》〈옹야(雍也)〉)과 "닭·돼지·개를 때 맞추어 기르면 70세 된 노인이 고기를 먹을 수 있다"(《맹자》, 양혜왕상(梁惠王上))는 맹자의 말씀이 서로 모순된다는 해월의 지적에 대해 대답을 못하였다 한다. 그 후 삼각산 승가사에 놀러 갔다가 어느 노승으로부터 불교의 '생명 있는 것을 죽이지 말라[不殺生]'는 계율을 듣고는 이 불교의 계율이 바로 유교의 '인(仁)'과 일치하는 것임을 깨닫게 되었다는 것이다.160) 그가 유불 조화론을 형성하게 된 배경은 그 자신이 출가하기 전 유학을 공부하던 시절 어느 승려의 질문에서 잉태된 문제의식이었다. 이 문제를 해결하면서 유교의 불교 비판론으로부터 유불 일치의 조화 관계에 대한 확신으로 자신의 기본 입장을 전환하게 된 것이 바로 그에게는 출가하여 불교에 귀의하게 되었던 중요한 계기의 하나였다. 그는 이러한 불교 비판론에서 유불 조화론으로 전환하면서 불교에 귀의하게 되는 과정을 시로 읊고 있다.

> "경사(經史)와 정주(程朱)의 비판을 익히 들어온 터라,
> 불교가 옳은지 그른지 알지 못했었네.

---

159) 주 127)과 같음.

160) 《현정론》 (한불전[7], 220) ; "與一老禪夜話, 話次, 禪云佛有十重大戒, 一不殺生, 予於是釋然心服, 而自謂此眞仁人之行也, 而深體乎仁道之語也."

여러해 엎치락뒤치락 생각에 잠겼다가,
비로소 진실을 알고 부처에 귀의하네."161)

이처럼 기화는 유교의 불교에 대한 비판·배척론을 극복하고 불교와 유교의 일치·조화관계에 대한 재인식을 밝히는 입장에서《현정론》을 저술하였던 것이다. 이《현정론》에서는 15조목에 걸쳐서 유교의 불교 배척 이론을 반박하거나 변명하면서 불교와 유교의 이념적 연관성 내지 조화 가능성을 제시하고 있다.

먼저 기화는 유교와 불교의 기본 교리를 대비시킨다. 곧 유교에서 '도'의 핵심 요령을 이루는 것이 인(仁)·의(義)·예(禮)·지(智)·신(信)의 '오상(五常)'임을 지적하며, "죽이지 않는 것은 '인'이요, 훔치지 않는 것은 '의'요, 음란하지 않는 것은 '예'요, 술마시지 않는 것은 '지'요, 헛된 말을 하지 않는 것은 '신'이다."라 하여 유교의 '오상'이 바로 불교의 '오계(五戒)'에 상응하는 것임을 밝히고 있다.162) 불교의 가장 기본적인 실천 계율이 유교의 인간 성품을 구성하는 기본 구조와 동일시됨으로써, 유교와 불교의 기본 교리가 그 근거에서 일치하고 있음을 확인하는 것이다.

다음으로 그는 유교와 불교의 교화(敎化) 방법을 대비시키고 있다. 곧 유교에서 '도덕[德]'으로 이끌고 '예법[禮]'으로 질서 있게 하여 교화하는 것은 성인이 아니면 불가능한 것이며, 이러한 교화 방법은 부처의 가르침과 일치한다는 것이다. 그러나 '형벌[刑]'과 '정령[政]'으로 이끌어 가는 것은 상벌(賞罰)에 의지하는 교화 방법으로서 대중이 보이는데서 순종할 뿐이지 마음으로 복종하지 않는다는 한계가 있음을 지적한다. 이에 비해 불교에서는 인과설(因果說)을 제시함으로써 마음으로부터 복종하게 되는 것이라 본다. 그는 인과설에 의한 불교의

---

161) 위와 같은 곳 : "素聞經史程朱毁, 未識浮圖是與非, 反復潛思年已遠, 始知眞實却歸依."

162)《현정론》(한불전[7], 217) ; "儒以五常而爲道樞, 佛之所謂五戒, 卽儒之所謂五常也.. 不殺, 仁也 ; 不盜, 義也; 不淫, 禮也 ; 不飮酒, 智也; 不妄語, 信也."

교화 방법이 마음으로부터의 복종을 가능하게 하는 이유를 구체적으로 설명하고 있다.

> "만약 사람들이 현재의 곤궁하고 영달한 까닭을 알고자 하면 전생에 뿌린 업(業)의 씨앗으로 보여주고, 미래의 화·복을 알고자 하면 현재의 행위가 원인이 됨을 보여주니, 영달한 사람은 과거에 선의 씨앗을 심은 것을 기뻐하여 더욱 근면해질 것이고, 곤궁한 사람은 과거에 닦지 않았음을 후회하여 스스로 노력할 것이다. 또한 미래에 복을 받고자 하는 사람은 부지런히 선을 행할 것이고, 미래에 화를 피하고자 하는 사람은 악행을 삼갈 것이다."[163]

여기서 그가 불교의 인과설이 대중을 심복시키는 것임을 강조하여 유교의 형벌과 정령에 의한 방법이 심복시키지 못하는 것이라 대조시키고 있는 것은 불교의 교화 방법이 유교보다 우월한 점이 있음을 제시하고자 하는 의도를 보여준다. 또한 그는 불교의 교화 방법에서 인과설을 통해 대중을 심복시키는 것은 스스로 받아들이는 경우[攝受]라고 한다면, 이와 더불어 상벌의 훈계도 병행시킴으로써 꺾어 굴복시켜야 할 경우[折服]도 이끌어 가는 것이라 밝힌다. 이처럼 상벌을 쓰는 점에서도 불교와 유교의 교화 방법이 접근하는 것이며, 이런 의미에서 '유교와 불교는 모두 폐지할 수 없는 것'이라 하여, 두 가지 교화 방법이 모순된 것이 아니라 서로 보완하며 병립할 수 있는 것임을 지적하고 있다.

나아가 그는 유교에서 불교를 비난하고 배척하는 구체적 조목들에 대해서도 불교를 옹호하는 호교론적 입장에서 해명하고 있다.

① 평상의 생활에 어긋난다는 비판에 대한 변론

첫째, 불교에서는 남녀의 혼인을 거부하고 출가함으로써, 부모에 효

---

163) 앞의 책(한불전[7], 218): "若人欲知今之所以窮達者, 則示之以宿種, 欲知後之禍福者, 則示之以現因, 則達者忻前世之種善而益勤, 窮者悔前世之不修而自勉, 且邀福於後世者, 則孜孜於爲善, 避禍於後世者, 則必愼於爲惡也."

도하지 않고 제사를 받들지 않으며 후사(後嗣)를 단절시켜 인륜을 저버린다는 유교의 비판에 대한 대답이다. 기화는 '혼인'과 '제사'가 인륜의 큰 기준(大經)임을 인정하고 있다. 그러나 그는 인간의 도리를 다했다는 평가를 받을지라도 번뇌의 속박이나 윤회를 벗어나 해탈을 얻을 수 없는 것이 현실이라 지적한다. 여기서 그는 "경(經)이 아니면 상법[常]을 지킬 수 없지만, 권(權)이 아니면 변화[變]에 응할 수 없다[非經無以守常, 非權無以應變]"고 언급하여, 도의 기본 원리를 불변의 보편적 기준인 '경(經)'과 현실 적응의 가변적 판단 원칙인 '권(權)'으로 분석하는 유교적 이론을 이끌어 들여서 해명한다. 곧 부처가 출가하여 득도(得道)함으로써 부모의 이름을 빛낸 것은, 《효경》에서 말하는 "세상에 나가 도를 행하여 후세에 이름을 드날리고 부모를 드러내는 것은 효의 마침이다"라고 하는 큰 효도[大孝]에 해당하는 것이라 한다.164) 또한 '출가'하여 부모에 대한 효도를 어긴 것으로 보이지만 깨달은 뒤에 돌아와 부모에게 설법하여 해탈할 수 있게 하였던 것은 "권(權)으로써 변화에 대응하여 '상'에 돌아오고 '도'에 합하는 것[權以應變, 而反常合道]"이라 하여, 출가의 권도[權]로 효의 상도[常]에 합하는 것임을 해명하고 있다.

둘째, 불교에서는 군왕을 섬기지 않고 나라 일에 봉사하지 않으니 불충(不忠)하다는 유교의 비판에 대한 대답이다. 이에 대해 그는 불교에서 군왕 되는 자가 몸과 마음을 맑게 하여 왕위에 나아가게 하며, 예불(禮佛) 때 군왕과 나라를 위하여 축원하니 충(忠)이라 할 수 있다고 해명한다.165)

셋째, 불교가 가르치는 '생명 있는 것을 죽이지 않는다'는 불살생(不殺生)의 계율에 따르면 노인을 봉양하기도 어렵고 제수(祭需)를 쓸 수도 없다고 비판하면서 육식(肉食)을 주장하는 유교의 입장에 대한

---

164) 앞의 책(한불전[7], 218~219) ; "其德播天下後世, 而使天下後世, 稱其父母曰大聖人之父母, 以其姓姓一切姓, 使出家者, 皆稱之曰釋子, 豈不謂之大孝乎."

165) 앞의 책(한불전[7], 219) ; "敎中使爲君者, 先受戒品, 潔淨身意然後, 方登寶位, 又令凡出家者, 莫不朝焚夕點而祝君祝國, 可不謂之忠乎."

대답이다. 그는 유교에서 "천지는 만물의 부모이다"라고 하거나, "어진 사람은 천지와 만물을 자기 몸과 하나로 여긴다"라고 말하는 의미가 바로 불교의 살생을 금하는 뜻과 통하는 것이라 지적한다. 따라서 그는 불교가 인(仁)의 도리를 온전하게 실천하는 반면에 유교에서는 오히려 실천이 미진하다고 반박하고 있다.166)

넷째, 술은 사람의 만남을 즐겁게 해주며, 혈맥을 조화시켜 풍냉(風冷)을 제거시켜 주는 약효가 있고, 제사에 강신(降神)하는데 술이 없을 수 없다는 유교의 입장에서, 불교에서는 금주(禁酒)를 계율로 삼고 있음을 비판하는 유교의 입장에 대한 대답이다.

그는 술이란 정신을 어지럽히고 덕을 손상시키며 도에 더욱 해롭다고 강조하면서, 유교에서도 제사를 위해 술을 마시지 않고 심신을 정결하게 하여 며칠 동안 재계(齋戒)하는 사실을 지적하면서 불교에서는 평생토록 금주함으로써 재계하는 것이라 변호한다.167)

다섯째, 불교에서 보시(布施)를 권하고 보응설(報應說)로 유인하여 백성들의 재물을 부처에게 바침으로써 곤궁에 빠지게 한다는 비판에 대한 대답이다. 그는 재물이란 탐욕을 길러 화(禍)를 부르고, 보시는 마음을 청정하게 하여 복(福)을 부르는 방법이라 해명하며, 유교에서도 "재물이 모이면 백성이 흩어지고, 재물을 흩으면 백성이 모인다"(《대학》)라고 하여 재물의 탐욕을 경계하고 있다. 《주역》에서도 "선을 쌓은 집에는 반드시 경사가 있고, 악을 쌓은 집에는 반드시 재앙이 있다"고 하거나, 《서경》 '홍범(洪範)' 편에서 "사람이 황극(皇極)에 합하면 하늘이 오복(五福)으로 감응하고, 어긋나면 육극(六殛 : 여섯 가지 흉한 일)으로 감응한다"고 한 것은 바로 불교의 보응설에 해당하는 것이라 한다.168) 이처럼 그는 불교의 '보시'와 '보응(인과응보)'에 해당

---

166) 위와 같은 곳 : "天地與我同根, 萬物與我一體, 此釋氏之言也, 仁者以天地萬物爲一己, 此儒者之言也, 爲行一如其言, 然後方盡仁之道矣,⋯此儒者之所以善論仁之道, 而未盡善也."

167)《현정론》(한불전[7], 220~221) : "齋者, 不茹葷酒, 專誠而致潔也, 以誠不專潔不至, 則神不享矣, 佛之齋戒也, 誠則長誠而無雜, 潔則終身而不汙, 若以數日比之."

하는 의식이 유교 경전에도 있음을 확인함으로써 유·불의 일치 근거
를 확인하여 해명하고 있다.

② 죽음과 사후 존재에 대한 변론

첫째, 인간 존재가 음·양의 기질로 혼·백(魂魄)을 이루고 있다가
사후에는 '혼'이 하늘로 올라가고 '백'은 땅으로 내려가 사라지게 된
다는 유교의 입장에 따라 불교에서 사후에 소멸하지 않는 존재가 있
어서 천당·지옥을 체감하게 된다는 불교의 혼불멸론과 천당 지옥설
을 비판하는데 대한 변론이다. 여기서 그는 하늘에서 타고나는 마음
[天心]을 두 가지로 나누면서 유교에서 말하는 음·양의 모이고 흩어
짐에 따라 태어나고 죽은 뒤에 소멸하는 '혼백'은 '육단심(肉團心)'이
라 하고, 불교에서는 형체를 초월하여 생사를 넘어선 마음을 '진명(眞
明)'이라 하여, 불교에서 진정한 마음의 개념을 '진명' 곧 '견실심(堅
實心)'으로 제시하였다.169) 그리고 이러한 '심' 개념에 따라 '진명'
혹은 '영명(靈明)'으로서 '혼'의 불멸성과 더불어 사후의 천당 지옥설
을 입증해 나갔던 것이다. 그는 《시경》〈대아(大雅)·문왕(文王)〉에서
말하기를, "문왕(文王)이 오르내리며, 상제(上帝)의 좌우에 있네"라고
읊은 것은 하늘에 있는 '영(靈)'을 가리킨 것이라 본다. 또한 그는 천
당·지옥이 실재로서 존재하는 것이 아니라, 사람의 업이 감응하는 것
이라 하며, 마치 공자는 꿈에 주공을 만나 뵐 수 있었던 것은 평소에
주공의 도를 마음에 두고 이를 행하였기 때문에 그 정신이 저절로 서
로 감응하여 그렇게 된 것이라는 예를 들고 있다. 여기서 그는 "천당
과 지옥이 설령 없다고 하여도, 이에 대하여 들은 사람들은 천당을 좋
아하여 선한 일로 나아가고, 지옥을 싫어하여 악한 일을 그칠 것이다.

---

168) 앞의 책(한불전[7], 221) : "珍財, 長貪取禍之具也, 布施, 淸心致福之方也, 儒傳豈不
云乎, 財聚則民散 財散則民聚,…易云積善有餘慶, 積惡有餘殃, 又如洪範, 人合乎皇極,
則天應之以五福, 違則應之以六殛, 此非報應歟."

169) 위와 같은 곳 : "夫心有二, 曰堅實心, 曰肉團心, 肉團心者, 魂魄之精也, 堅實心者,
眞明之謂也, 今所謂心者, 眞明也, 非肉團也."

그렇다면 천당과 지옥의 가르침이 백성들을 교화하는 이익이 그보다 더 큰 것이 없을 것이다"170)라 하여, 천당·지옥의 실재를 논증하는 것이 아니라 마음이 감응한 상태로서 제시하며, 나아가 실재하지 않더라도 대중 교화의 기능이 있음을 중시하여 변호하고 있다.

둘째, 유교에서는 죽은 부모를 위해 후장(厚葬)하는 것이 근본을 두터이 하는 도리라 보고 불교에서 화장(火葬)하는 것을 차마 볼 수 없는 것이라 비판하는데 대한 대답이다. 기화는 이에 대해 육체와 정신으로 이루어진 인간 존재에서 육체는 집에 정신은 주인에 비유하여 집이 무너진 후에도 집착하는 것은 육체에 속박되어 정신의 자유를 얻지 못하는 것이라 한다. 곧 화장법(火葬法)이 물질로 이루어진 육신의 더러움을 버려 깨끗함에 나아가게 하며, 정신을 맑게 하여 높이 들어올려서 죽은 이를 왕생천도(往生薦度)하도록 돕는 방법이 되고 세상에 큰 규범이 되는 것이라 밝힌다. 곧 그는 죽음을 육신의 속박으로부터 해방되는 것이라 보아, "죽음에 이르러서는 마치 혹을 떼어 내고 때를 없애며, 거꾸로 매달린 데서 풀려나고 차꼬를 벗어나며, 새가 새장을 벗어나고 말이 마구간을 나오듯이, 멀리멀리 느긋하게 마음대로 노닐어 떠나고 머무는 데 아무런 걸림이 없다"171)고 하여, 육신의 죽음을 '열반'의 의미로 강조하고 있다. 따라서 그는 근기가 뛰어난 사람은 육신에 구애받지 않으므로 시신을 어떻게 처리해도 좋지만, 근기가 낮은 사람은 육신에 구속되어 집착을 버리지 못하므로 화장을 하여야 비로소 정신이 맑게 올라가 얽매임이 없게 될 것이라 하여, 불교적 화장법의 의미를 적극적으로 주장한다.

---

170)《현정론》(한불전[7], 221~222):"天獄, 則非是實然固有, 乃人之業感, 自然如是也,…天堂地獄, 設使無者, 人之聞者, 慕天堂而趨善, 厭地獄而沮惡, 則天獄之說之於化民, 利莫大焉."

171) 앞의 책(한불전[7], 222):"及其化也, 如決疣去垢, 如解懸脫枷, 如鳥出籠, 如馬出閑, 洋洋乎于于乎, 逍遙自適也, 去留無碍也."

③ 중국 문화 전통과 다른 오랑캐의 교설이라는 비판에 대한 변론

오제(五帝)와 삼왕(三王)의 중국 문화 전통과 달리, 불교는 오랑캐[夷狄]의 교설이라는 비난에 대한 대답이다. 그는 유교에서 내세운 중국 중심의 화이론(華夷論)을 근본적으로 재검토하여, 중심이 있다면 오히려 부처가 태어난 인도라 하고, 동쪽이니 서쪽이니 하는 것은 서로 상대편을 일컫는 자기 중심적 풍속으로 규정하고 있다.

> "중국[華夏]이 인도[天竺]를 가리켜 서쪽이라고 하는 것은 인도가 중국을 가리켜 동쪽이라 하는 것은 같다. 만약 천하의 한 가운데를 취하고자 한다면, 곧 정오에 그림자가 없는 곳일 터이니, 인도가 바로 그러하다. 부처께서 그곳에 태어남을 보인 것은 어찌 그곳이 천하의 한 가운데이기 때문이 아니겠는가? 이른바 동쪽이니 서쪽이니 하는 것은 저쪽과 이쪽이 풍속에 따라 서로 부르는 것이지 그 중심을 잡아서 동쪽과 서쪽을 정한 것이 아니다."172)

이처럼 그는 유교의 중화주의적 화이론을 극복하는 객관적 세계관을 제시하며, "태어난 곳은 자취요, 행한 바는 '도'이니, 다만 그 '도'가 따를 만한가 따를 수 없는가를 볼 것이지, 그 태어난 곳에 구애받는 것은 옳지 않다"173)고 하여, 공간적 중심이 아니라 '도'가 있는 곳이 중심임을 확인하고 있다. 따라서 맹자가 순(舜)은 '동쪽 오랑캐[東夷]' 사람이고 문왕(文王)은 '서쪽 오랑캐[西夷]' 사람이라 언급하면서도 그 '도'를 따랐던 사실을 들면서, 부처를 '서쪽 오랑캐'라 하여 배척하는 것은 진리를 추구하는 합리적 태도가 못된다는 것을 강조하였다.

---

172) 앞의 책(한불전 [7], 223) ; "華夏之指天竺爲西, 猶天竺之指華爲東也, 若取天下之大中, 則當午無影爲中, 天竺乃尒, 佛之所以示生於彼者, 豈非以其天下之大中也, 所謂東西者, 蓋彼此時俗之相稱尒, 非占其中而定其東西也."

173) 위와 같은 곳 ; "所出迹也, 所行道也, 但觀其道之可遵不可遵也, 不可拘其所出之迹也."

④ 불교의 역사적 해독과 승려 생활의 사회적 폐단에 대한 변호

첫째, 불교가 중국에 전래해 온 이후 세상이 더욱 혼란해졌다는 비판에 대한 대답이다. 그는 고금의 다스려지거나 혼란에 빠지는 것은 그 시운(時運)의 성하고 쇠하는데 달려 있는 것이지 시대의 혼란에 대한 책임을 불교에 돌리는 것이 부당함을 지적하면서, 그 역사적 반증으로 불교가 성행하던 시대에서 당나라 태종은 천하를 통일하고 신라의 김춘추(金春秋)와 김유신(金庾信)이 삼국을 통일한 일이 있음을 들고 있다.

둘째, 승려들이 생산을 하지 않고 놀고먹어 백성들을 빈궁하게 한다는 비판에 대한 대답이다. 그는 승려의 임무가 불법(佛法)을 널리 펴서 중생을 제도하여 이롭게 하는 것임을 지적한다. 또한 맹자가 "그대는 어찌하여 목수나 수레 만드는 사람은 높이면서 인·의를 행하는 사람은 가벼이 여기는가?"(《맹자》 등문공하(滕文公下))라 언급하여 선비가 생산하지 않고도 먹을 수 있는 것을 말 한 것처럼, 승려들도 생산에 종사하지 않으나 '도'를 지키는 임무가 있음을 변호하고 있다.174)

셋째, 승려들이 청정(淸淨)의 수행을 지키지 않고 타락한 현상을 비난하는 데 대한 변론이다. 기화는 현실적으로 덕행을 갖춘 수행자가 드물다는 것을 인정하고 있다. 그러나 그것은 불교만의 현상이 아니라, 공자의 문하에 3천 제자가 있지만 철인(哲人)이라 일컬어지는 사람은 단지 10명뿐이었으며, 공자와 안연(顏淵) 이후 천여 년 동안 안연·민자건(閔子騫) 같은 덕행 있는 인물이 있다는 말을 듣지 못하였음을 들어, 유교에서도 수행자가 드문 점에서 마찬가지임을 지적한다. 따라서 그는 "그 과실로 인하여 불법(佛法)을 폐(廢)하라고 할 수는 없다"175)고 주장하여, 승려들의 과실을 불법의 진실성과 혼동하지 말도록 요구

---

174) 《현정론》(한불전[7], 224) : "僧之任在弘法利生, 弘法而令慧命不斷, 利生而使人人自善, 是僧之務也,…孟子曰,…子何尊梓匠輪輿而輕爲仁義自哉, 此豈非以守道利人而可衣食於人乎."

175) 위와 같은 곳 : "豈得因其失而廢其法也."

하고 있다.

⑤ 불경의 가르침에 실질적 유용성이 없다는 비판에 대한 변호

불경을 통한 불교의 가르침이 실리(實利)가 없고 수기(修己)·치인(治人)의 방법이 될 수 없다는 비판에 대한 대답이다. 그는 "세상에는 두 가지 도가 없고 성인에게는 두 가지 마음이 없다[天下無二道, 聖人無兩心]"는 말을 끌어들여, "멋대로 생각하지 않고, 꼭 그렇게 되리라고 생각지 않고, 고집 부리지 않고, 나만 내세우지도 않는다"는 공자의 말씀과, "나라고 하는 생각과 사람이라고 하는 생각이 없이 모든 선한 행위를 닦으면 깨달음을 얻는다"는 부처의 말씀이 다른 세상에 살았지만 그 마음이 같은 것임을 확인하고 있다.176)

나아가 그는 《대학》에서 말하는 '명덕(明德)'은 불교에서 이른바 '오묘하고 깨끗하며 밝은 마음[妙精明心]'이고, 《주역》에서 말하는 "고요하여 움직이지 않다가, 감응하여 통달한다[寂然不動, 感而遂通]"는 것은 불교에서의 '고요하면서도 비춘다[寂照]'는 말과 같은 것이라 보았다. 따라서 그는 유교와 불교가 이렇게 말한 바의 이치가 같으니, 가르친 바의 자취도 같음을 강조하고, "자기만을 오로지 하고 남을 소홀히 하며, 이쪽은 옳고 저쪽은 그르다 하는 것은 사람의 일상적 감정이나, 통달한 사람은 의로움만을 따를 뿐이니, 어찌 남과 나, 저쪽과 이쪽으로 옳다 그르다 하겠는가?"177)라고 하여, 편협한 자기 중심적 배척 태도를 경계하며, 나아가 순(舜)과 우(禹)가 남에게 잘 묻고 남의 말을 잘 듣는 예를 들어, 통달한 인격은 의로움[義]을 기준으로 허심 탄회하게 수용할 수 있는 것임을 역설한다.

기화의 《현정론》이 제시하는 호불 변론에서 몇 가지 특성을 확인할

---

176) 위와 같은 곳 ; "夫聖人者, 雖千里之隔, 萬世之遠, 其心未嘗有異也, 孔夫子之言曰, 無意無必無固無我,…釋迦老之言曰, 無我無人, 修一切善法, 卽得菩提, 此聖人之所以異世而同其心也."

177) 《현정론》 (한불전[7], 225) ; "所言之理旣同, 而所敎之迹何以異乎, 專己略人, 是此非彼, 人之常情也, 通人達士 唯義是從, 豈以人我彼此而是非者乎."

수 있다. 먼저 그는 불교에 대한 당시 유교의 구체적 비판 조목을 불교의 입장에서 변호하면서, 기본적으로 유교 경전에서 불교의 교설과 일치함을 다양하게 이끌어 냄으로써 유교와 불교의 근원적 일치점을 찾는데 매우 세심하게 배려하는 자세를 보여주고 있다. 곧 그의 변론에 깔려 있는 일관된 입장은 유교의 비난이 유교 교리에 비추어도 무리한 것이며, 불교와 유교는 근본적으로 상호 이해하여야 할 넓은 기반을 공유하고 있다는 사실을 부각시키는데 힘쓰고 있다. 다음으로 그는 혼인을 않고 출가하는 사실이 충·효에 위배된다는 비판에 대해 유교의 경권론(經權論)으로 해명하며, 불교를 오랑캐의 교법이라 배척하는데 대해 유교의 화이론(華夷論)을 재음미하는 데서 보여주고 있는 것처럼, 그는 유교의 기본 논리를 불교적 입장의 해명에 적극적으로 활용함으로써 유불 조화론의 입장을 정립하였다. 나아가 그는 유교의 일방적인 비난과 배척에 대해 관점의 세속적이거나 편협함을 드러내고, 한차원 깊이 근원적 진리의 일치성을 확인함으로써 비난의 부당함을 확인하고 있다. 이와 더불어 그는 불교의 독자적 진실성을 유교와의 일치성과 진리의 보편성이라는 두 기준을 전제로 침착하고 설득력 있게 전개하고 있는 것이다.

4) 《유석질의론》의 유불 조화론

(1) 삼교회통론과 불교 우위론

《유석질의론》의 첫머리에서는 도(道)의 범위에는 언덕처럼 가까운 것과 태산처럼 먼 것의 차이가 있고, 교(敎)의 수준에는 발자국에 고인 물처럼 얕은 것과 바다처럼 깊은 것의 차이가 있음을 지적하여, 가깝고 얕은 교설에 얽매어서는 멀고 깊은 진리를 말하기 어렵다고 강조한다.178) 그것은 가깝고 얕은 교설에 집착하여 불교의 멀리 걸쳐 있는 도와 깊은 가르침을 비판하려는 태도를 처음부터 경계하는 것이다.

《유석질의론》은 성인들이 제시해 온 세상을 다스리는 큰 가르침으로
서 유교와 노자와 불교의 삼교를 제시하고 특징과 관계를 제시하고
있다. 곧 유·불·도 삼교는 모두 '마음'에 근본하고 있는 것이라는
공통성을 전제로 하면서, "유교는 자취[迹]를 추구하고, 불교는 진리
[眞]에 합치하며, 그 둘 사이에 붙어서 두 가지를 붙여 주는 것이 노자
이다"179)라 규정하고 있다. 여기서 유교와 불교의 기본 관심의 대상으
로서 자취[迹]를 '닦음[修之]'과 다스림[治之]의 대상으로 보고, 진리
[眞]를 '밝힘[明之]'과 깨달음[悟之]의 대상으로 보면서, 이 두 개념을
더욱 구체적으로 규정하여 대비시키고 있다.

> "자취[迹]라는 형상으로 드러난 다음이요, 정(情)이다. 사물을 궁구하여
> 앎을 이루고[格物·致知], 뜻을 참되게 하여 마음을 바르게 하며[誠意·正
> 心], 덕에 나아가고 사업을 닦아 가는 것[進德·修業]이 모두 이것이다. 닦
> 지 않고 다스리지 않으면 수신(修身)·제가(齊家)·치국(治國)·평천하(平
> 天下)를 이루는 효과가 없을 것이며, 그 효과가 없으면 혼란에 빠질 것이
> 다. 그러므로 성인의 가르침은 이보다 급한 것이 없으니, 자신을 닦고 집
> 안을 다스려서 천하를 태평하게 하는 방법이다."180)

> "진리[眞]라는 것은 형상을 넘어선 것이요, 성(性)이다. 그 본체는 끝이
> 없고 그 밝음은 시작이 없다. 신령하여 다함이 없으며, 오묘하여 억지로
> 함이 없다. 삼제(三際 : 과거·현재·미래)를 궁구하고, 시방(十方)에 두루
> 미치며, 맑게 홀로 존재하는 것이다. 부처는 이를 밝히고 깨달아 큰 깨달
> 음의 극치에까지 넘어섰으니 그 몸은 소리나 빛깔로 구할 수 없고, 그 마
> 음은 생각과 의논으로 미칠 수 없다. 성인의 도가 이보다 더 큰 것이 없
> 으니, 흐름을 거슬러 그 근원으로 돌아가는 방법이다. 그러므로 여러 갈래

---

178) 《유석질의론》(한불전[7], 252) : "道有近有遠,…敎有淺有深,…故滯於蹄涔者, 難與道
　　鷗鵬之變化, 拘於丘陵者, 難與道乾坤之壯觀, 去斯二執然後, 可與論聖人之大道矣."
179) 위와 같은 곳 : "三敎之道, 皆本乎心, 而儒者攻乎迹, 佛者契乎眞, 接於其兩間而爲之
　　膠粘者, 老氏之道也."
180) 위와 같은 곳 : "迹也者, 形而後者也, 情也, 格物致知, 誠意正心, 而進修德業者, 皆
　　是也, 不修不治, 則無以致修身齊家治國平天下之效, 無效則亂矣, 故聖人之敎, 莫急於
　　斯焉, 所以修齊而天下平者也.."

의 흐름을 모아 근원으로 향하고, 마음을 거두어들여 근본으로 나아가니, 하늘과 땅의 시조가 되며 모든 것에 명을 내린다. 이것은 성(性)이라 한다."181)

《유석질의론》은 유교와 불교의 기본 성격을 '자취[迹]'와 '진리[眞]'의 개념으로 규정함으로써, 유교는 '형이하(形而下·形而後)'요 '정(情)'으로, 불교는 '형이상(形而上)'이요 '성(性)'으로 대비시키고 있다. 그것은 불교가 본체의 근원적 세계를 지향하고 유교는 현상의 구체적 세계를 지향하는 것으로 규정함으로써, 양자의 역할을 구분하여 대조하는 것이지만, 동시에 불교가 심오하고 근원적인 것이며 궁극적으로 우월한 것임을 밝히고자 의도한 것이라 할 수 있다.

나아가 《유석질의론》에서는 삼교의 성인들을 병을 고치는 의원에 비유하여, 그 목적에는 같지만 방법적 단계에서는 차이가 있음을 지적한다. 여기서 유교는 '심(心)'을 위주로 하고, 노자는 '기(氣)'를 위주로 하고, 불교는 '성(性)'을 위주로 하는 것이라 대비시키고 있다.182) 이러한 삼교(三敎)의 조화론(調和論)에서는 각각의 특성에 차이가 있더라도 근본에서는 통하는 것이라는 신념을 밝히는 것이다. 바로 이 점은 정도전이 〈심기리편(心氣理篇)〉에서 불교의 중심 개념을 '심'으로, 도교의 중심 개념을 '기'로, 유교의 중심 개념을 '이(理)'로 규정하고, 불교의 '심'은 도교의 '기'를 거짓되고 허망한 것으로 마음의 적이라 비난하고, 도교의 '기'는 불교의 '심'을 지각과 사려로 정기(精氣)를 불안하게 하고 재앙의 싹이 되는 것이라 비난하며, 최종적으로 유교의 '이'에 의해 '심'과 '기'를 바르게 이끌어 갈 수 있다는 것이다.183) 여기서 정도전은 불교의 '심'과 도교의 '기'를 서로 비판

---

181) 위와 같은 곳 : "眞也者, 形而上者也, 性者, 其體無涯, 其明無始, 靈而無竭, 妙而無爲, 窮三際亘十方, 湛然而獨存者也, 佛於是也, 明之悟之, 超極於大覺, 而其身也, 不可以聲色求, 其心也, 不可以思議及, 聖人之道, 莫大於斯焉, 所以泝流而返其源者也, 其然故, 能會派以朝宗, 攝心以趁本, 爲乾坤之祖, 命於一切, 夫是謂性也."
182) 《유석질의론》 (한불전[7], 255) ; "三敎之聖者, 各醫其民之病者也, 但其漸有不同耳,…儒者主乎心者也, 老者主乎氣者也, 佛者主乎性者也."

하게 하여 상대화시키고, 유교의 '이'를 근원적 기준으로 정립시켜 그
릇된 것을 바로잡아가는 유교 중심의 체계를 제시하고 있다. 그러나
《유석질의론》은 오히려 유교의 중심 개념을 '심'이라 하고 불교의
중심 개념을 '성'이라 하여, 불교의 '성'이 유교의 '심'보다 더욱 근
원적 존재요 본체임을 밝히고자 의도한 것이라 보인다. 또한《유석질
의론》은 삼교가 각각 방법에 차이가 있다 하더라도 인간의 병을 치료
하는 역할을 한다는 사실에서 일치한다는 삼교회통론의 입장을 제시
하고 있으며, 이러한 입장은 정도전의 유교 정통주의적 입장과 뚜렷한
차이를 보여주는 것이다.

　　또한《유석질의론》에서는 "천하에 통하는 것은 하나의 '도'이고, 변
화를 지어내는 것은 하나의 '기'이며, 만물에 고르게 하는 것은 하나
의 '이'이다"라 하여 '도'·'기'·'이'를 근원적 원리로 제시하면서,
"불교에서 '진공(眞空)'이라 한 것은 성(性)의 체를 들어 말하는 것
이요, 노자가 '곡신(谷神)'이라 한 것은 변화를 밝혀 말하는 것이다.
유교에서는 '대본(大本)'이라 말하니 사물에 의지하여 말하는 것이
다"184) 라 지적하여, 불교의 '진공'은 '이'에 해당하고, 노자의 '곡
신'은 '기'에 해당하며, 유교의 '대본'은 '도'에 해당시키고 있다. 여
기서 불교의 '진공'은 "지극히 커서 개별적 자아가 없고, 지극히 깊어
서 억지로 함이 없고, 지극히 텅비어 시작이 없고, 지극히 신령하여 다
함이 없으며, 온갖 오묘함을 품고 고요하여 움직이지 않으나 삼재(三
才 : 천(天)·지(地)·인(人))의 시조가 되고, 모든 존재의 근원이 되는
것"이라 하고, 노자의 '곡신'은 "하나의 '기'가 성하게 되고, 영묘함
이 드러나고, 조화의 조짐이 되어 사물이 없을 수 없는 것"이라 하며,
유교의 '대본'은 "사물에는 근본과 지말이 있고, 일에는 시작과 끝이
있으니, 사물을 탐구하여 앎에 이르면 만 가지 차별된 것들이 하나의
이치로 통하는 것"이라 정의한다.185) 삼교의 근본 개념을 이렇게 정의

---

183) 금장태,《조선전기의 유학사상》, 서울대학교 출판부, 1997, 113~116쪽 참조.
184)《유석질의론》(한불전[7], 265) : "通天下一道也, 工變化一氣也, 均萬物一理也,…釋
　　曰眞空, 舉性體而言也, 老曰谷神, 明變化而言也, 儒曰大本, 依事物而言也,"

하고 있는 것은 불교는 근원적 본체를 가리키는 것이고, 노자는 만물의 생성 현상과 관련된 것이요, 유교는 현실 속에서 질서를 확보하는 것으로 파악하는 것이다. 이러한 차이는 역시 불교를 가장 깊은 근원적 세계에 자리잡은 것으로 보고 유교를 가장 비근한 현실에 자리잡은 것으로 보는 입장임을 엿볼 수 있다.

여기서 《유석질의론》은 삼교가 그 교법에서 차이가 있지만 그 근본의 '도'는 하나라는 삼교회통론의 입장을 밝히면서, 삼교를 나무 심는 것에 비유하고 있다. 곧 "대지가 품어 키우는 것과 같은 것을 '진공'이라 하고, 씨앗에서 싹터 나오는 것과 같은 것을 '곡신'이라 하며, 가지와 잎이 같은 뿌리를 갖는 것과 같은 것을 '대본'이라 한다"186)고 하여, 불교의 '진공'이 나무가 자라는 대지라면, 노자의 '곡신'은 나무의 싹터 나오는 씨앗이요, 유교의 '대본'은 같은 뿌리에서 나온 가지와 잎이라 본다. 물론 가장 근본 바탕이 되고 모든 것을 포괄하고 있는 것은 불교요, 가장 말단의 현상적인 것은 유교로 보고 있다. 그러나 결론적으로 "삼교는 서로 근거함으로써 천하에 교화가 이루어지며, 자연히 음양이 어긋나지 않고, 바람과 비가 때에 맞으며, 사람과 신들이 기뻐하여 화합하고, 백성의 풍속이 악하지 않게 되며, 임금과 신하나 윗사람과 아랫사람이 그 본분을 잃지 않으며, 물고기·사슴·곤충들이 각자 그 천성을 지키니, 이와 같으면 태평하게 다스려진 세상이라 할 수 있다"187)고 하여, 삼교가 각각의 근본 체계를 정립시키면서도 서로 근거가 되어 화합함으로써 그 근원의 '도'가 하나로 일치함을 확립하도록 연구하는 삼교회통론을 제기하고 있는 것이다.

나아가 《유석질의론》에서는 삼교의 성(性)·심(心)·도(道) 개념을

---

185) 위와 같은 곳 ; "至大無我, 至隤無爲, 至虛無始, 至靈無竭, 包含衆妙, 寂然不動, 爲三才之祖, 爲萬法之源, 故曰眞空, 一氣盛矣, 靈妙發矣, 兆於造化, 未能無物, 故曰谷神, 物有本末, 事有終始, 格物致知, 萬殊一理, 故曰大本."

186) 위와 같은 곳 ; "三敎雖殊, 道則一也, 比猶種樹也, 如地含養之謂眞空, 如種生芽之謂谷神, 枝葉同根之謂大本."

187) 위와 같은 곳 ; "三敎相因, 而化成天下, 自然陰陽不忒, 風雨順時, 人神悅和, 民俗不惡, 君臣上下, 不失其分, 魚鹿昆虫, 各守其天, 如是則可謂治平之世矣."

비교하면서, 유교와 노장(老莊)의 인식은 보고 듣는 비근한 ‘세간의 도[世道]’로서 지극한 것이 못되지만, 불교의 인식은 ‘삼세를 꿰뚫고 사방을 다하는 도[貫三世盡十方之道]’로서 멀리 미치는 지극한 것이라 하여, 삼교회통론을 넘어서 불교의 우위론의 입장을 명확히 밝히고 있다.188)

여기서 노장의 중심 개념을 ‘기(氣)’로 보고 유교의 중심 개념을 ‘심(心)’으로 보는 입장에서 “일기(一氣)를 전일하게 하면 모든 삿됨이 해칠 수가 없고, 일심(一心)을 닦으면 모든 욕망도 공격할 수가 없다. 이것은 두 가르침(노장과 유교)이 몸과 마음에 급급하여 천하와 만세의 도가 되었던 것이다”라 하여, 노장과 유교의 기본 관심이 기·심(신·심)에 있는 것이라 규정하였다. 따라서 “그 이른바 ‘성’이란 ‘천명의 성’일 뿐이요 불교의 ‘원만한 큰 깨달음의 성’이 아니며, 그 이른바 ‘심’이란 ‘육신으로 생멸하는 마음’이요 불교의 ‘진여(眞如)로서 청정한 마음’이 아니며, 그 이른바 ‘도’란 ‘성품을 따르는 도’일 뿐이요 불교의 ‘생사를 벗어나 윤회를 면한 오묘한 도’가 아니다”라고 하여, 노장과 유교의 성·심·도의 인식 내용이 불교에 미치지 못하는 것임을 역설한다.189)

또한《유석질의론》에서는 부처를 “종(縱)으로는 삼제(三際: 삼세(三世))를 궁구하고, 횡(橫)으로는 시방(十方 : 우주)에 두루 미치며, 밝기는 해와 달보다 환하고, 덕은 하늘과 땅보다 융성하며, 공로는 조화를 뛰어넘고, 크기는 태허(太虛)를 넘어서니, 삼계(三界 : 요계(欲界)·색계(色界)·무색계(無色界))의 사생(四生 : 태생(胎生)·묘생(卵生)·습생(濕生)·화생(化生))에게 자애로운 아비가 된다”고 하여, 부처의 위대함

---

188)《유석질의론》(한불전[7], 270) : “心與性, 儒老亦莫不言之, 而其所言未至也, 至之
佛也, 未至旣有間, 而道隨有遠近也, 近也者, 限耳目所見聞之道也, 世道也, 遠也者,
貫三世盡十方之道也.”

189) 위와 같은 곳 ; “專一氣而群邪莫能殄, 修一心而衆欲莫能攻, 此二敎之急於身心, 而
爲天下萬世之道也, 然其所謂性, 天命之性耳, 非佛之謂圓滿大覺之性也, 其所謂心肉
團生滅之心耳, 非佛之謂眞如淸淨之心也, 其所謂道, 率性之道耳, 非佛之謂脫生死免
輪廻之妙道也.”

을 극도로 높임으로써, "세간에서 성현(聖賢)이라 하는 이들로 누가 견줄 수 있겠는가?"라 하여, 부처를 모든 성현과 견줄 수 없는 최고의 존재로 높이고 있다.190) 여기에 오나라의 감택(闞澤)이 주군인 손권(孫權)에게 말하였다는 "공자와 노자의 가르침은 하늘을 본받아 응용하는 것으로 감히 하늘을 어길 수 없는 것이지만, 부처의 가르침은 모든 하늘이 받들어 행하여 감히 부처를 어길 수 없는 것이다"191)라는 말을 인용하여 불교가 노장이나 유교 보다 우월함을 강조하고 있다. 이에 따라 부처의 가르침에 사람이 순응하며, 하늘도 싫어하지 않아서 없애지 않고 오랜 세월에 널리 전파할 수 있게 한 것이라 하여, 불교가 전파해 온 것은 바로 하늘의 뜻이라 주장한다. 따라서 "이미 천성(天性)·천심(天心)에 합하지 않고 따르지 않으니 또한 어떻게 유교인이라고 할 수 있겠는가? 세상의 군자들이 진실로 마음을 바르게 하고 뜻을 참되게 하여 생각함으로써 치우침에 빠지지 않는다면 진실로 우리 성인(부처)을 모독할 수 없음을 알 것이다"192)라 하여, 천심을 닦고 천성(天性)을 따라야 하는 유교인으로서 불교를 배척하는 것은 천심과 천성을 어기는 것으로 유교인의 본분에 어긋나는 것이라 반박하고 있는 것이다. 이처럼 《유석질의론》의 입장은 삼교 융화론의 기반 위에서 불교 우위론을 더욱 강경하게 주장하였다.

(2) 유·불의 대비와 비판에 대한 변론

《유석질의론》은 모두 19가지 문답으로 구성되어 있는데, 그 가운데 유교와 불교의 대비나 유교의 비판에 대한 변론의 독특한 쟁점을 몇

---

190) 위와 같은 곳 ; "佛之所以堅窮三際, 橫遍十方, 明透日月, 德勝乾坤, 功超造化, 量越大虛, 而爲三界四生慈父者,…其所謂世間聖賢者, 誰得而比肩哉."

191) 위와 같은 곳 ; "闞澤之對吳主孫權也, 卽曰孔老二敎, 法天制用, 不敢違天, 諸佛設敎, 諸天奉行, 不敢違佛."

192) 《유석질의론》(한불전[7], 271) : "旣不率合乎天性天心, 則亦將何以爲儒者哉, 世之君子, 苟以正心誠意思之, 而不溺於偏儻, 則信知吾聖之不可侮也."

가지 간추려, ① 유·불의 '성(性)' 개념 대비, ②《역》의 우주론과 부처의 삼신(三身), ③ 불교의 삼세(三世)·인과응보설과 유교의 이해, ④ 불교의 사회 교화 기능과 유교에 대한 보완 역할의 문제를 중심으로 유·불 관계에 대한 입장을 살펴 볼 수 있다.

　① 유·불의 '성(性)' 개념 대비

《유석질의론》에서는 유교와 불교의 '성('性)' 개념을 대비시켜 그 명칭이 같지만 내용이 다르다는 차이점을 밝히고 있다. 곧《중용》에서 "하늘의 명령을 일컬어 성이라 한다[天命之謂性]" 하고, 맹자가 "성품은 선하다[性善]" 하는 등 유교의 '성' 개념이란 마치 '불의 성질은 뜨겁고 물의 성질은 차갑다'는 것과 같이 성질을 서술하는 차원의 것이라 본다. 따라서 유교의 '성'은 하늘이 있고 난 다음에 사람에게 부여된 것으로서, 그 발생의 근원을 극진하게 밝히지 못하는 것이라 규정한다. 이에 비해 불교의 '성' 개념은《능엄경》에서 "깨달음의 바다는 그 본성이 맑고 원만하다. 맑고 원만한 깨달음은 근원적이고 오묘하다.… 미혹되고 망녕되니 허공이 있게 되고, 허공에 의지하여 세계가 생겨난다"는 언급에서처럼 '성'을 천지보다 앞서 우뚝하게 정립하는 것이요, 사물에 따라 생겨나거나 변하지 않는 것이며, 선악과 생각이 미치지 못하는 근원적 경지라 파악한다.193)

　또한《유석질의론》에서는 '근원으로 돌아가는 가르침[還源之敎]'이란 지말적인 '정(情)'을 돌이켜 근본이 되는 '성(性)'으로 들어가는 것이라 하여, 불교의 가르침이 '성'을 핵심 개념으로 하는 '근원으로 돌아가는 가르침'임을 강조한다. 곧 근본으로서의 '성'은 "지극히 비고 끝이 없으니 체성(體性)이 항상 존재하며, 지극히 영명하여 다함이 없으니 묘용(妙用)이 갠지스강의 모래알처럼 많다. 체성이 항상 존재

---

193)《유석질의론》(한불전[7], 253)："中庸曰, 率性之謂道, 孟子卽道性道,…如云火性熱, 水性凉之類, 而未極乎水火之所由起, 是則後乎天而賦於人者也, 楞嚴曰, 覺海性澄圓, 澄圓覺元妙,…迷妄有虛空, 依空立世界,…卓乎天地之先, 而不隨物生, 不隨物變者, 是也, 此則善惡思議不及之地."

하므로 티끌만큼 많은 겁에 걸쳐 변하지 않고, 묘용이 갠지스강의 모래알처럼 많으므로 조화를 운용함이 무궁하다”고 하고, 지말인 ‘정’은 “참됨을 등지고 흘러 넘쳐 어지러이 흔들려 멈춤이 없으며, 대상을 끌어들여 형상으로 삼으니 뒤섞여 흐려서 깨끗하지 않다. 어지러이 흔들려 멈춤이 없기 때문에 생멸이 서로 이어지고, 뒤섞여 흐려서 깨끗하지 않으므로 물욕이 번갈아 덮는다. 물욕이 감응하니 고뇌가 이어가고, 생멸이 감응하니 생사가 상응한다” 하여, 불변의 ‘체성’과 무한한 ‘묘용’을 지닌 ‘성’을 기반으로 삼은 불교는 ‘생사를 벗어난 도’라 하고, 생멸에 사로잡히고 물욕에 가려진 ‘정’을 기반으로 삼는 가르침은 ‘윤회의 도’라 대비시키고 있다.194) 여기서 ‘성’을 불교의 가르침으로 제시한 데 비해, ‘정’을 유교나 노장의 가르침으로 본다면 그만큼 불교의 우월성을 주장하는 것이라 하겠다.

② 《역》의 우주론과 부처의 삼신(三身)

《유석질의론》에서는 유교의 형이상학적 근거인 《역》의 구조와 불교의 관계를 관심 깊게 해명하고 있다. 곧 《역》을 ‘연기(緣起)’라 규정하고, 본성의 깨달음에 근원 하는 것이라 하여, 불교와 《역》이 서로 표리 관계를 이루는 것이요, ‘근원으로 돌아가 법’의 첫 대문으로 밝히지 않을 수 없다 하여 중시하였다.195) 여기서 《역》은 ‘태극’에 근원하고, ‘태극’은 ‘무극’에 근본을 두는 것이라 하여, ‘태극’의 근본으로 ‘무극’ 개념을 설정하고 있다. 이러한 ‘무극’을 ‘맑고 고요하고 텅 비어 밝으면서, 우주를 감싸고 있는 것’으로서 부처의 ‘법신’에 해당시키고 있다. 또한 ‘태극’은 ‘무극 가운데 극진함에 이르러 영묘(靈

---

194) 앞의 책(한불전[7], 270) : “性之爲本也, 至虛無極, 而體性常住, 至靈無竭, 而妙用恒沙, 體性常住故, 亘塵劫而不變, 妙用恒沙故, 運造化而無窮,…情之爲末也, 背眞流蕩, 而紛擾不停, 吸塵爲相, 而渾濁不淨, 紛擾不停故, 生滅相續, 渾濁不淨故, 物欲文蔽, 物欲之感, 苦惱繼之, 生滅之感, 生死應之,…以情爲敎者, 其輪廻之道乎, 以性爲敎者, 其出生死之道乎.”

195) 앞의 책(한불전[7], 268) : “易也者緣起, 原乎性覺之中, 盖與吾敎相爲表裏, 是亦還源入法之初門, 不可不明也.”

妙)함이 장차 발하려고 하는 것이요, 일진(一眞)을 간직하고 우주를 가득 채운 것'이라 정의하며, '태초(太初)'는 '영묘함이 발하여 일기(一氣)가 융성한 것'이라 하고, '태시(太始)'는 '기(氣)가 도는 것'이요, '태소(太素)'는 '영묘함이 순수하고 참된 것'이라 정의한다.196) 그것은 무극→태극→태초→태시→태소로 우주의 근원에서 현상 세계로 전개되어 나오는 단계를 보여주는 것이다. 여기서 부처의 체(體)를 '태극'으로 용(用)을 '건곤(乾坤)'으로 설명하면서, 이를 더욱 정밀하게 분석하여 부처의 삼신(三身)에서 '법신(法身)'의 손 모양이 왼손과 오른손을 하나로 모아 쥔 것은 체(體)를 보여주는 것으로서, 《역》의 무극(無極)으로부터 태극(太極)이 된다는 것이라 한다. '보신(報身)'의 손 모양은 왼손 오른손을 펴서 그 상(象)을 보여주는 것으로서, 《역》의 '태초'로부터 '태시(太始)'가 되고, '태시'로부터 '태소(太素)'가 되어 음양이 이미 갈라지고 사상(四象)이 이미 나뉘어지는 때이다. '화신'의 손 모양은 왼손은 세 손가락을 펴고 오른손은 세 손가락을 오므렸으며 그 용(用)을 보여주는 것으로서, 손가락의 펴고 오므린 것으로 오행(五行)이 생성하고 팔괘(八卦)가 상(象)을 이루며 기(氣)의 12시·24절후로 유행하는 것에 대응되는 것임을 해명하고 있다.197) 이러한 상수적(象數的) 설명은 《현정론》의 경우와 다른 《유석질의론》의 특징으로 지적되기도 한다.198) 여기서 《역》의 관점으로 설명하는 "무극으로부터 태극이 된다[自無極而太極]"는 것은 주자학의 입장이 아니라 노장의 입장이요, 태초→태시→태소로 전개되어 나오는 것은 《열

---

196) 위와 같은 곳 : "夫易之爲道, 原於太極, 而太極又本乎無極, 無極者, 湛寂虛明, 抱括十虛之謂也, 卽佛之法身是也, 極乎無極之中, 靈妙將發, 謂之太極, 太極者, 含畜一眞, 充塞六合之謂也, 靈妙發矣, 一氣盛矣, 謂之太初, 氣之轉旋, 謂之太始, 靈妙純眞, 謂之太素."

197) 《유석질의론》 (한불전[7], 261) : "佛之示現, 必具三身,…法身之結手, 合左右爲一拳示其體也, 易之自無極而太極是也,…報身之結手, 闢而展左右, 示其象也, 易之自太初而爲太始, 自太始而爲太素, 陰陽已判, 四象已分之時也,…化身之結手, 左舒右縮, 示其用也,…以五行生成配之,…以八卦之成象配之,…以氣之流行配之."

198) 박해당, 앞의 책, 5쪽 참조.

자》〈(천서편(天瑞篇)〉에서 나오는 것이지 《역》의 언급이 아니다. 그 만큼 여기서 말하는 《역》은 유교의 입장을 제시한 것이 아니라 유교와 노장의 입장을 뒤섞어 제시한 것이라 할 수 있다.

  이러한 천지의 조화(造化)에 대한 상수론적 설명에서도 유교는 대상의 사물을 관찰한다면 불교는 자신 속에 모두 갖추고 있는 것이라 하고, 유교는 바깥을 다스린다면 불교는 안을 밝히는 것으로 그 차이를 드러내어 강조한다.199) 그것은 바깥으로 추구하는 유교보다 안에 갖추고서 안을 밝히는 불교가 근원적이고 우월한 것임을 제시하고자 하는 것이다. 여기서 《역》에 근거한 우주 생성론으로서 '태극→양의→오행·만물'의 단계를 부처의 '삼신'에 상응시켜, 한 알의 씨앗이 나뉘어지지 않은 듯하지만 온갖 묘함이 모두 그 속에 있는 것을 '법신'이요 '태극'의 체(體)라 하고, 싹이 돋아나서 뿌리는 아래에 서리고 싹은 위로 솟아나는 것은 곧 '보신'이요 '양의'의 상(象)이며, 아래위로 뿌리와 가지가 나뉘어지고, 가지와 잎과 꽃과 열매가 생겨나는 것은 곧 부처의 '화신'이요 조화하는 작용이라 하여, 씨앗에서 싹이 터 나오고, 가지와 줄기가 벌어지는 세 단계로 비유하고 있다.200)

  나아가 하도(河圖)·낙서(洛書)와 불교의 관계를 해명하고 있다. 곧 하도·낙서가 불경에 실려 있지 않는 것도 인도에서는 무가치한 것이기 때문이라 하고, 유교가 하도·낙서를 내세워 불교보다 우월하다고 주장한다면 그것은 강물의 신인 하백(河伯)이 강이 큰 줄만 알고 바닷가 있는 줄 모르는 격이라 하여, 불교의 우월함을 강조한다. 나아가 중국의 성인도 모두 큰 방편을 지닌 보살들이 드러난 것이라 하여, 《수미사역경(須彌四域經)》에서 응성(應聲) 보살이 복희(伏羲)요, 길상(吉祥) 보살이 여왜(女媧 : 복희씨의 여동생)라 하고, 《공적소문경(空寂

---

199) 《유석질의론》(한불전[7], 262) : "儒者觀乎物, 而佛則摠乎身, 儒者攻乎外, 而佛則明乎內, 此其所以爲儒佛也."

200) 앞의 책,(한불전[7], 268) : "如有一顆種子, 初若混沌未分, 然衆妙摠在裏許, 卽法身太極之體也, 及其萌動也, 根盤于下, 芽少于上, 卽報身兩儀之象也, 上下根枝分披, 一狀氣脉錯綜, 而枝葉花果生焉, 卽佛之化身造化之用也."

所問經)》에서 가섭(迦葉) 보살을 노담(老聃)이라 부르고, 유동(儒童) 보살을 공구(孔丘)라 부른다는 언급을 소개하여, 중국의 성인을 부처보다 낮은 단계인 보살로 설정하며, 하도·낙서를 비롯한 유교의 교설이 인도에서 전파되어 온 것이라 한다.201) 이처럼 《유석질의론》의 기본 입장은 유교와 불교의 공통 기반을 확인하는 유불 조화론의 입장을 전제로 하면서도 오히려 유교를 불교의 파생적이고 아류적인 것으로 규정함으로써 불교의 우월성을 재확인하는 것이다.

③ 불교의 삼세(三世)·인과응보설과 유교의 이해

《유석질의론》에서는 불교에서 말하는 삼세의 인과응보설이 유교에도 불완전하지만 있다고 인정함으로써, 불교의 교리가 원만하게 갖추어 있음을 입증하고자 한다. 곧 "삼세(三世)는 인과(因果)가 되고 죄·복(罪福)은 보응(報應)이 있다는 것은 천도와 자연의 정해진 이치이다"라 하여, 불교의 인과응보설을 강조하면서, '보응'은 《서경》 '홍범편'에서 제시한 오복(五福: 수(壽)·부(富)·강녕(康寧)·유호덕(攸好德)·고종명(考終命))과 육극(六極: 흉단절(凶短折)·질(疾)·우(憂)·빈(貧)·악(惡)·약(弱))이요, '죄·복'은 선과 악을 말하는 것으로서, '홍범편'에서 '황극(皇極)'의 조화를 밝히는 것이라 하여 유교에서도 보응설이 있음을 인정한다. 다만 유교에서는 보응설의 개념은 있지만 삼세설이 없어서 그 이론이 미진함을 지적하여 불교의 교설이 우월함을 확인하고 있다. 따라서 유교에서 불교의 인과응보설을 허탄하다고 비난하는 것은 불교의 이치를 자세히 알지 못한 것일 뿐만 아니라 '홍범편'에서 말하는 '황극의 도'를 모르는 것이라 반박한다.202)

---

201) 앞의 책(한불전[7], 262) : "東夏之所謂聖人者, 亦皆大權菩薩之示現, 故須彌四域經云, 應聲菩薩爲伏羲, 吉祥菩薩爲女媧, 空寂所問經云, 迦葉彼稱老聃, 儒童彼稱孔丘, 則其法之始於天竺 而東漸干此明矣."

202) 앞의 책(한불전[7], 272) : "曰三世之爲因果, 罪福之有報應, 是乃天道自然之定理,,…報應者何, 福極之謂也, 罪福者何, 善惡之謂也, 此則明乎儒氏之皇極造化矣, 但儒者之言, 不及乎三世, 此其所以未至也,…儒之以是爲誕者, 不惟不詳其佛理, 而不知皇極之道者矣."

여기서 "정신이 한 번의 생애로 소멸되는 것"이라 하면, 불교에서 말하는 '단견(斷見)'에 빠진 것이요 유교에서 말하는 '낳고 낳는 이치'에 어두운 것이라 하고, "사람은 항상 사람이고 축생은 항상 축생"이라고 하면, 불교에서 말하는 '상견(常見)'에 빠진 것이요 유교에서 말하는 '음양·변역의 이치'에 어두운 것이라 지적한다.203) 불교의 가르침인 삼세 인과설이 유교의 원리에도 적합한 것임을 주장하고 있다. 또한 '삼세'의 인과설을 음·양이 미리 깃들어 인(因)을 이루고 주·야(晝夜)가 바뀌어 과(果)로서 드러나는 구조로 설명함으로써, 불교의 삼세 인과설을 유교에서 음양이 서로 뿌리를 이루는 순환 질서로 해명하고 있다.204) 그것은 유교의 음양설과 불교의 인과응보설을 소통시켜 해석하는 것이요, 그만큼 유불 조화론의 입장을 기본 바탕으로 삼고 있는 것이다.

④ 불교의 사회 교화 기능과 유교에 대한 보완 역할

유교에서 불교의 사회적 폐단을 집중적으로 비판하고 있는 사실에 대응하여 《유석질의론》에서는 불교가 대중을 교화하고 국가의 태평을 위하는 사회적 교화 기능의 효용성을 강조하고 있다. 먼저 온 세상의 무수한 대중이 불교의 가르침에 감화되어 상벌로 다스릴 수고로움이 없이 스스로 교화되어 변함으로써 극진하게 다스려진 백성이 되고 있음을 강조한다. 다음으로 대중 속에 어리석고 사나운 사람도 부처의 대자대비한 자애로운 아비로서의 사랑에 부모에 대해서보다도 더욱 깊이 감격하게 되는 사실을 지적한다. 나아가 사악한 사람을 형벌과 정령으로 다스리는데 유교의 교화 방법이 한계가 있음을 지적하면서, 오히려 불교에서는 "귀신이 살피고, 명부(冥府)에서 심문하며, 선악의 장부로 헤아리고, 저울과 거울로 판단하며, 아귀·축생으로 벌주고, 지옥으로 형벌을 내려 털끝만한 악도 도망갈 곳이 없으며, 천당으로 상

---

203) 위와 같은 곳 ; "若言精神, 止一生而殄滅者, 斷見也, 是昧生生之理也, 人恒爲人, 畜恒爲畜者, 常見也, 是昧陰陽變易之理也."
204) 위와 같은 곳 ; "所謂三世者, 晝夜之道也,…陰陽晝夜, 而不出乎因果."

을 주어 부귀로 보답하는" 엄격한 법도가 있음을 제시한다. 따라서 이
러한 불교의 상벌을 들은 사람들은 "재빠르게 악을 고쳐 선에 들어가
며, 오히려 악을 모두 없애지 못할까 선이 극진한데 이르지 못할까 두
려워한다"205)고 하여, 불교가 대중을 교화시키고 나아가 나라를 태평
하게 다스리는 사회 교화의 기능에서도 유교를 앞서는 것으로 제시하
고 있다.

또한 요·순이 널리 베풀어 대중을 구제하는 일에서는 오히려 부족
하게 여겼고, 주공(周公)도 정벌을 없애지 못하였으며, 공자도 제사지
내는 양을 희생으로 바치는 의례를 제거하지 못하였다 하여, 유교에서
말하는 성인(聖人)이란 '인의(仁義)'를 지키지만 다 실현하지 못하고,
'도덕'을 행하지만 다하지 못하는 사람이라 지적하여 그 한계를 제
시하고, 이에 비해 오직 부처만이 '인의'와 '도덕'을 온전히 실현할
수 있음을 강조한다. 따라서 정벌의 전쟁을 하고, 사냥과 고기잡이를
하며, 희생으로 제사를 드리고 짐승으로 주방에서 요리하는 유교의 인
의·도덕이란 살생을 금하는 부처의 도덕에 비하면 하늘과 땅처럼 큰
차이가 있다고 하여, 불교의 우월함을 강조한다.206)

그러나 《유석질의론》에서는 유교를 불완전하고 열등한 것으로 배척
하려는 입장은 아니고, 유교의 기초적 단계 위에 불교의 높은 단계를
접목시켜 조화시키기를 제안한다.

"먼저 선왕(先王)과 주공·공자의 법으로써 형정을 밝히고 예악을 정하
여 천하를 평화롭게 다스린 이후에, 나아가고 끌어올려 천하의 사람들로
하여금 생사의 밖으로 벗어나게 하며, 그 근본으로 돌아가고 그 근원으로
되돌아가서 청정한 열반의 즐거움으로 나아가게 하며, 마음먹은 대로 몸

---

205) 《유석질의론》(한불전[7], 254) : "察之則有鬼神, 鞫之則有冥府, 數之則有善惡二簿,
質之則有秤鏡二證, 罰之則以鬼畜, 刑之則以泥犁, 而纖毫之惡無所逃, 賞之以天堂, 報
之以富貴,…故人之聞之也, 翻然改其惡而入於善, 猶恐去惡之不盡, 而爲善之未至也."
206) 앞의 책(한불전[7], 255) : "世之所謂聖人者, 遵仁義而不能盡仁義, 行道德而不能盡道
德者也, 仁義道德, 唯佛能盡之,…至夫爲弧矢以威其天下, 爲綱罟以事其佃漁, 屠犧牲
以祀其宗廟, 佃禽獸以供其庖廚, 以此比佛之道德, 猶霄壤之不侔也."

을 생겨나게 하여 시방의 국토에 인연 따라 태어나서 중생들을 만나 교화
하여 못할 것이 없게 되면 '금상첨화'라 할 것이요, 자신의 광채를 충분
히 드날릴 것이니 어찌 '진선진미' 한 것이 아니겠는가?"207)

그것은 불교가 유교보다 한 차원 높은 단계임을 전제로 제시하고
있는 것이며, 불교의 기초에 유교의 가르침을 받아들이면서 불교가 유
교를 보완하고 완성시켜 주는 역할을 해줄 수 있는 것으로 제시하고
있는 것이다.

5) 유·불 조화론의 특성

세종 시대의 유불 조화론을 대표하는 두 저작으로서 《현정론》과
《유석질의론》에서는 폭넓은 공통적 기반에도 불구하고 입장의 차이
가 뚜렷하게 드러나고 있는 것이 사실이다. 먼저 기화의 《현정론》은
유교의 불교 비판에 대해 불교의 입장에서 유교인에게 해명하고 호소
하는 입장이라고 한다면, 《유석질의론》은 유교의 비판에 맞서서 불교
인에게 방어 논리를 해명하는 입장이라고 대비시켜 볼 수 있다. 따라
서 《현정론》은 기본적으로 유·불의 일치를 강조하고 조화론의 기반
위에서 불교의 강점도 드러내고 있다면, 이에 비해 《유석질의론》은
유·불의 공통성과 조화를 기반으로 삼으면서도 불교의 우월함을 강
조하며 불교가 유교의 미진함을 완성시켜 주는 한 차원 높은 것으로
보완 역할을 강조한다.
《현정론》에서는 유·불·도 삼교의 차이와 우열에 대해, "실천이 높
은지 낮은지, 작용이 같은지 다른지에 대해서는, 마음의 때를 씻어 내
고 지혜의 눈을 크게 뜨고 맑게 한 뒤에 불교의 경전과 유교와 도가

---

207) 앞의 책(한불전[7], 256) : "若以先王周孔之法, 明刑政定禮樂, 平治天下而後, 進而昇
    之, 使之脫乎死生之外, 還其本返其源, 以趁淸淨涅槃之樂, 得意生身, 於十方國土, 隨
    緣降誕, 接化群生, 無不可者, 可謂錦上添花, 發揚自家十分光彩矣, 豈不盡善盡美也."

의 여러 서적들을 다 읽어보고, 일상 생활이나 생사·화복의 사이에 참작하면 말을 기다리지 않고도 저절로 고개를 끄덕일 것이다"208)라 하여, 편파적인 비판에 휩쓸리지 말고 객관적인 공정한 시야로 관찰하고 판단하기를 요구하고 있다. 이에 비해《유석질의론》에서는 "유교가 노장을 배척하는 것은 꽃을 감상하면서 나무가 있음을 알지 못하는 것이요, 노장이 불교를 배척하는 것은 나무를 키우면서도 뿌리가 있음을 알지 못하는 것이다. 그러니 지혜롭다 할 수 있겠는가?… 멋대로 훼방하고 배척하는 것은 나무를 심으면서도 뿌리를 없애는 것이니, 비록 오래 잘 자라기를 바라지만 그럴 수 있겠는가?"209)라 하여, 유교를 꽃의 부분적이고 말단적인 관심에 빠진 것이고, 노장이 나무의 전체적 관심에 넓혀져 있는 것이지만, 불교는 뿌리의 근본적 관심에까지 미치고 있는 것임을 지적한다. 여기에 나무를 심는데 생명은 뿌리에 있는 것인 만큼 불교가 가장 근원적인 생명을 지닌 가르침으로서 우월함을 강조하고 있는 것이라 하겠다.

《현정론》이나《유석질의론》에서 제시된 삼교회통론은 불교에 대한 격심한 배척이 집중적으로 표출되고 있는 유교 사회에서 다양한 이질적 종교들 사이에 근원적 일치성을 기본 전제로 해명하는 포용 정신을 발휘하고 있다는 점에서 한국 종교 사상사에서 중요한 전진을 이루었던 것으로 볼 수 있다. 물론 유·불의 근원적 일치를 확인하는데 초점을 맞추고 있는 조화론과 유·불의 공통 기반을 전제로 유교에 대한 불교의 우위성을 강조하는 유불 조화론의 차이가 이 시대 유불 조화론의 다양성으로 제기되고 있는 사실을 주목할 필요가 있다.210)

---

208)《현정론》(한불전[7], 225) ; 若履踐之高低, 發用之同異, 則洗盡心垢, 廓淸慧目然後, 看盡大藏儒道諸書, 參於日用之間, 生死禍福之際, 則不待言而自點頭矣."
209)《유석질의론》(한불전[7], 265) ; "儒而排老者, 賞花而不知有樹也, 老而排佛者, 養樹而不知有根也, 可謂智乎,…恣意毁斥者, 樹而撤根也, 雖欲久榮 其可得乎."
210) 유불 조화론에서《현정론》이 유불 일치론에 비중을 두고 있다면《유석질의론》은 불교 우월론에 비중을 두고 있는 사실은 천주교가 유교 사회에 전래되어 왔을 때, 예수회의 보유론(補儒論)에는 합유(合儒)·보유(補儒)·초유(超儒)의 3단계를 내포하고 있던 사실과 대비될 수 있는 면이 있다.

이러한 유불 조화론은 한국 사상사의 전통과 그 근본 정신 속에 내재된 사상적 조화 내지 융화의 정신을 세종 시대에서 발휘하였던 것으로서, 한국 불교사에 있어서 하나의 귀중한 업적을 이루었던 것으로 평가할 수 있을 것이다.211)

---

211) 송천은, 〈기화의 사상〉,《박길진박사화갑기념 한국불교사상사》, 원광대학교 출판부, 1975, 753~757쪽 참조.

V. 세종 시대의 도교(道敎)와 민간 신앙

1. 소격전(昭格殿)과 재초(齋醮)

1) 소격전의 위상 정립

조선 초기에서 국가의 도교 기구가 정비되는 과정을 개괄해 보면, 가장 특징적 현상은 고려 시대에 국가의 보호 아래 다양하게 갖추어져 활발하게 거행되었던 도교 기구나 도교 의례가 조선 시대로 들어오면서 소격전(昭格殿)을 중심으로 단순화되고 제사 의례로서 재초(齋醮)도 축소됨으로써 유교 이념의 사회 체제에 적응하는 것이었다.

태조 원년(1392) 조박(趙璞) 등은 유교 이념에 맞는 국가의 사전(祀典) 체제를 정립하기 위해 고려 때 임금들이 사사로운 소원을 빌기 위해 설치하였던 여러 도전(道殿)·신사(神祠)와 재초(齋醮)의 의례를 모두 폐지하도록 요청하였으나 받아들이지 않았다.(태조 원년 8월 11일) 뒤이어 예조에서 도가(道家)에서 '별에 제사지내는 초재[星宿之醮]는 간략하고 엄격히 함을 소중히 여긴다 하여, 여러 곳에서 불경하게 하는 것을 막기 위해 소격전 한 곳만을 남겨 두고 복원궁(福源宮)·신격전(神格殿)·구요당(九曜堂)·소전색(燒錢色)·대청관(大淸觀)·청계배성소(淸溪拜星所) 등의 도교 기구를 모두 폐지하도록 요청하는 건의가 받아들여졌다.(태조 원년 11월 1일) 태조는 즉위하기 전부터 도교에 상당한 믿음이 있었던 것으로 보이지만,212) 국가의 의례 체제를 유교

---

212) 서영대, 〈도교〉,《한국사》 26, 국사편찬위원회, 1995, 290~291쪽 참조. 태조의 도교에 대한 깊은 관심으로서 즉위하기 전에 함흥 남쪽 도련포(都連浦)에 제성단(祭星壇)을 쌓고 태백금성(太白金星)에 제사한 적이 있고, 즉위 후에도 여러 훈신(勳臣)들과 도교의 수경신(守庚申) 의례를 행했으며, 재위 중에 소격전에서 시령(時

이념에 맞게 정비해야 하는 대세를 따르지 않을 수 없었던 것이다. 이
때 도교 기구가 정비되면서 처음에는 소격전과 대청관만이 남았으며,
대청관은 한양 천도 후에도 개성에 남아 있었다.

태종은 도교적 제사 의례의 전통을 일정하게 계승하였으며, 따라서
'재초' 의례를 위한 여러 규정의 정비가 필요하다고 인식하였다. 태
종 4년에는 김첨(金瞻)에게 별[星宿]을 위한 초례(醮禮)를 규정하도록
하였는데, 김첨은 이 기회에 대청관(大淸觀)을 수리하여 천황대제(天皇
大帝)를 제사하도록 제안하는 등 도교의 위치를 국가 의례로서 확고한
위치를 차지하도록 기도하였지만, 권근(權近)·하륜(河崙) 등의 강력한
반대에 부딪쳐 물의를 빚기도 하였다 한다.213)

세종 때는 도교 기구가 소격전을 남겨 두고 대청관까지 폐지되는
폐합 과정을 밟아갔다. 세종초 호조에서 대청관의 수리를 요청하였을
때, 임금은 대청관이 설치된 뜻을 질문하였다. 이 때 맹사성(孟思誠)은,
대청관의 동쪽에 사청(射廳)이 있어서 장수들이 사명을 받아 나갈 때
에는 대청관에서 제사를 행하는 전례가 있었음을 들고, 또 요동(遼東)
에도 학관(學館) 동쪽에 성수영전(星宿影殿)이 있고, 그 동쪽에 또 사
청(射廳)이 있는 사실을 보면 대청관이 이러한 중국 제도를 모방하여
설치된 것 같다고 대답하였다. 이에 대해 세종은 "대청관이 진실로 없
을 수 없다면, 마땅히 서울에 둘 것이지, 어찌 반드시 유후사(留後司 :
개성)에 둘 것인가?"214)라고 의문을 제기하여 존속 여부를 재검토하게
하였다. 결국 이듬해 대청관은 폐지되고 말았다.(세종 4년 11월 18일)
이에 따라 조선 시대의 도교 기구는 소격전이 확고한 중심에 자리잡
게 되었던 것이다.

그러나 소격전은 세조 12년 소격서(昭格署)로 격하되었고, 유교의
정통 이념에 도교의 제사 의례가 적합하지 않으며, 소격서에서 상제

슈)의 조화를 비는 태일초(太一醮)를 거행하고, 한양 천도의 가부를 점쳤던 사실
을 주목하고 있다.

213) 서영대, 앞의 책, 291~292쪽 참조.

214) 《세종실록》 3년 10월 2일.

(上帝)에 제사 드리는 것은 유교 의례의 명분에 맞지 않는다는 인식에 따라 성종(成宗) 때부터 혁파하자는 논의가 일어나기 시작하였으며, 연산군 10년에는 소격서를 종실(宗室) 안양군(安陽君)의 사가(私家)로 옮겼다. 중종 즉위 초에 다시 소격서를 급히 수리하여 다시 복원시켰지만, 중종 13년 조광조(趙光祖)의 강경한 혁파 요구에 따라 소격서가 혁파되고, 이 때 충청도 태안의 태일전(太一殿)도 철거되었다(중종 13년 9월 경자). 그 후 기묘 사화로 조광조가 제거된 뒤에 중종은 병환 중의 자전(慈殿)이 소격서의 회복을 희망한다는 이유로 소격서를 다시 세웠다(중종 17년 12월 병술). 그 후 소격서는 임진왜란 때 소실된 다음 다시 회복되지 않음으로써, 국가의 사전(祀典) 체계 속에서 도교 의례 곧 '과의(科儀) 도교'는 조선 전반기에서만 존속되었을 뿐, 조선 후기에는 소멸되고 말았다.

2) 소격전의 구조와 직제

소격전(昭格殿)의 구조를 보면, 삼청전(三淸殿)·태일전(太一殿)·십일요전(十日曜殿)·직숙전(直宿殿) 등의 건물이 있고, '태일전'에는 칠성(七星)과 여러 별들을 제사하는데, 그 신들의 형상은 모두 머리를 풀어헤친 여자의 모습이었다 하고, '삼청전'에는 도교의 최고신인 '옥황상제(玉皇上帝)'와, 노자(老子)를 신격화한 '태상노군(太上老君)'과, 옥청경(玉淸境)에 거주하는 뇌신(雷神)으로 인류와 만물의 생살여탈권을 지닌 '보화천존(普化天尊)'과, 문장과 학문의 신으로 받들어지는 문창제군(文昌帝君)인 '재동제군(梓潼帝君)' 등 10여 위(位)의 신들을 제사지냈는데, 모두 남자의 형상이었다 한다. 그 나머지 안팎의 여러 단(壇)에 사해용왕(四海龍王)·신장(神將)·명부십왕(冥府十王) 및 수부(水府)의 모든 신들을 모셨는데, 위패에 이름을 쓴 신들이 수백이었다고 한다.215)

또한 이 신들은 3단(壇)으로 나누어 모셔졌는데, 3단에 모셔진 신들의 배치에 대해서 두 가지 기록이 있다. 하나는 상단에 노자(老子), 중단에 성신(星辰), 하단에 염라(閻羅)를 모시고 제사했다는 것이고,(중종 6년 5월 병인) 다른 하나는 상단에 옥황상제(玉皇上帝), 중단에 노자(老子), 하단에 염라왕(閻羅王)을 모셨다는 것이다.(명종 2년 5월 병사) 여기서 '옥황상제'를 최고신으로 모시는 후자의 기록이 옳은 것이라 본다.216)

소격전에 대한 세종의 관심은 제한적이었던 것 같다. 곧 공조에서 소격전과 태일전(太一殿)이 신위(神位)는 많고 전(殿)이 작은 점을 들어 개축하기를 청하였을 때, 세종은 "하늘에 계시는 상제[昊天上帝]께서 여염(閭閻) 사이에 내려와 강림하기를 즐겨 하겠는가?"217)라 하여, 상제가 번잡한 일반 세속인들 속에 강림한다는 생각에 의문을 제기하여, 개수하는 일을 풍년이 들 때까지 미루도록 지시하고 있다. 그만큼 소격전의 제향에 상제가 강림하신다는 확신을 갖지 못하고 있음을 보여주는 것이요, 소격전이 신성한 제장(祭場)이기보다 여염집처럼 속인들의 생활 공간으로 여기는 태도를 보여주고 있는 것이다. 또한 태을성(太乙星) 초례(醮禮)의 재계(齋戒) 날이라 대간이나 정부가 보고를 못하고 물러나는 것을 보자, 세종은 "초례는 나 한 몸을 위한 것인데, 감히 국가의 정무를 듣지 않으리요"218)라 하고, 편전에서 정사(政事)를 보았다 하니, 소격전의 재초가 지닌 비중을 임금의 개인적 구복으로 한정시키고 있는 것이다. 나아가 세종은 자신을 위하여 설치한 모

---

215) 성현(成俔), 《용재총화(慵齋叢話)》 권2 ："太一殿, 祀七星諸宿, 其像皆被髮女容也, 三淸殿, 祀玉皇上帝·太上老君·普化天尊·梓潼帝君等十餘位, 皆男子像也, 其餘內外諸壇, 設四海龍王·神將·冥府十王·水府諸神, 題名山版者, 無慮數百矣."

216) 서영대, 앞의 책, 293~294쪽 참조. '옥황상제'를 최고신으로 모신 것이 정당한 근거로는 《동문선(東文選)》 권115에는 재초(齋醮) 때 사용하는 축문인 청사(靑詞)를 수록하고 있으며, 그 가운데 조선 초기의 '청사' 10여 종에서 기원(祈願)의 대상이 되는 최고신을 '상제'라 일컫고 있는 사실을 지적한다.

217) 《세종실록》 10년 윤4월 정해(6일) ; "昊天上帝, 其肯下臨閭閻之間乎, 是未可知也."

218) 《세종실록》 원년 11월 갑자(24일) ："醮禮爲一身也, 敢不聽國家之政."

든 초제(醮祭)는 폐지하도록 지시하였으니, '재초'를 통해 자신의 복을 빌고자 하지 않았던 사실을 보여준다.(세종 4년 1월 20일) 심지어 세종은 "도사(道士)라는 것은 매우 허황한데, 중국에도 도교가 있는가?"라고 묻기까지 하였으며, "도교와 불교는 모두 믿을 것이 못된다. 그런데 도사의 말은 더욱 허황하다. 우리 나라의 소격전의 일은 또한 도교이다. 그러나 별[星]에 제사하는 것은 중대한 일이므로 역대로 전해 와서 지금까지 폐지하지 않았다"[219]고 언급하고 있는 사실에서, 세종은 도교와 도사에 대해 기본적으로 불신의 입장을 지녔으며 소격전도 도교에 속하는 것으로 신뢰할 수 없다는 의식을 보여주고 있다. 다만 별에 대한 제사의 중요성은 적극적으로 인정하고 있으며, 이에 따라 도교 제사의 존속 이유를 받아들이고 있었던 사실을 엿볼 수 있게 한다.

그러나 세종은 소격전의 품격을 유지하도록 배려하는 입장을 지키고 있었다. 곧 소격전에 가까운 백악사(白岳祀)와 송림(松林) 사이에서 음사(淫祀)를 하는 사람들이 소격전 앞을 번잡하게 왕래하여 도관(道觀)의 엄숙한 분위기를 방해한다는 주장에 따라, 소격전 앞의 신사(神祀)에 왕래하는 것을 금지시키고 있으며,(세종 21년 4월 7일) 당시 군기감(軍器監)에서 초전(醮殿)의 동쪽 100보 안에다 탄약고를 짓고, 그 뒤에 탄약 제조청을 더욱 가까이 지으려고 하였다. 이에 상제(上帝)에게 기도하고 제사하는 소격전은 엄숙하고 깨끗하고 조용하게 해야 할 것인데, 더럽히고 소란하게 할 염려가 있다고 주장하자, 의정부에 검토하게 하여 초전(醮殿)의 80보(步) 밖에다 탄약 제조청을 짓게 하였다.(세종 22년 2월 27일) 또한 조말생(趙末生)의 건의에 따라 다른 제문(祭文)들은 반드시 지제교(知製敎)를 시켜 짓게 하는데 소격전(昭格殿)의 초례청사(醮禮靑詞 : 청사(靑詞)는 푸른 종이[靑藤紙]에 붉은 글씨로 쓴 축문)만은 예문관(藝文館)의 참외(參外) 관원을 시켜 짓게 하

---

219) 《세종실록》 7년 7월 임오(15일) : "道士之法, 其爲虛誕甚矣, 中國亦有之乎, … 道佛之道, 皆不足信, 然道士之言, 尤爲誕也, 我國昭格殿之事, 是亦道敎也, 然祭星大事, 故歷代相傳, 至于今不廢."

는 전례를 고쳐서 '지제교'가 짓도록 격을 높였다.(세종 25년 7월 17일) 이러한 사실들은 세종이 소격전을 개축하기 위해 국가의 비용을 쓰는 것은 삼가면서도, 국가에서 공인하는 신전(神殿)으로서 소격서의 품격을 지키는데는 주의를 기울이고 있음을 보여준다.

소격전을 관리하는 직제(職制)로는 태종 때 소격전을 예조(禮曹)에 소속시켰고, 세종때는 제조(提調)와 제거(提擧)를 각각 3명에서 2명으로 줄이고, 별좌(別坐)를 1명에서 2명으로 증원하였으며, 그 후 다시 이조(吏曹)의 건의에 따라 제조별좌(提調別坐)·참상별감(參上別監) 각 1명씩 혁파하였다. 또한 소격전의 서제(書題 : 서리(書吏))직을 혁파하고 소속된 도류(道流)들이 서제(書題)의 임무를 맡게 하였으며, 그 후 부제조(副提調)를 1명 줄였다. 이처럼 세종 때는 소격전의 소속 관원을 줄여 나가는 직제의 조정을 해 갔던 것이다.220)

3) 소격전의 제사 의례 – 재초(齋醮)

태종은 소격전의 의례를 정비하는데 상당히 깊은 관심을 기울이고 있다. 곧 소격전 제조(提調)인 공부(孔俯)를 중국에 파견하여 도교의 제사 의례[醮祀之法]을 배워 오게 하였으며, 태일초(太一醮)의 제사 일자를 삼원(三元 : 1월·7월·10월의 15일)과 사립일(四立日 : 입춘·입하·입추·입동)로 정례화하였고, 진병초례(鎭兵醮禮)를 옛 제도에 맞

---

220) 성종 때 완성된 《경국대전(經國大典)》에 정착된 소격서의 직제는 종5품 아문(從五 衙門)으로서 다음과 같다. 곧 종5품의 제조(提調)와 령(令) 각1명, 정6품·종6품의 별좌(別坐) 각1명, 종9품의 참봉 2명이 있다. 잡직(雜職)으로 도류(道流) 15명이 종8품 상도(尙道)와 종9품 지도(志道)에 임명되었으며, 잡학의 하나로 도류를 양성하는 '도학(道學)'이 설치되어 있었다. 도류를 선발하는 방법으로는 재초(齋醮) 때 독송하는 도교의 술서(術書)인 《금단(禁壇)》을 외우게 하고, 《영보경(靈寶經)》을 읽게 하며, 《연생경(延生經)》·태일경(太一經)》·《옥추경(玉樞經)》·《진무경(眞武經)》·《용왕경(龍王經) 중에서 3가지를 골라 해석하도록 했다. 서영대, 앞의 책, 292~293쪽 참조.

추어 개정하며, 진무초(眞武醮)의 거행 시간을 《진무경(眞武經)》에 따라 오경초(5更初)로 고치기도 하였다.

　세종도 소격전의 의례 전통을 충실하게 계승하고 있었다. 세종은 즉위하자 소격전(昭格殿)에서 전례에 따라 왕이 즉위한 해의 직성(直星)을 찾아 초례(醮禮)를 행하였으며,(세종 즉위년 8월 14일) 왕자가 탄생하자, 의령부원군(宜寧府院君) 남재(南在)를 소격전에 보내 개복신 초례(開福神醮禮)를 행하였다.221) 또한 계절[時令]의 조화를 비는 태일초(太一醮)를 행하기도 하였다.(세종 즉위년 9월 28일) 세종은 상원일(上元日)에 소격전에서 삼계 대초(三界大醮)를 행하게 되어 마땅히 희생[牲]과 재살(宰殺)을 피해야 되었는데, 마침 종묘 대향(宗廟大享)이라 희생을 쓰지 않을 수 없게 되자, 이 두 의례가 서로 충돌될까 염려할 만큼 세심하게 배려하였다. 이 때 정초(鄭招)는 "제천(祭天)함에 생(牲)을 씀은 고금의 통례요, 소격전에서 주육을 금함[用素]은 도가(道家)에서 전래된 것일 뿐입니다. 또 행하는 곳이 이미 다르니 서로 방해가 되지 않으리라고 짐작됩니다"222)라 대답하여, 소격전이 제천 의례와 도교 의례라는 양면적 성격에서 제천 의례를 기준으로 삼고 도교 의례는 부차적인 것으로 평가하는 입장을 밝혔으며, 종묘 대제와 장소가 다른 점에서도 희생을 쓴다고 해서 서로 방해되지 않을 것임을 해명하고 있다.

　소격서에서는 여러 신들에게 다양한 '재초(齋醮)' 의례가 거행되었는데, 그 목적은 대체로 임금과 왕실의 장수(長壽)나 치병(治病)을 위한 것과, 국가와 생민의 평안을 위해 외적의 침입이나 성변(星變)·우박·가뭄·홍수·산사태 등 천재 지변의 기양(祈攘)을 위한 것들이 있으며, 기우(祈雨)의 초례가 가장 많이 거행되었다. 재초(齋醮)는 드려지는 대상의 신(神)이나 기원의 목적에 따라 여러 명칭으로 나타나는

---

221)《세종실록》즉위년 9월 25일. 세종 2년 1월 13일에는 우의정 이원(李原)을 시켜 개복신 초례(開福神醮禮)를 궁중의 뜰에서 행하기도 하였다.

222)《세종실록》2년 1월 갑인(15일) : "祭天用牲, 古今通禮, 昭格殿用素, 道家所傳耳, 且行處旣異, 恐不相妨."

데, 태일초(太一醮)·북두초(北斗醮)·태양독초(太陽獨醮)·태음독초(太陰獨醮)·화성독초(火星獨醮)·금성독초(金星獨醮)·육정신초(六丁神醮)·삼원초(三元醮)·삼계초(三界醮)·기우초(祈雨醮)·기청초(祈晴醮)·도병초(禱病醮)·진병초(鎭兵醮)·개복신초(開福神醮 : 왕자의 장수를 기원)·권초례(捲草禮 : 왕자 탄생일에 대신을 시켜 소격전에서 3일간 거행) 등이 있다.223)

'재초'의 절차를 보면, 헌관(獻官)과 소격전의 관원이 모두 흰옷에 검은 두건을 쓰고 재계(齋戒)를 하며, 헌관은 제사 때 관(冠)을 쓰고 홀(笏)을 들고 예복을 입는다. 여러 가지 과일·떡·찬·차·탕·술 등을 차려 놓고 분향하며 백배(百拜)한다. 도류(道流)는 소요관(逍遙冠)을 쓰고 무늬가 찬란한 검은 옷을 입었는데, 경쇠를 24번 울리고 난 뒤에 두 사람이 도경(道經)을 읽고 푸른 종이에 축사를 써서 불살랐다.224)

또한 세종은 예조판서 허조에게 사직전의 제향 때 아헌(亞獻) 이후에 여러 음악을 섞어 연주하여 음절(音節)을 이루지 못하였던 사실을 지적하고 고치도록 명하고 있는 사실에서도 '재초'에서 제례악이 연주되고 있는 사실을 확인할 수 있다.(세종 2년 1월 15일)

소격전에서 가장 자주 드려졌던 '재초'는 가뭄에 비오기를 비는 기우제였다. 세종은 대신들을 소격전과 경복궁의 경회루 못가와 원구단에 보내어 기우제를 드리게 하였으며,(세종 원년 6월 8일) 소격전 태일신(太一神)에게 기우제를 지내기도 하였다.(세종 2년 4월 26일) 세종은 태일(太一)에 기우 초제(祈雨醮祭)를 행하고, 12일 후에 다시 사직전에서 비를 비는 태일 초례(太一醮禮)를 행하기도 하였다.(세종 21년 7월 13일·25일) 이처럼 사직전은 지고신(至高神)인 상제(上帝)에 비는 것이면서 또한 비와 연관된 천상의 별에 비는 것이라는 점에서 기우

---

223) 서영대, 앞의 책, 294쪽 참조.

224) 성현, 《용재총화》 권2 : "獻官與署員, 皆白衣烏布致齋, 以冠笏禮服行祭, 祭奠諸果餐餅茶湯與酒, 焚香百拜, 道流頭逍遙冠, 身被斑爛黑衣, 鳴磬二十四通, 然後兩人讀道經, 又書祝辭於靑紙而焚之."

제를 지내는 중요한 제단이 되고 있다. 권근(權近)은 태일신에게 기우제를 드리는 청사(靑詞)에서 "하늘은 백성으로 보고 들어 하고자 하는 것을 반드시 따르게 하고, 달이 필(畢 : 28수의 하나인 별)에 걸리면 비가 줄줄 오게 되어 그 응함이 매우 빠릅니다"225)라고 언급한 사실에서 기우제의 대상이 하늘과 천문의 별자리에 관련된 것임을 보여주고 있다.

또한 가뭄과 더불어 절박한 문제로서 치병(治病)을 기원하는 '재초'가 정성스럽게 행해지고 있는 사실도 주목된다. 세종 2년 대비(大妃: 태종비(太宗妃))의 병이 깊자 임금은 길창군(吉昌君) 권규(權跬)를 소격전에 보내어 북두칠성에 초제(醮祭)를 드리게 하였으며, 또한 도류승(道流僧) 14인을 모아서 밤에 '도지정근(桃枝精勤)'을 베풀었고, 이튿날에도 환자의 신변 가까이에서 '도지정근'을 베풀었는데, 임금도 또한 복숭아 가지를 잡고 지성으로 종일토록 기도하였으나 병은 오히려 낫지 아니하였다 한다. 또한 세종 4년 태상왕(太上王: 태종(太宗))의 병이 오래가자 성산부원군(星山府院君) 이직(李稷)을 종묘(宗廟)에 보내어 기도 드리고, 좌의정 이원(李原)을 소격전에 보내어 기도 드리게 하였다. 이어서 공비(恭妃)의 병이 낫지 아니하자, 우의정 정탁(鄭擢)을 소격전에 보내 초제(醮祭)를 올리게 하였다.226) 이처럼 도교 의례로서 기우(祈雨)와 치병(治病)을 비는 것은 임금으로서 백성과 부모를 위한 정성을 드리는 방법이었고, 세종 자신은 도교 의례에 깊은 신뢰를 지니지 않았음에도 불구하고, 그 절박한 상황을 해결하기 위한 기도의 자리로 도교 의례에 적극 참여하고 있음을 보여준다.

---

225) 《동문선》 권155, 〈기우태일초례청사문(祈雨太一醮禮靑詞文)〉.
226) 《세종실록》 2년 6월 1일 · 11일 · 12일, 4년 4월 29일, 4년 8월 5일.

4) 지방의 태일전(太一殿)과 강화도 마리산(摩利山) 참성단(塹城壇)

서울의 소격서와 더불어 지방에 도교 의례를 행하는 제단으로서 태일전(太一殿)과 강화도의 마리산(摩利山 : 마니산(摩尼山)) 참성단(塹城壇·塹星壇)이 있다. 지방의 '태일전'은 태일성(太一星)이 하늘에 있는 9궁(宮)을 45년마다 옮겨 다닌다 하여 '태일성'이 머무는 지역에 건립한 것이다. 이러한 지방의 '태일전' 설치에 대해 세종 당시 좌의정 이원(李原)은 반대의 입장을 명확히 밝히고 있다. 이원은 "5도(道)에서 태일성(太一星)에 초제(醮祭)하는 것은 비록 옛 제도라 하더라도 신(臣)은 옳지 않게 여깁니다. 별의 운행(運行)에 따라가서 제사하니, 이런 이치는 없습니다"라고 하여, 별의 운행(運行)에 따라서 해당하는 장소를 바꾸어 제사하는 것은 이치에 맞지 않는 것임을 역설하였다. 또한 그는 "제사하는 도리는 정결하게 하고 정성을 다하면 복을 받게 될 것이지만, 그렇지 못하면 신이 흠향하지 않을 뿐 아니라 화(禍)가 따르는 것입니다"227)라 하여, 지방에서 제사를 정결하고 정성스럽게 드리지 못하면 재앙을 불러올 위험이 있음을 경계하였다. 따라서 그는 별에 제사하는 장소로 서울에 소격전이 있음을 강조하여 외방에 사당을 설치하는 것을 반대하였던 것이다. 그러나 실제로는 세종 16년 경상도 의성현(義城縣) 빙산(氷山)에 '태일전'을 설치하여 정월 보름날 서울에서 향을 내려보내 제사했고, 성종 10년 이후에는 충청도 태안군(泰安郡) 백화산(白華山)으로 옮겼다.228)

또한 강화도 마리산 참성단은 단군이 제천 의례를 하던 곳으로 전해지고 있으며, 고려 시대를 이어 조선 시대에도 춘·추(春秋)로 '재초'를 드렸고, 특별한 일이 있을 때는 행향사(行香使)와 소격전의 관

---

227)《세종실록》7년 7월 임오(15일) ; "李原曰, 五道太一醮, 雖古之制, 臣以爲不可也, 隨其星之運轉而祭之, 無是理也, 祭祀之道, 潔淨盡誠, 則受福, 否則非特神之不享, 禍亦隨之."
228) 서영대, 앞의 책, 294~295쪽 참조.

원을 파견하여 옥황상제·노자·28수(宿)를 비롯한 성신(星神)·염라왕 등의 지방(紙榜)을 상하 2단으로 벌여 놓고 '재초'를 드렸다.229) 이 마리산의 참성단에 대해 세종 당시 예조판서 신상(申商)은 마리산의 초단(醮壇)이 매우 비루(卑陋)하여 제사지내는 곳으로는 마땅치 못함을 지적하고, 서울의 소격전에서 제사하고 있으므로, 마리산의 초제(醮祭)를 폐지하도록 요구하였다. 이에 세종은 "불교는 유교와 더불어 양립하여 그 내력이 이미 오래지만, 도교에서 별을 제사하는 것은 더욱 그 옳고 그른 것을 알지 못하겠다"230)고 하여 도교의 별에 대한 제사에 의문을 제시하고, 태종이 일찍이 제성전(祭星殿)을 창덕궁(昌德宮) 안에 세웠다가 곧 헐어 버리라고 명령하였던 사실을 들어 태종도 별에 대한 제사에 회의적이었음을 보여주고 있다. 여기서 세종은 안숭선(安崇善)에게 도교에서 별을 제사하는 유래에 대해 옛 일을 고증하여 보고할 것을 명하고, 임금 자신이 장차 대신들과 별에 대한 도교적 제사 의례의 존폐를 검토할 의사가 있음을 밝히고 있다. 이처럼 소격전의 경우와 달리 지방의 도교 제단에 대해서는 당시 유학자 관료들로부터 강력한 폐지 요구가 제기되고 있었으며, 세종도 이에 공감하고 있음을 보여주고 있다.

---

229) 서영대, 앞의 책, 295쪽 참조.

230) 《세종실록》 14년 3월 무인(19일) : "佛氏則與斯道爲二, 其來久矣, 道家祭星, 尤不知其是否."

2. 조선 초기의 도교 사상

1) 삼봉(三峯)과 양촌(陽村)의 도교 사상 이해

도교 신앙과 노장 사상은 서로 표리를 이루고 있는 것이라 할 수 있다. 도교 신앙의 철학적 기반을 노장 사상이 제공해 주고 노장 사상의 사회적 구현은 도교 신앙을 통해 드러나고 있는 것이다. 조선 초기에는 도교 신앙의 의례적 전통으로서 소격전을 중심으로 하는 과의적(科儀的) 도교와 더불어 내단(內丹)의 수련법을 통한 신선술의 연마가 병행되면서, 동시에 노장 사상에 대한 이해도 심화되고 있는 도교 사상의 다양성을 보여주고 있다. 특히 노장 사상에 대한 이해는 성리학의 이론적 심화와 더불어 긍정적 접근이던 비판적 접근이던 뚜렷한 입장을 드러내고 있는 것이 사실이다.

삼봉(三峯) 정도전(鄭道傳)은 〈심기리편(心氣理篇)〉의 〈기난심(氣難心)〉에서 노장의 입장을 밝혀 '양기(養氣)'하는 방법을 제시함으로써 불교를 비판하고 있다. 여기서 그는 노장이 내세울 수 있는 주장을 적극적으로 제시하고 있는 것이다. '기난심' 편을 3단계로 나누어 보면 ① '기' 존재의 성격, ② '심'의 부정적 역할, ③ '기' 수련의 경지 곧 '양기(養氣)'의 경지로 구분해 볼 수 있다. 또한 양촌(陽村) 권근(權近)은 정도전의 '기난심' 편의 의미를 더욱 분명하게 드러내기 위해 《노자》나 《장자》를 인용하여 자세한 주석을 붙였던 것이다. 따라서 '기난심' 편의 짧은 글을 통해 조선 초기에 정도전과 권근의 노장 사상 내지 도교 사상에 대한 인식을 엿볼 수 있다.

予居邃古
窈窈冥冥
天眞自然
無得而名
萬物之始
資埶以生
我凝我聚
乃形乃精

‘나’는 태고 때부터 있어,
깊숙하고 그윽하며,
천진하고 자연하여,
무엇으로 이름할 수 없도다.
만물의 시초에,
무엇을 바탕 삼아 생겼던가.
내가 엉기고 내가 모여,
형상이 되고 정기가 되었네.

　여기서 ‘나’는 도교의 ‘기’ 개념을 가리킨다. 권근은 노자(老子)도 ‘기’ 개념을 천지에 앞서 존재하고, 깊고 그윽하고 황홀하며, 자연이요 참되며, 무어라 이름 붙일 수 없는 존재로 이해하고 있음을 《도덕경(道德經: 老子)》에서 직접 인용하여 제시하고 있다.231) 또한 만물이 생성하는 시원을 ‘기’의 엉기고 모이는 작용으로 이를 통해 형체[形]와 정기[精]가 이루어지는 것이라 한다. 곧 도교에서 생성의 근원을 ‘기’로 파악하며, 생성의 현상은 ‘기’의 모이고 엉기는 작용에서 일어나는 것이라 파악한다.

---

231) 권근이 ‘기’ 개념을 확인하기 위해 《도덕경》에서 인용하고 있는 구절은 “有物混成, 先天地生.”(25장), “窈兮冥兮, 其中有精.”(21장), “天法道, 道法自然.”(25장) “吾不知其名, 字之曰道.”(25장)의 4구절이다.

我若無有
心何獨靈
嗟爾有知
衆禍之萌
思所不及
慮所未成
計利較害
憂辱慕榮
冰寒火熱
晝夜營營
精日以搖
神不得寧

내가 만약 없었다면,
마음이 어찌 홀로 영할 수 있으랴.
슬프다! 네게 지각이 있음이여,
모든 재앙의 싹이로다.
미치지 못할 바를 생각하고,
이루지 못할 바를 도모하며,
이익을 꾀하고 손해를 견주며,
욕됨을 근심하고 영화를 흠모하니,
차갑게 얼어붙고 뜨겁게 타올라,
밤낮으로 분주하네.
정기(精)가 날로 흔들려,
신명(神)이 편안할 수 없도다.

정도전은 먼저 '기'가 엉기고 모여 형체를 이루지 못하면 마음이 의지하여 존재할 곳이 없음을 지적하여, 도교의 '기'가 불교의 '심'보다 근원적 존재임을 밝히고 있다. 여기서 권근은 《장자》〈지북유(知北

遊)〉에서 "사람이 태어나는 것은 '기'가 모이는 것이다 [人之生, 氣之聚也]" 라는 구절을 어끌어 인간 존재도 '기'가 있음으로써 있을 수 있는 것임을 제시한다. 다음으로 마음의 지각 작용은 모든 사려 분별과 근심과 탐욕과 명예심이 쉬지 않고 들끓고 있어서 '정기'를 뒤흔들고 '신명'을 불안하게 하여 모든 재앙의 근원이 되는 것임을 주장한다. 그만큼 마음은 '기'를 배양하는데 장애가 되는 것임을 강조한 것이다.

我不妄動

內斯靜專

如木斯槁

如灰不燃

無慮無爲

體道之全

爾知雖鑿

豈害吾天

내가 망령되이 움직이지 않으면,

속은 고요하고 전일하여,

말라 버린 나무 같고,

타 버린 재 같아서,

생각함도 없고 하는 것도 없어,

도의 온전함을 체현하리,

너의 지각 아무리 천착한들,

어찌 나의 하늘을 해치리요!

'양기(養氣)'의 방법은 마음의 지각 작용이 끊임없이 '기'를 흔들고 있더라도 '기'가 스스로 동요하지 않아 고요하게 집중되어 있는 상태를 확보하는 방법을 제시한다. 이처럼 '기'가 철저히 움직이지 않는

[不動]상태로 유지되는 이상적 상태를 '말라 버린 나무'나 '타 버린 재'로 비유하고 있다. 권근은 이 비유가 《장자》〈제물론(齊物論)〉에서 "형체는 진실로 말라 버린 나무와 같고, 마음은 진실로 불꺼진 재와 같다[形固可使如槁木, 而心固可使如死灰]"는 구절에서 나온 것임을 확인한다. 또한 정도전은 도교에서는 '도'의 온전함을 체현하기 위해서는 마음의 사려 분별이나 의도적인 행위가 없어야 할 것을 요구하는 것이라 제시하고 있다. 권근은 "생각함도 없고 하는 것도 없어, 도의 온전함을 체현하리[無慮無爲, 體道之全]"라는 구절(8글자)이 노자의 학문에서 가장 긴요한 취지라 지적하고, 이 구절이 《장자》〈지북유(知北遊)〉의 "생각도 염려도 없어야 비로소 '도'를 안다[无思无慮, 始知道]"는 구절과, 《노자》(37장)의 "도는 언제나 하는 바가 없으면서 하지 않음이 없다[道常無爲而無不爲]"는 구절에서 나온 것임을 제시한다.

이처럼 조선 초기 당시의 유학을 대표하는 학자로서 정도전과 권근은 《노자》와 《장자》를 정밀하게 독서한 기초 위에서 정통한 지식과 더불어 핵심의 논리를 정확하게 인식하고 있었음을 보여준다. 물론 이들은 유학자로서 노장 사상의 한계와 문제점을 엄격하게 지적하여 비판하고 있지만, 노장 사상에 대한 익숙한 이해가 당시 유교 지식인들 사이에 널리 퍼져 있었음을 짐작할 수 있게 한다. 세종 때는 주자소(鑄字所)에서 인쇄한 《장자(莊子)》를 문신들에게 나누어주었던 일도 있었다.(세종 7년 1월 17일) 이러한 사실은 도교가 현실적 세력을 지닌 교단을 형성하고 있지 않았으므로 유교 지식인들에게 노장 사상은 상대적으로 이단 배척론의 일차적 대상이 아니었으며, 그만큼 독서를 통한 친밀한 접근과 이해가 가능하였던 것임을 짐작해 볼 수 있다.

2) 단학 도맥과 매월당(梅月堂)

조선 초기에는 당시 불우한 지식인들 가운데 엄격한 수련을 통해 원기(元氣)를 길러 신선(神仙)이 되고자 하는 도교적 수련법을 실천하는 인물들이 출현하였다. 이들을 통해 수련적 도교인 내단학(內丹學)이 발전하게 되었으며, 이에 따라 조선 초기는 정부가 소격전(소격서)을 중심으로 도교 의례를 행하였던 과의(科儀) 도교와 더불어 재야의 지식인들 사이에 내단(內丹)의 수련법이 일어났던 사실을 볼 수 있다. 전반적으로 보면 조선초기는 도교의 중심이 '과의' 도교에서 '수련' 도교로 바뀌어 가는 시기라 지적하기도 한다.232)

17세기 이후 조선 후기에 들어가면 우리 나라의 도교 전승 과정과 도맥(道脈)을 제시하는 문헌들이 출현하고 있다. 그 대표적 문헌은 한무외(韓無畏)가 1610년에 지었다는 《해동전도록(海東傳道錄)》과, 김집(金諿)이 1643년에 지었다는 《동국전도비기(東國傳道秘記)》이다. 이 문헌들은 우리 나라 도교의 도맥은 중국 전진교(全眞敎) 제7대 조사(祖師)인 종리권(鐘離權)으로부터 도법을 전수 받으면서 시작되는 것으로 제시하며, 그 도맥이 긴 세월 동안 잠복하고 단절되면서 간간이 이어오다가 조선 초기에 김시습(梅月堂 金時習, 1435~1493)에 와서 뚜렷하게 모습을 드러내기 시작하였음을 보여준다.

이 문헌에 따르면 김시습은 홍유손(洪裕孫, 1431~1529)에게 〈천둔검법련마진결(天遁劍法鍊磨眞訣)〉을 전해 주고, 정희량(鄭希亮, 1469~?)에게 〈옥함기내단요법(玉函記內丹要法)〉을 전하고, 윤군평(尹君平)에게 〈참동계용호비지(參同契龍虎秘旨)〉를 전수했다 한다. 특히 홍유손은 김종직(金宗直)의 문인으로 세조가 왕위 찬탈을 하자 호를 광진자(狂眞子)라 하고, 남효온(南孝溫) 등과 죽림 칠현(竹林七賢)으로 자처하였던 청담파(淸談派)의 한 사람이었으며, 김시습을 따라 노닐며 산수를 함께 방랑하였다고 한다. 김시습을 이은 홍유손·정희량·윤군평 3인의 문하에서 많은 수련 도교인이 배출되었다고 한다. 따라서 조선 시대 단학인들 사이에서는 김시습이 수련적 도교의 중흥조(中興祖)로 여겨져왔다는 것이다.233) 이러한 기록의 사실 여부를 확인하기는 어렵다.

---

232) 서영대, 앞의 책, 289~290쪽 참조.
233) 서영대, 앞의 책, 297~300쪽 참조.
  (가) 《해동전도록》·《동국전도비기》에서 제시한 우리 나라 수련 도교의 도맥

그러나 김시습을 조선시대 수련 도교(내단학) 도맥의 출발점으로 삼고
있다는 사실은 김시습이 보여준 방외인(方外人)적인 삶의 태도나 유불

---

① 신라말 입당(入唐) 유학생인 최승우(崔承祐)·김가기(金可紀)·혜자(僧 慈惠)가
개원(開元 : 713~741)연간에 종남산(終南山) 광법사(廣法寺)로 천사(天師) 신원
지(申元之)를 찾아갔다가 전진교(全眞敎)에서 제7대 조사로 받드는 종리권(鍾離
權)을 만나 도법을 전수 받고 내단(內丹) 수련을 했던 것이 우리 나라 도맥의
시작이라는 것이다(허균(許筠)의 〈남궁선생전(南宮先生傳)〉에도 보인다). 그 후
신라말 최치원(崔致遠)은 당나라에서 환반지학(還反之學)의 수련법을 배워 와
우리 나라 단학(丹學)의 비조(鼻祖)가 되었다고 본다.

② 그 후 권청(權淸)과 원나라 설현(偰賢)을 거쳐 김시습에게 이어져, 우리 나라
도맥의 중흥조(中興祖)가 되는 김시습의 도맥은 홍유손·정희량·윤군평에게
전수되고, 이들 3인의 문하에서 많은 수련 도교인이 배출되었다.

(나) 우리 나라 수련 도교 도맥의 성격

① 김시습의 도맥을 계승했다는 인물들은 신분적 한계가 있거나 불우한 사람들이
었다. 홍유손은 향리 가문 출신이고, 윤군평은 무인 출신이며, 박지화(朴枝華:
서경덕 문인)는 서얼 출신이었다. 정렴(北窓 鄭磏:《용호결(龍虎訣)》을 지음)
은 부친(鄭順朋)이 을사사화를 일으킨 일로 괴로웠던 인물이요, 정희량은 벼슬
길에 나갔으나 무오사화 때 유배를 당했다. 따라서 이들이 수련적 도교에 기울
어지게 된 것도 도교적 은둔 생활을 통해 현실의 좌절을 극복하려 하였던 것
으로 볼 수 있다.

② 수련 도교의 계보에는 자혜를 비롯하여 명법(明法)·명오(明悟)·대주(大珠) 등
승려가 상당수 있었던 사실은 승려들 사이에 도교적 수련이 행해졌음을 보여
준다. 따라서 조선 시대의 수련적 도교(내단학)는 불우한 지식인이나 승려층을
통하여 전승되고 있었다.

(다) 조여적(趙汝籍)의 《청학집(靑鶴集)》에 보이는 조선 전기 수련 도교 도인들의
행적. 《청학집》은 조여적이 1588이후 스승 이사연(李思淵)을 60년간 따라다니
며 견문한 내용으로, 이사연의 스승 청학상인(靑鶴上人, 위한조(魏漢祚)의 사적
을 적는다는 뜻에서 《청학집》으로 명명하다

① 위한조의 제자인 편운자(片雲子 李思淵)·금선자(金蟬子 李彦休)·채하자(彩霞
子)·취굴자(翠窟子)·아예자(鵝蕊子)·계엽자(桂葉子)·화오자(花塢子)·벽락
자(碧落子) 등은 산수를 유람하며 시문을 짓거나 역사와 앞일을 논하면서, 세
속과 초연한 생활을 하였다.

② 《청학집》에 수록된 도인들은 《해동전도록》에 비해 신분도 낮고 거의 지방 출
신으로, 당시 지방에도 도교 수련자들이 있었음을 보여준다. 또한 이들은 임진
왜란을 예언하거나, 중국 도인들과 교류하면서 만주족이 중원을 지배할 것도
미리 알았던 예견(豫見)능력이 강조되고 있다.

도 삼교에 깊고 폭넓은 인식을 지녔던 학문에서나 수련적 도교의 전통에서 끌어들이기에 가장 적합한 인물이었음을 짐작할 수 있게 한다.

김시습은 세종 때인 소년 시절 유교 경전을 공부했고, 세조의 왕위 찬탈에 통분하여 한때 불교에 입문하여 설잠(雪岑)이란 법명으로 선학(禪學)에 탁월한 저술을 남기기도 하였지만 중년에 환속하기도 하면서 유·불·도 삼교에 자유롭게 출입하여 구애받지 않는 인물이었다. 율곡은 그를 '마음은 유교인이요, 자취는 불교인'이라 규정하였으며, 그 행적이 미친 짓으로 해괴하게 보였던 것은 자신의 실상을 감추고자 하였던 것으로 보았다.234) 이렇게 자신의 실상을 감추고자 하는 행적은 바로 그 자신 세상에 적응하기 어려웠던 만큼, 세상 바깥에 맡겨 '방외인'으로 살아가게 하였던 것이다. 이 점에서 그의 행적을 도교적 분위기와 쉽게 연결시킬 수 있게 하며, 그를 우리 나라 단학 도맥의 중심 인물로 끌어들이게 되었던 것으로 볼 수 있다.

김시습은 도교와 관련하여 폭넓은 관심을 가졌던 사실을 보여준다. 그는 "《남화경(南華經 : 莊子)》 읽고 나서 다시 책을 덮으니/ 무단히 산 비가 파초를 때리네"라 하거나, "초당에 가을달이 대낮같이 밝으니/《황정경(黃庭經)》 두 권을 자세하게 읽노라"고 시를 읊고 있는데서, 《도덕경》이나 《남화경》뿐만 아니라 신선술인 《황정경》 등 다양한 도교 문헌을 읽고 있는 사실을 보여준다.235) 또한 그는 도교 의례를 행하는 친구를 방문하러 소격서에 갔다가 삼청궁(三淸宮)에 거행하는 재초(齋醮)를 참관하고 도교적 분위기에 매우 심취한 소감을 여러 편의 시로 읊기도 하였다.236)

---

234) 《율곡전서(栗谷全書)》권14, 24~25, 〈김시습전(金時習傳)〉 ; "心儒迹佛, 取怪於時, 乃故作狂易之態, 以掩其實."

235) 《매월당집》 권15, 5 〈산중잡음(山中雜吟)〉 ; "讀罷南華還掩卷, 無端山雨打芭蕉."
　　《매월당집》 권6, 17, 〈화사가선생운(和四佳先生韻)〉 ; "草堂秋月明如畫, 細讀黃庭兩卷畫."

236) 《매월당집》 권3, 1~3, 〈선도(仙道)〉에는 소격서의 재초(齋醮)를 참관하고 도교의 분위기에 심취한 감회를 읊은 〈방우어삼청궁적초립동(訪友於三淸宮適醮立動)〉·〈등삼청궁(登三淸宮)〉·〈야숙제서감회(夜宿祭署感懷)〉·〈유선궁증류별제(遊仙宮

그러나 그는 노장 사상과 도교에 대해 세상에 공로가 없고 허망한 것이라 비판함으로써, 유교의 이단 비판론의 입장을 지켜 가는 태도를 보여주고 있다. 그럼에도 불구하고 김시습을 단학의 도맥에서 '중흥조'로 보아 도교의 중심 인물로 끌어들이기도 하고, 그에게는 도술에 뛰어나다는 일화가 따라다녀 그를 도술가로 변모시켜 놓기도 한다.237) 이러한 김시습의 역설적 모습을 그 자신의 실상과 일치시키는 것은 앞으로 상당히 심화된 연구를 통해서 해명될 수 있는 과제일 것이다.

3) 매월당(梅月堂)의 도교 사상 이해

김시습의 도교 사상은 노장 사상에 대한 인식의 문제와 도교 수련법에 대한 이해의 문제로 구분해 볼 수 있다.

① 노장 사상에 대한 인식

김시습이 노장 사상과 접촉한 것은 이미 청년 시절에 가능한 것이었겠지만, 본격적으로 《노자》를 공부하게 되었던 것은 그가 20대 초반 세상에 뜻을 버리고 승려가 되어 평안도 지역을 유람하던 도중 어느 백발의 노인으로부터 《도덕경》 한부를 받아 배웠던 사실에서 찾아볼 수 있다. 이 사실을 그의 시집 〈유관서록(遊關西錄)〉에 수록된 '노인이 나에게 《도덕경》 한부를 주다[老翁授我道德經一部]' 라는 시에서 매우 자세하게 묘사하고 있다.238)

        關西鶴髮翁

贈柳別提)〉·〈증도사(贈道士)〉·〈증삼청감점(贈三淸監點)〉·〈별도인(別道人)〉·〈
능허사(凌虛詞)〉의 8편의 시(詩)가 수록되어 있다.
237) 정주동,《매월당 김시습연구》, 민족문화사, 1961, 336~337쪽 참조, 여기서 〈월정만
필(月汀漫筆)〉과 〈동경지(東京誌)〉에 수록된 김시습의 도술 일화를 소개하고 있다.
238) 《매월당집》 권9, 35, 〈노옹수아도덕경일부(老翁授我道德經一部)〉.

教我無爲謂

授我靑瑤簡

沕穆和我氣

관서에서 백발인 한 늙은이가

나에게 무위(無爲)란 것 가르쳐 주네.

나에게 푸른 구슬 책을 주니,

그윽하여 나의 기운 화평하게 하네.

그는 《도덕경》을 통해 그 핵심적 교설인 '무위(無爲)' 의 뜻을 익혔고, 이를 통해 세조의 왕위 찬탈에 격심한 통분으로 세상을 등지면서 자신의 가슴에 끊임없이 일어났던 번민으로부터 벗어나고 화평한 기운을 얻는 경험을 하였던 것으로 보인다. 이 때 그는 《도덕경》을 통해 상당히 깊은 체험을 하게 되었던 것이며, 이 체험은 곧바로 신선(神仙) 사상과 장생법(長生法)으로 연결시켜 이해하고 있음을 보여준다.

沕穆合玄牝

希夷不見朕

恰似駕祥風

乘雲入仙品

從此學延齡

汗漫遊玄圃

그윽하여 현빈(玄牝)에 합하니,

보이지도 들리지도 않아 조짐도 못 보겠네

마치 상서로운 바람을 몰아서,

구름 타고 신선의 경지로 들어 가누나.

이제부터 장생하는 법 배워,

아득한 선경에서 노닐어 보리.

그는 《도덕경》을 공부하면서 천지의 근원인 '현빈(玄牝)'에 일치하는 체험을 하고 있으며, '보아도 보이지 않고 들어도 들리지 않는[希夷] 것으로 아무런 조짐도 보이지 않는 '도'의 본체를 통찰하고 있는 것이다. 여기서 그는 급격히 전환하여 노장 사상으로부터 구름을 타고 하늘로 오르며 장생법으로 신선의 세계에 들어가는 신선술을 받아들이고 있다. 이처럼 《도덕경》을 통해 노자의 사상과 신선술을 동시에 수용하고 있는 사실은 그에게 《도덕경》을 가르쳐 주었다는 백발 노인이 지도한 내용을 반영한 것이라 짐작된다. 그러나 그는 이러한 이해의 전제로서 《도덕경》이 지닌 문제점과 가능한 역할을 양면적으로 파악하려는 안목을 보여주고 있다.

至道淪自然
旼旼誘群氓
雖非仁義源
可以延吾生
相傳數百載
異術紛紛幷

지극한 도리가 자연에 빠져들어,
화락하게 뭇 백성을 인도하네.
인의(仁義)의 근원은 아니라 해도
우리 생명을 연장할 수 있다네.
서로 전해 수백년 되는 동안에,
다른 술법 어지러이 섞여 들었네.

곧 《도덕경》은 지극한 도리를 '자연' 속에 매몰시킨다는 진리 인식의 본질적 과오가 있음을 지적하면서, 이와 더불어 어리석은 백성을 화락하게 이끌어 간다는 사회 교화의 긍정적 역할을 인정하고 있다. 또한 《도덕경》의 지극한 도리가 '인의(仁義)'의 근원을 밝히는 것이

못된다는 문제점을 지적하면서, 동시에 우리의 생명을 연장하는 장생법이 될 수 있다는 기능을 인정하고 있다. 나아가 그는 《도덕경》이 여러 시대를 전해 내려 오면서 이질적 술법이 뒤섞여 있는 사실도 직시하고 있는 것이다. 그럼에도 불구하고 그는 《도덕경》이 지닌 지극한 도를 사모해 왔다고 높이며, 그 자신 은둔하여 수련함으로써 경전처럼 소중하게 간직하리라 밝히고 있다.

> 我亦空門徒
> 至道吾素慕
> 賫向洞天中
> 服膺如墳素

> 내 또한 공문(空門)의 학도인지라,
> 지극한 도를 평소부터 사모하였네.
> 싸가지고 동천(洞天)으로 들어가,
> 경전처럼 가슴 깊이 간직하리라.

이러한 20대 초반의 《도덕경》을 통한 노장 사상과 신선술의 세계에 대한 깊은 이해와 체험은 그의 의식 속에 용해되어 있었을 것으로 짐작된다. 그러나 그 후 노장 사상에 대한 그의 언급은 유교적 정통론의 입장에서 상당히 엄격한 비판적 견해를 관철하고 있는 것이다. 곧 그는 '성인(聖人)'을 정의하면서, "일의 변화에 두루 미치고 사물의 이치를 환히 알아서 하늘을 받드니 하늘이 명을 내리고, 사람에 순응하니 사람이 따른다. 그러므로 재량하여 바른 도리를 성취하고 도와서 바로잡아 백성을 도울 수 있다"[239] 하여, '성인'의 개념을 천명을 받들고 백성을 돕는 존재로 제시한다. 따라서 이러한 유교적 '성인' 개념

---

239) 앞의 책, 권17, 14, 〈성리(性理)〉: "夫聖者, 達於事變, 通於物理, 奉天而天命之, 順人而人歸之, 故能裁成輔相以左右民."

에 비추어 노자의 근본 교설과 역할을 평가한다. 곧 "저 노씨(老氏)는 도를 체득한다 하나 성(性)을 따르는 도가 아니요, 덕을 논하나 밝은 천명(明命)의 덕이 아니니, 어떻게 세상을 윤택하게 하고 후세에 전해질 수 있겠는가?"[240]라고 하여, 노자의 근본 개념인 '도'·'덕'의 개념이 천명과 성품에 근거하는 유교적 '도'·'덕' 개념과 다른 것임을 명확히 밝힌다. 따라서 노자는 세상을 구제할 수 있는 기능이 결핍되었고, 다음 시대에 교훈으로 전해질 수 있는 가치를 지니지 못한 것이라 비판한다.

여기서 그는 먼저 노자에 있어서 '도'와 '덕'의 개념 내용이 어떠한 것인지를 명확하게 규정함으로써, 유교와의 차이를 더욱 엄격하게 제시하고자 한다. 곧《도덕경》(제1장)의 "도가 도라고 할 수 있다면 항상한 도가 아니다[道可道, 非常道]"라는 구절에서 보여주는 노자의 '도' 개념을 해명하여, "도라는 것은 자연으로 형체가 없는 것을 가리키니, 말로 표현하자 말자 바로 제2의 뜻으로 떨어지고 마니, 변하지도 않고 바뀌지도 않는 도는 아니다"[241]라 하여, 노자의 '도'는 언어로 표현할 수 있는 것을 넘어서 있는 불변의 존재로 제시한다. 또한 《도덕경》(38장)의 "상덕(上德)은 덕을 말하지 않는다. 그렇기 때문에 덕이 있는 것이다[上德不德, 是以有德]"라는 구절에서 말하는 노자의 '덕' 개념을 해명하여, "태고에 이름도 없고 칭호도 없는 임금은 덕이 더할 수 없이 크지만, 덕으로써 백성을 가르치지 아니하고 자연을 그대로 따라, 애써 '인'과 '의'를 행하느라고 그 근골(筋骨)을 수고롭게 하고 난 다음에야 교화하는 일이 없었다. 그러므로 화기(和氣)가 유행하여 그 성명(性命)을 온전하게 할 수 있다는 말이다"[242]라 하여, 노자의 '덕'이 인·의를 실천하는 방향과는 달리 자연을 따르는 것임

---

240) 위와 같은 곳 ; "彼老氏者, 體道而非率性之道, 論德而非明命之德, 則如之何其澤於世垂於後也."

241)《매월당집》권17, 14,〈성리(性理)〉: "道者, 自然無形之稱, 不可容言, 纔有言說, 卽涉第二義, 非不變不易之道也."

242) 위와 같은 곳 ; "太古無名號之君, 德大無上, 不以德敎民, 因循自然, 無待於躬行仁義, 勞其筋骨而後化, 故和氣流行, 得以全其性命."

을 확인하고 있다.

이처럼 그는 노자의 '도·덕' 개념을 노자의 입장에서 해명하고 나서 그 전제에서 유교와 전혀 다른 것임을 한유(韓愈)의 말을 빌어 확인한다. 곧 한유는 〈원도(原道)〉에서 "그 '도'라고 말하는 것은 자신이 '도'로 여기는 것을 '도'라 하는 것이니, 우리가 말하는 '도'가 아니며, 그 '덕'이라 말하는 것은 자신이 '덕'으로 여기는 것을 '덕'이라 하는 것이니, 우리가 말하는 덕이 아니다[其所謂道者, 道其所道, 非吾所謂道也, 其所謂德者, 德其所德, 非吾所謂德也]"라는 언급을 인용하여, 노자의 '도·덕'이 용어는 같더라도 '인'·'의'를 중심으로 하는 유교의 '도·덕'과 그 개념 내용이 서로 다른 것임을 명확히 밝히고 있다.

여기서 그는 유교의 입장에 서서 '도'는 《중용》에서 말하는 천명으로서의 '성'을 따르는 것이요, 일용의 평상한 일에서 '성'의 자연함을 따르면 어디에서나 드러나게 되는 마땅히 가야 할 길이라 한다. 그만큼 '도'는 현실 속에 어디에나 있는 것임을 강조한다. 이에 비하여 노장(老莊)의 '도'는 《도덕경》(14장)에서 말하는 '빛깔도 소리도 없는 것[希夷]'이요. '황홀'한 것이며, '보아도 보이지 않고, 들어도 들리지 않고, 붙잡아도 잡히지 않는 것[視之不見, 名曰夷; 聽之不聞, 名曰希, 搏之不得, 名曰微]'이며, "맞이해도 그 머리를 볼 수 없고; 따라가도 그 등을 볼 수 없는 것[迎之不見其首, 隨之不見其後]"이라 하고, 《남화경》〈제물론(齊物論)〉에서 말하는 "모습은 진실로 말라 버린 나무와 같고 마음은 진실로 불꺼진 재와 같다[形固可使如槁木, 而心固可使如死灰]"는 것이라 하여, '도'가 감각적 경험 세계를 넘어서고, 의식의 작용조차 거부하는 초월적 세계로 인식되고 있음을 지적한다. 따라서 그는 이러한 노장의 '도'를 담벼락이나 목석같이 영명한 지각도 생명도 없는 것이라 비하시키며, 이러한 '도'는 세상에 경륜이 되고 기강이 되며, 도를 닦아 가는 가르침이 되는 것으로 알려질 수 없는 것임을 강조한다.243)

또한 '덕'의 개념도 하늘이 원·형·이·정(元亨利貞)의 덕으로 쉼

이 없이 운행하여 만물을 조화하고 양육[化育]함을 본받아 '성'의 덕으로서 인·의·예·지를 실현하는 것이라 한다. 따라서 자신의 마음속에 구현되는 덕이므로 노장에서 말하는 '덕으로 여기지 않는 덕[不德之德]'이 아니라 한다. 곧 노장의 '덕'은 자신에게 얻은 것을 버리고 자연의 영역으로 그리고 눈과 귀로 경험할 수 있는 현실 세계의 바깥으로 몰아가는 것이라 규정한다.244) 그만큼 그는 노장의 '도'나 '덕'이 현실적이고 경험적인 세계에 밀착하지 않는 초월적 세계를 지향하는 것임을 지적하고 있으며, 심성의 주체적 내면에 갖추고서 현실에 구현하는 것이 아니라 자연의 대상적 세계로 인식하고 있는 것이라 보았으며, 나아가 현실 사회의 구체적 인간 관계 속에 기능하고 기준이 될 수 없는 것임을 지적함으로써, 노장사상을 비판하고 있다. 여기서 그의 노장사상에 대한 비판은 '도'·'덕'이라는 《도덕경》의 두 중심 개념에 집약시킴으로써 쟁점을 극히 단순화시키고 있는 특징을 보여주기도 한다.

② 도교 양생술에 대한 이해

김시습은 도교의 양생술에 대해 비판적 입장을 관철하고 있다. 그러나 그는 노장 사상에 대해서 보다 신선술에 더욱 깊은 관심을 지녔으며 그 자신이 실천을 하였던 사실도 확인할 수 있다. 어느 때의 사실인지는 알 수 없지만 그가 서암(西庵 : 위치 미상)에서 만났던 한 노인으로부터 장생술을 배웠다 한다. 그가 배운 장생술의 내용은 황정(黃精 : 나리의 뿌리)을 먹는 것과, 곡식을 먹지 않는 벽곡(辟穀)의 두 가지 방법이었다. 그는 이 때의 일을 '황정먹는 법을 배우다[學餌黃精]'라는 시에서 자세히 묘사하고 있다.

　　西菴有一老

---

243) 《매월당집》 권17, 16, 〈성리(性理)〉 : "彼老莊之言道者,…直做墻壁木石, 而謂之道, 則其於經世紀綱修道之敎, 蔑乎未聞."
244) 위와 같은 곳 : "彼老莊之言德者, 遺其得於己, 而驅之於自然之域, 耳目之表."

話我長生道
敎我服黃精
辟粒可爲粮
非唯能久視
絶貪身無累

서암에 한 노인이 있어,
나에게 장생법을 말해 주네.
황정을 먹도록 가르쳐 주고,
벽곡(辟穀)으로 식량을 삼을 수 있다니.
장수할 수 있을 뿐만 아니라,
탐욕 끊으니 한 몸에 걸림이 없네.

이 시는 〈의약(醫藥)〉이라는 제목 아래 '구기(拘杞)'와 더불어 실려 있는 두 편의 시 가운데 하나이다. 그러나 그는 단순히 신체적 질병의 치료를 받기 위해 황정을 먹고 벽곡을 하였던 것은 아니었다. 오히려 그 노인으로부터 "그대 이미 세상 바깥 사람되었으니/ 모름지기 세상 밖의 일이나 하게"라고 충고를 받고 있는 사실에서 그가 출가하여 승려가 된 다음에도 세상 일로 마음의 번민을 버리지 못하고 있는데 대해 적절한 처방을 해준 것으로 보인다. 이에 대해 그는 "내 듣고 불민함을 사죄할 적에/ 저녁 안개가 산을 푸르게 에워쌌네"245)라고 답하고 있는 사실에서 노인의 충고를 즐겨 받아들이고 실행하려는 의사가 있음을 보여준다. 또한 그는 "늙음을 물리치는 방법 배우려/ 황정경을 한차례 들으려 하네"246)라고 읊고 있는 데서도 《황정경》을 통해 양생술을 익히겠다는 자신의 태도를 밝히기도 하였다.

　김시습은 도교의 수련법과 관련하여 〈수진(修眞)〉·〈복기(服氣)〉·

---

245) 《매월당집》 권7, 3, 〈학이황정(學餌黃精)〉 : "子旣世外人, 須行世外事,… 我聞謝不敏, 煙籠山晚翠."

246) 앞의 책, 권10, 27, 〈탄상전(歎桑田)〉 : "欲學却老方, 一聽黃庭經."

<용호(龍虎)> 등 3편의 저술을 남기고 있다. 그는 여기서 도교의 수련법과 신선술에 대한 매우 정밀한 이해 내용을 소개하고 있으며, 그는 자기 수련을 통해 장생불사를 실현하는 내단(內丹)의 수련법을 기본으로 삼으면서, 동시에 선약을 복용하여 불로장생을 이루려는 외단(外丹)의 방법에 대해서도 상당히 정밀한 이해가 있었음을 보여준다.

그는 도교에서 수련을 통해 추구하는 이상인 '신선'을 정의하여, "신선이란 성(性)을 기르고 기(氣)를 마시며, 용호(龍虎)를 단련하여 늙음을 물리치는 것이다"247)라 하였으니, 곧 '양성(養性)'과 '복기(服氣)'와 '연용호(鍊龍虎)'의 3가지 기본 수련 방법을 통해 장생불사를 성취한 존재라는 것이다. 여기서 그는 <양성결(養性訣)>에 근거하여, '양성'하는 방법의 요령으로 '세 가지를 간직하고 한가지를 싸안는' 존삼포일(存三抱一)의 수련법을 소개한다. 그 간직해야 하는 세 가지란 '정(精)'·'기(氣)'·'신(神)'이요, 그 싸안아야 할 한 가지는 '도(道)'임을 제시하고 있다. 여기서 '정'은 현기(玄氣)로서 만물을 낳아 기르는 것이요, '기'는 원기(元氣)로서 선천(先天)의 모든 '기'의 우두머리가 되고, '신'은 시기(始氣)로서 낮에는 머리에서 나오고 밤에는 배에 깃드는 것이라 분별한다. 이러한 정·기·신의 상관 구조 속에서는 가장 근원적 존재인 '정'이 '기'를 낳고, '기'는 '신'을 낳는 생성의 질서가 확인하고 있다.248)

이러한 <양성결>의 수련법에서는 심장의 '신'이 눈에서 발동하고, 신장의 '정'이 귀에서 발동하는데, 보고 듣는 대상에 빠져 오래 하면 피와 신장이 손상되는 것이라 하여, 보고 듣고 행동하기를 삼가는 것으로 수련법을 삼고 있는 것이다. 그는 이러한 도교적 수련법에 대해 비판적으로 평가하고 있다. 곧 "그 말이 비록 고요하고 적적하며 한가하고 담담한 데 가까우나, 만약 보기를 그만두고 듣기를 거부하며, 눈을 감고 입을 막는 것을 극치로 한다면, 사람의 무리가 되어서 마치

---

247) 앞의 책, 권17, 19, <수진(修眞)>: "神仙者, 養性・服氣・鍊龍虎, 以却老者也."

248) 위와 같은 곳: "精能生氣, 氣能生神, 精者玄氣, 孶化萬有, 氣者元氣, 先天衆氣之魁, 神者始氣, 晝出于首, 夜栖于腹."

탈바꿈하지 못한 나방이나 흙탕 속의 조개와 같을 것이니, 무엇으로써 이치를 갖추고 사물에 응하여 한 마음의 온전한 '덕'으로 삼으며 안으로 마음을 곧게 하고 밖으로 거동을 반듯하게 하여 한 몸의 행할 '업(業)'으로 삼았다 할 수 있겠는가"[249]라 하여, 오관의 작용과 행동을 거부하면 인간다운 가치를 포기하고 미물의 상태에 빠질 것임을 지적하고 있다. 이에 따라 그는 정이천(程伊川)의 〈사물잠(四勿箴)〉이 올바르고 정대한 행위의 수련법임을 제시하고, 결론적으로 "신선이란 제 몸만 보존하고 세상에는 이익이 없다는 것을 알 것이다"[250]라 하여, 신선술의 수련법이 자신의 한 몸만을 보존하고자 하는 이기적 동기에 의존하고 사회를 위해 아무 이익도 기능도 없는 것임을 밝힘으로써, 수련적 도교의 문제점을 분명히 지적하고 있다.

그는 '복기(服氣)'를 "바깥 인연을 물리치고 온갖 잡다한 일을 제거하여, 모름지기 오신(五神 : 심(心)·간(肝)·비(脾)·폐(肺)·신(腎)의 신(神))을 지키고 사정(四正 : 언(言)·행(行)·좌(坐)·입(立)의 정(正))을 따르는 것"으로 정의하며, '오신'을 편안하게 하고 '사정'이 조화롭게 된 다음에 '내시법(內視法)'을 익히도록 요구하고 있다. 이러한 '복기'의 방법은 호흡을 하는 조식법(調息法)으로 그는 기본적으로 유교에서 '양기(養氣)'를 말하는 것과 어긋남을 지적하면서, "나는 '기'를 길러서 천명을 즐거워한다는 말은 들었지만, '기'를 복용하여 수명을 늘인다는 말은 듣지 못하였다"[251]고 하여, '복기'의 수련법에 대해서도 유교의 '양기설'에 따라 비판하고 있다.

또한 '연용호(鍊龍虎)'의 수련법은 곧 '연단(鍊丹)'의 방법이다. 그는 연단의 방법을 요약하여, '용호'는 납과 수은이요, '정기(鼎器)'는

---

249) 《매월당집》 권17, 20, 〈수진(修眞)〉 : "其言雖近於寂寞閑淡, 若以收視反聽瞑目窒口爲極, 則爲人之類, 如未化之螟蛉蟠泥之螺蛤耳, 何以言具理應事, 爲一心之全德, 直內方外, 爲一身之行業乎."

250) 앞의 책, 권17, 21, 〈수진(修眞)〉 : "知神仙自保其身, 而無益於世道."

251) 앞의 책, 권17, 21~22, 〈복기(服氣)〉 : "服氣者屛外緣·去諸塵, 須守五神從四正,…吾聞養氣以樂天命, 未聞服氣以延天年者也."

건과 곤이요, '문무(文武)'는 불의 형세이며, 단련하여 무릇 아홉 번을 굴려서 단을 이룬다"[252]고 하고, '용'과 '호'의 전변(轉變)하는 작용을 방위와 오행의 질서 속에서 설명하며, 연단술의 방법을 자세하게 소개하고 있다. 그러나 그는 "장수하고 요절하며, 수명이 길고 짧음은 스스로 정해진 수가 있어서 천명에 매인 것이니, 어찌 생명을 훔쳐서 편안할 수 있겠는가. 진실로 장수하기를 소나무 교목같이 한다면, 이는 '하늘을 어기고 명을 알지 못한다' 할 것이다"[253]라 하여, 장생하는 술법을 추구하는 것은 천명에 어긋나는 것이라 비판하였다.

이처럼 김시습은 도교 수련법에 상당히 깊은 조예를 지니고 그 자신 실행한 경험도 지니고 있지만, 여전히 그는 유교적 천명 사상에 근거한 가치관에서 비판적으로 인식하고 있는 사실을 확인할 수 있다. 그것은 도교의 수련법을 이단 배척론의 입장에서 전적으로 부정하는 태도가 아니라 그 의미를 인정하면서도 맹목적 신봉으로 빠져들 때에 일어나는 폐단을 미리 경계해 주는 것이며, 이러한 사실에서 그는 유교적 가치관 위에서 도교 수련법을 제한적으로 수용하였던 것으로 볼 수 있을 것이다.

---

252) 앞의 책, 권17, 24, 〈용호(龍虎〉 ; "龍虎者鉛汞也, 鼎器者乾坤也, 文武者火候也, 錬之凡九轉而成丹."
253) 앞의 책, 권17, 26, 〈용호(龍虎)〉 ; "壽夭長短, 自有定數, 關於天命, 豈可偸生而可安, 苟能久視如松喬, 謂之違天不知命也."

3. 자연 신앙과 민속 신앙

1) 자연신과 제사

유교 국가로서 조선 왕조의 제사 의례 체계에서 중심을 이루는 것으로 궁극 존재인 천(天) 내지 상제(上帝)를 모시는 원구(圓丘·園丘)와 조상신인 선왕(先王)을 모시는 종묘(宗廟)와 교화의 표준을 세워 준 선성(先聖)·선현(先賢)을 모시는 문묘(文廟)가 있으며, 자연신으로서 토지와 곡물의 신을 모시는 사직(社稷)이 있다. 그러나 그 밖에도 많은 자연신들이 제사의 대상으로 모셔지고 있는 사실을 확인할 수 있다. 그 중요한 것으로는 천신(天神)에 속하는 '풍운뇌우(風雲雷雨)'의 신과 노인성(老人星)·영성(靈星)의 신을 모신 제단이 있고, 지기[地示]에 속하는 산천(山川)과 악(岳)·해(海)·독(瀆)의 신을 모시는 제단이 있으며, 그 지역의 수호신으로서 성황(城隍)의 신을 모시는 제단이 있다. 조선 시대에 민생을 위해 가장 심각한 문제인 가뭄에 대처하기 위해 해마다 무수히 기우제를 드렸는데, 특히 '풍운뇌우'와 '산천'·'성황' 등 자연신에게 빈번히 드려졌던 것이 사실이다.

세종 때 자연신을 위한 의례 제도의 문제점에 대해 활발한 토론이 일어나고 있다. 곧 1430년 박연(朴堧)은 풍·운·뇌·우의 신주(神主)는 한 패(牌)에 같이 쓰고, 산·천(山川)의 두 신(神)도 한 패(牌)에 같이 쓰며, 성황의 신만은 성·황의 두 신으로 본 것이 아니라 하나의 신으로 보아 따로 한 패를 만들고 있음을 지적한다. 여기서 그는 신위(神位)의 배열이 단(壇) 위 북쪽에 모두 한 줄로 남향하고 있는데, 서쪽에 성황신(城隍神), 가운데 '풍운뇌우', 동쪽에 '산천'의 신위가 있으며, 또한 행사(行事)하는 의식은 제일 먼저 '풍운뇌우'의 신위에 나아가고, 그 다음 '산천'의 신위에 나아가고, 그 다음 '성황'의 신위에 나아가는 것은 '풍운뇌우'를 정위(正位)로 삼고, '산천'과 '성황'을 배위(配位)로 삼아 동쪽과 서쪽에 나누어 배열하고 있지만 문제가 있음을 지적한다. 곧 신위를 한 줄로 설치할 때 신도(神道)는 남쪽을 향하여 오른쪽을 윗자리로 삼기 때문에 서쪽을 윗자리로 삼는 것이요, 배위(配位)를 설치할 때는 동쪽이 높고 서쪽이 낮은 자리이므로, 동·서의 배위가 서로 마주 향하게 하는 것이 음양(陰陽)의 위(位)임을 밝힌다. 따라서 그는 '산천'과 '성황'의 신위를 한 줄로 남향하게 할 것이 아니라 서로 마주 향하게 배열하는 것이 옳다고 주장한다. 또한 진설(陳設)에서도 '풍운뇌우' 네 신위(神位)에는 폐백과 희생을 네 벌 쓰면서 제상(祭床)은 하나뿐이요, '산천'의 두 신위에는 폐백과 희생을 두 벌 쓰면서 제상은 하나뿐이며, '성황'의 한 신위에는 희생과 폐백을 한 벌만 드리면서 제상(祭床)은 역시 하나이니, 하나의 제상에 모셔지는 신위가 적을수록 더 융성하게 드리는 것으로 보이는 문제점이 있다는 것이다. 따라서 그는 '풍운뇌우'의 네 신위를 모시는 단(壇)을 따로 설치해야 하고, 그 희생과 폐백과 찬구(饌具)는 네 신에게 각각 진설할 것과, '산천'의 신위를 모시는 단(壇)을 만들 때 '성황'을 산천의 단(壇)에 배위(配位)로 삼아 제사지내는 것이 옳다고 주장한다. 그는 《문헌통고(文獻通考)》를 고증하여, 동한(東漢)에서는 병술일에 '풍사(風師)'를 술방(戌方)에서 제사지내고, 기축일에 '우사(雨師)'를 축방(丑方)에서 제사지내는 등 '풍운뇌우'의 단이 방위가 달랐음을 인식하면서도 우리 나라는 태조가 명나라의 예제에 의거하여 '풍운뇌우'·'산천'·'성황'을 합하여 하나의 단(壇)으로 만들어서 제사지냈는데, 이것은 곧 시왕(時王)의 제도이며 조종(祖宗)의 성헌(成憲)이 되었으니 그대로 하는 것이 편할 것이라 밝히고 있다[254]

그러나 그 후 1436년 민의생(閔義生)은 '풍운뇌우'와 '산천'과 '성

---

254) 《세종실록》 12년 2월 경인(19일).

황’의 신을 하나의 제단에 모시는 것이 문제점이 있음을 제기하였다. 곧 그는 ‘풍운뇌우’의 신에게 드리는 제사 의례에 대해 주(周)나라 의례 제도를 고증하여, 입춘(立春) 뒤 축일(丑日)에 동북(東北)에서 풍사(風師)에 제사지내고, 입하(立夏) 뒤 신일(申日)에 서남(西南)에서 우사(雨師)에 제사하여, ‘풍·운·뇌·우’를 제사하는 제단의 방위와 날짜가 달랐음을 확인한다. 그러나 1401년 태종(太宗)의 명으로 음사(淫祀)를 혁파할 때, 중복된 제사라 하여 ‘풍운뇌우’의 방위(方位) 제사가 폐지되었으며, 1427년 그가 이 문제를 다시 제기하였으나 상정소(詳定所)에서 의논이 분분하여 고치지 않았다는 것이다. 그 쟁점은 첫째, “풍운뇌우를 산천단에 합제(合祭)하는 것은 시왕(時王)의 제도이기 때문에 고칠 수 없다”는 것인데, 그것은 홍무(洪武: 명 태조) 예제의 주현(州縣)에 적용되던 의례일 뿐 우리 나라에 맞는 의례가 아니라 반박한다. 둘째, “풍운뇌우를 이미 산천단에 제사하고 또 방위에 제사한다면 제사가 중복되어 번잡하다”는 것인데, 우리 나라에서는 사직단에 후토(后土)와 후직(后稷)을 배향하고, 산천제는 북교(北郊)와 산천단과 또 각처의 명산·대천에 사신을 보내어 제사드리는 것은 이미 중복되는 것임을 지적한다. 또한 그는 예로부터 천신(天神)과 지기(地祇)는 한 단(壇)에 같이 있지 않는데, 이제 ‘풍운뇌우’를 ‘성황’에 합쳐서 제단이 마을 가운데 있는 것은 잘못된 것이며, 또한 북교(北郊)·악(嶽)·해(海)·독(瀆)·산천의 제사에는 헌작(獻爵)한 뒤에 재배(再拜)가 있었는데, 산천단에 헌작한 뒤에는 재배가 없는 사실 등이 옳지 못함을 지적하고 있다.255) ‘풍운뇌우’를 방위에 따라 제사 드려야 한다는 민의생의 주장이 받아들여지지 않고 시왕의 예법에 따라 ‘풍운뇌우’가 하나의 제단에 모셔져 왔던 것이 사실이지만, 천신(天神)으로서 ‘풍운뇌우’와 지기(地示)로서 ‘산천’·‘성황’의 분별 의식은 이 시대 자연신에 대한 의식이 심화되고 의례가 체계화되어 가는 과정을 보여

---

255) 《세종실록》 18년 4월 신유(25일). 세종 7년에 예조의 건의에 따라 서울의 도성 안 북쪽에 ‘성황신’을 봉안하고 있는 사실을 확인할 수 있다.(《세종실록》 7년 12월 16일).

준다.

　나아가 '산천'에 작위를 주고 사당을 세워 백성들까지 제사 드리는
사실에 대한 논란이 일어나고 있었다. 세종 자신은 여러 곳의 '성황'
과 '산신(山神)'을 흔히 태왕(太王)·태후(太后)·태자(太子)·태손(太
孫)·비(妃)라고 칭하는 것이 심히 무리하다 하고, 옛날에는 '성황'이
나 '산신'의 단(壇)을 산밑에 설치하고 제사하였는데 이제 감악산(紺
嶽山)에는 묘(廟)를 산 위에 세운 것은 불경하다 하며, 예법에는 오직
국왕만이 영토 안에 있는 산천에 제사하는데 지금은 서민이 다 제사
할 수 있게 되었으니 명분이 엄숙하지 않다고 지적하여, 이를 시정하
기 위해 옛 법제를 고증하도록 지시하였다. 이에 이직(李稷)·변계량
(卞季良)·허조(許稠)·신상(申商) 등이 고전을 상고하여 내린 결론으
로, 산신에 작(爵)을 봉하는 것은 당(唐)·송(宋) 때에 시작되었고, 본
국에서도 산신에 작을 봉하고 산 위에 묘(廟)를 세워서 상하가 함께
제사하는 역사는 이미 오래 되었음을 들어서 그대로 두는 것이 무방
하다고 보고하였다.256) 이러한 사실에서 '산천'의 신에게 드리는 제사
는 국가 의례이면서 민간 의례로 받아들여지고 있는 사실을 볼 수 있
으며, 세종이 유교 의례에 따른 명분으로 민간의 '산천'에 대한 제사
를 금지하려 하더라도 대신들이 반대할 만큼 이미 민간 의례 속에 뿌
리 깊이 자리잡고 있음을 보여준다.

2) 풍수·도참 신앙

　조선 왕조는 한양으로 도읍을 옮기는 과정에서부터 풍수지리 내지
도참 신앙에 깊이 빠져들어 있었다. 세종 15년 최양선(崔揚善)은 승문
원(承文院) 자리가 나라의 명당이라 하고, 경복궁은 명당이 아니라 하
여 궁궐을 새로 지어야 한다고 상소를 올린 일이 있었다. 이에 세종은

---

256)《세종실록》6년 2월 정사(11일).

대신에게 명하여 산에 올라가 지세를 살펴보게 하고, 집현전에 명하여 지리서(地理書)를 참고하여 자문에 대비하게 하였던 사실이 있다. 이에 권근(權近)의 아들인 권도(權蹈)는 유교의 정도(正道)를 내세워 풍수설이 거짓된 것임을 주장하고 최양선이 그릇된 방도로 임금을 유혹한 것이 심히 간사하다고 비난하는 상소를 올렸다.

여기서 권도는 경복궁은 조선 왕조를 창업한 태조가 신성한 포부와 명철한 계획으로 터를 잡은 궁궐이므로, 간사한 무리가 온갖 꾀로 임금의 비위를 맞추려고, 하는 말에 동요되어 태조가 정한 것을 의심하지 말 것을 당부하며, 풍수지리설은 주공·공자가 말한바 없고 사마광·주자도 비판하였던 일이라 한다. 곧 풍수설에 동요되는 것은 선왕의 유업을 저버리는 것이 되고 성현의 유교 정통에 어긋나는 것임을 강조하고 있는 것이다.

또한 그는 길지(吉地)를 압승(壓勝)하는 술법으로 호걸이 나오는 것을 막겠다는 것으로는 제왕의 왕업을 지킬 수 없으며, 왕업을 멀리 전하려면 깊은 사랑과 두터운 은택이 민심에 굳게 엉기도록 할 뿐이라 역설한다. 특히 한양은 이미 도참에 나타나 있어서 고려 왕조 때 이미 궁궐을 경영하거나 임금이 여러 차례 왔다 갔지만 조선 왕조가 일어날 것을 막지 못하였던 것은 천명이지 사사로운 꾀로써 막을 수 없는 것임을 강조한다. 역사적 사례로서 수(隋)나라 양제(煬帝)가 이전아(李全牙)를 죽였어도 진양(晉陽)의 군병이 일어났고, 주(周)나라 세종(世宗)이 얼굴 네모지고 귀 큰 사람을 죽였지만 진교(陳橋)의 변이 일어났던 일을 들기도 하였다.

그는 풍수지리설이 이단임을 강조하고, 집현전에서 이단의 지리서를 강습하게 하며 경연에서 강론하여 임금이 친히 읽고 연구함은 군왕의 학문 체통에도 불가하다고 강조한다. 따라서 그는 임금에게 간사한 학설을 막아 여러 사람의 마음을 안정시키고, 마음과 학술을 바르게 하고 간사함과 정대함을 분변함으로써, 인의 도덕의 교화가 위에서 실행되고 효제 충신의 풍속이 아래에서 성취된다면, 국가는 자연히 반석 같은 안정을 보유하게 될 것이라 역설하였다.

세종은 이에 대해 자신이 만약 지리설에 빠졌다면, 지금 '경복궁의 명당은 물이 없어서 왕이 사로잡히고 제후가 멸망할 땅[景福宮明堂, 無水, 虜王滅侯之地]' 이라고 사책(史策)에 실려 있지만 자신이 동요하지 않고 대궐을 잠시도 피해 갈 마음이 없었음을 주장한다. 또한 최양선은 그 공부한 것으로 자기 소견을 말한 것이니 충직하다 할지언정 교활하다 할 수 없다고 적극적으로 변호하고 있다.

나아가 세종은 "지리서를 믿을 것이 못된다 함은 내가 받아들일 수 없다. 지리서는 정통의 경전이 아니며 간혹 허황하고 망령됨이 있지만, 전혀 버릴 수는 없는 것이다"257)라고 단호하게 주장하여 지리서를 이단의 사설로 비판하는데 대해 반대 입장을 밝히고 있다. 또한 세종은 지리설이 세상에 유행되어 온 지 오래된 것이며, 궁궐 짓는 데에만 지리설을 버리는 것은 옳지 않다고 주장함으로써, 풍수지리설에 대한 상당히 깊은 신뢰를 보여주고 있다. 세종의 풍수지리설 내지 도참설에 대한 신뢰는 당시 조선 왕조의 통치 원리로서 유교 정통의 명분이 기준으로 정립되어 있음에도 불구하고 군왕의 의식 속에는 여전히 대중적 신앙의 조류가 깊이 스며들어 있다는 사실을 잘 보여준다. 세종 자신이 풍수지리설을 이단으로 비판하는데 반박하면서 지적하고 있는 것처럼, 당시 임금 앞에서 유교 정통에 따라 이단을 배척하였던 인물들도 그 자신의 부모를 위해서는 풍수설에 따라 분묘를 쓰기도 하고 수륙재(水陸齋)를 올리고 있는 사실은 유학자 관료들의 의식 속에도 유교 정통의 가치관만으로 신앙적 요구가 충족되고 있지 않음을 잘 보여주고 있다.

세종 26년에도 이선로(李善老) 등이 풍수·도참설을 끌어들여 궁성 북쪽의 길을 막고 가산(假山)을 쌓을 것과 개천(開川)의 물을 맑게 할 것을 요청하여 조정에서 받아들여지자, 어효첨(魚孝瞻)이 이에 반대하여 풍수설을 비판하는 상소를 올렸다. 어효첨은 중국에서도 양한(兩漢) 이후로 처음 풍수술(風水術)이 등장하여 길흉화복으로 세상을 미

---

257) 《세종실록》 15년 7월 병인(15일) ; "以地理之書不可信, 則予不取也, 地理之書, 非正經, 而間或誕妄, 然不可專棄."

혹하고 백성을 속여 왔음을 지적하고, 당의 여재(呂才)나 송의 사마광·정자(程子)·주자가 풍수설을 비판해 왔음을 고증한다. 그는 운수의 길고 짧음과 국가의 화복은 천명과 인심에 달려 있는 것이요 지리와는 상관없는 것임을 강조하며, 그 구체적 증거로 장안(長安)·낙양(洛陽)·건강(建康)·변경(汴京)에 각각 도읍 하였던 여러 왕조의 왕업이 수백년 수십년으로 제각기 다른 것은 도읍의 자리가 왕업을 장구하게 하는데 상관없다는 역사적 사례를 들고 있다.

또한 그는 옛 제왕들이 도읍을 정하는 제도는 반드시 궁성 앞에는 관청들이 있고 뒤에는 저자를 두게 마련인데, 서울에서 궁성 북쪽의 길을 막으면 복이 되고 통하면 화가 되는 법은 없다고 강조하며, 성안의 산기슭을 흙으로 돋우면 길하다는 술가(術家)들의 말대로 기운과 맥을 통하게 하려면 궁성 북쪽의 길을 막고 성안에 언덕을 쌓는 것만으로 소용이 없고 궁성부터 헐어 버려야 할 것이라 하여 이치에 맞지 않는 것임을 역설한다. 어효첨은 이렇게 궁성의 길흉을 논하는 풍수설은 오대(五代) 때의 술사 범월봉(范越鳳)이 지은 《동림조담(洞林照膽)》이라는 풍수서(風水書)에 근거한 것임을 구체적으로 지적하면서, 《동림조담》의 풍수설은 묏자리의 길흉을 논한 것이지 도읍의 형세는 언급한 것이 아니라 반박하고 있다. 따라서 무덤을 쓸 때는 물이 불결하면 신령이 편하지 못하다고 여기는 것이지만, 도읍은 사람들이 번성하게 사는 곳이라 더럽고 냄새나는 것을 개천으로 흘러 내려야 하므로 그 물은 맑게 할 수 없으니, 묘지를 잡는 술법에 따라 도읍의 물까지 산 속처럼 깨끗하게 하고자 하는 것은 잘못된 것이라 주장한다. 그는 "예로부터 사특한 말이 일어나서 사람들을 쉽사리 유혹하는 것은 화복으로써 마음을 흔들어 놓기 때문이다"258)라고 하여, 풍수지리설이 사람의 빈부·귀천·현우(賢愚)·수요(壽夭)의 화복으로 백성들만이 아니라 임금과 재상의 마음까지 미혹하고 있는 폐단을 강조하였다. 이러한 풍수·도참의 술법에 빠지면 이 술법에 의지해서 국운(國運)을

---

258) 《세종실록》 26년 12월 병인(21일) ; "自古邪說之興, 易以惑人, 以禍福動之也."

장구하게 하고자 할 뿐, 참된 덕을 공경하여 천명을 항구하게 확보하지 못할 것임을 경계하고 있는 것이다.

특히 그는 태종이 음양가(陰陽家)들의 여러 금기(禁忌)에 구애되어 장례의 때를 넘기는 폐단을 막기 위해 정이오(鄭以吾) 등에게 명하여 옛 성현의 요지에 맞고 세속 무당들의 병폐를 제거한 장례의 법으로 《장일통요(葬日通要)》를 편찬하여 반포함으로써 연월일시(年月日時)의 구애와 금기(禁忌)를 끊었던 공적을 높이면서, 세종으로 하여금 산수(山水)의 화복(禍福)을 논하는 사특한 풍수설을 바로잡도록 요청하였다. 여기서 그는 세종에게 "유교를 중천의 태양처럼 밝게 하며 화락하고 조화로움이 융성하게 하여 후세에 교훈을 끼치고, 천명을 굳게 하고 민심을 결합하는데 힘써서 국운을 반석같이 튼튼하고 태산같이 안전하게 하면, 이것이 바로 억만년 무궁한 복이 될 것이니, 구구한 지리와 화복의 사설(邪說)을 어찌 말할 것이 있겠습니까?"259)라고 하여, 천명과 민심을 따름으로써 복을 받을 것이지, 풍수·지리의 사설을 따르지 말 것을 역설하였다.

이에 대한 세종의 태도는 풍수서(風水書)라는 것이 믿을 것이 못되는 것 같으나, 옛 사람들이 다 그것을 썼다는 사실을 강조하고, 재상인 하륜(河崙)·정초(鄭招)·정인지(鄭麟趾)가 다 풍수서를 알고 있었으니, 이런 사람들에게 풍수술을 자문 받아야 할 것이라 하여, 결론적으로 세종은 "풍수학의 옳고 그름은 내가 혼자서 판단할 것이 아니다"라고 하여, 직접적인 대답을 회피하면서 풍수학(風水學)의 제조(提調)들에게 의논하게 하고 있다. 이처럼 세종은 결코 풍수설을 거부하거나 배척하는 입장이 아니라, 오히려 지속적으로 자문을 받을 것임을 밝히고 있었던 것이다. 그만큼 당시 사회 속에 풍수·도참설의 영향이 광범하게 작용하고 있으므로, 군왕으로써 일방적으로 거부하고 외면하기 어려웠던 이 시대의 대중 신앙적 현실을 엿볼 수 있게 한다.

---

259) 위와 같은 곳 : "使斯道之明, 如日中天, 而致雍熙泰和之隆, 以貽訓於後世, 務以凝天命而結民心, 國祚有盤石之固, 泰山之安, 則此正億萬世無疆之休也, 區區地理禍福之邪說, 何足道哉."

3) 무　속

　　조선 초기에서 정부나 민간 사이에 널리 퍼졌던 민속 신앙의 가장 대표적인 형태로 무속과 풍수·도참 신앙 및 자연신·귀신 숭배의 경우를 살펴볼 수 있다. 세종 시대에서는 무속이 유교의 교화 체계에 충돌하는 점에 유의하여 무속의 의례를 금지하기 위한 다양한 정책을 폈으나, 동시에 뿌리깊은 민간 신앙으로서의 오랜 전통을 지녔고, 쉽게 제거할 수 없다는 인식에 따라 국가의 기우제나 치병을 위해 무속이 부분적으로 받아들여지고 허용되고 있는 현실도 이 시대의 뚜렷한 특징이라 하겠다.

　　세종은 대비(大妃)가 학질을 앓자 대비의 뜻에 따라 무당으로 하여금 성신(星辰)에 굿을 하게 하였고, 또한 대비를 모시고 선암(繕巖) 아래 냇가에 가서 굿을 할 때 왕의 장막 안으로 무당을 불러 굿을 시키기도 하였다.(세종 2년 6월 26일) 그러나 사회의 풍속으로 무속이 번성하는 것을 매우 엄격히 금지하였다. 용인 지역에서 죽임을 당한 장상(將相)의 이름을 종이에 써서 장대 끝에 걸어 놓고 제사 드리는, 이른바 ‘두박신(豆朴神)’을 모시는 풍습이 마을마다 일어나자 조정에서 사람을 보내 그 처음 시작한 무당을 잡아 엄중하게 처벌하였던 일이 있다.(세종 18년 5월 10일) 세종 때 함길도(咸吉道 : 함경도)의 풍속은 소를 잡아 신령에게 굿을 하였는데 이 때문에 무속을 핑계로 삼아 잡는 소가 너무 많아 폐단이 심하다는 지적이 나오고 있다.(세종 7년 8월 30일) 그만큼 무속이 백성들 속에 성행하고 있음을 의미한다. 또한 국가에서 금주령이 내려졌지만 백성들이 굿을 빙자하여 술과 음식을 갖추어 남녀들이 모여 놀며, 심지어 노래 부르고 춤추어 방자하여 풍속을 어지럽힌다는 문제가 지적되어, 굿이라도 집안의 남녀 외에는 잡인을 금지해야 한다는 요구가 제기되기도 하였다.(세종 12년 5월)

　　이러한 무속의 폐단에 대한 유학자 관료들의 비판적 지적이 계속되는 상황에서 국가에서 공인하고 있는 무당인 국무당(國巫堂)을 폐지하자는 요구가 세종 시대에 적극적으로 제기되고 있었다. 곧 사간원의 상소에서는, "귀신의 도(道)는 착한 일을 하면 백 가지 상서를 내리고, 착하지 못한 일을 하면 백 가지 재앙을 내리는 것이다. 그러니 복을 내리고 재앙을 내리는 것도 모두 착한 일을 하고 악한 일을 하는 데 달리지 않은 것이 없는데, 어찌 다만 귀신에게 아첨만 하여 복을 구하는 이치가 있을 수 있겠는가? 하물며 그 귀신이 아닌데 제사를 지낼 것인가?"[260]라 하여, 귀신이 화·복(禍福)을 내리는 것은 인간의 행실이 착한지 악한지에 따른 것이지 아첨하여 신분 계급에 따라 예법에 정해진 명분을 어긋나는 제사를 한다고 복을 내려 주는 것이 아님을 확인하고 있다. 이러한 명분에 어긋나는 제사가 바로 음사(淫祀)가 되고, 무속은 바로 국가의 의례 제도를 벗어나는 백성들 속의 신앙 의례로서 '음사'로 규정되어 배척되고 금압하도록 요구가 끊임없이 제기되었다.

> "백성들이 구습(舊習)에 오래 젖어서 귀신을 숭상하는 풍조가 오히려 없어지지 않고, 무당과 박수의 요망하고 허탄한 말을 혹신(酷信)하여 생사(生死)와 화복이 모두 귀신의 소치라고 하고, 음사(淫祀)를 숭상해서 집에서나 들에서 하지 않는 곳이 없사오며, 노래하고 춤추어 하지 못하는 일이 없다. 심지어 예(禮)에 참람하고 분수를 어기는 데 이르러, 산천(山川)과 성황(城隍)에 사람마다 모두 제사지낸다. 무리 지어 술 마시고 돈을 허비하여 집을 결단내고 가산을 탕진한다"[261]

여기서 그는 백성이 무당을 깊이 믿는 풍속에 젖어 있어서 어디에서나 굿이 벌어지며, 또한 무리 지어 음주하고 가무(歌舞)하는 습관이 가져오는 재물의 낭비와 풍속의 문란에 따른 폐단을 지적한다. 아울러 산천·성황의 신에 대한 제사는 국가의 의례 체계에 속하는 것으로 임금이나 왕명을 받은 신하만이 드릴 수 있도록 규정되어 있지만, 백

---

260) 《세종실록》 8년 11월 병신(7일) ; "鬼神之道, 作善則降之百祥, 作不善則降之百殃, 然則降福降殃, 莫非爲善爲惡之致然也, 豈有諂神邀福之理乎, 而況非其鬼而祭之乎."

261) 위와 같은 곳 : "民習舊染, 尙鬼之風, 猶有未殄, 酷信巫覡妖誕之說, 死生禍福, 皆神所致, 淫祀是崇, 而或家或野, 無地不作酣歌恒舞, 無不爲已, 以至越禮犯分, 山川城隍, 人皆得以祭之, 群飮靡費, 傾家破産."

성들도 산천·성황의 신에 대해 무속의 제사를 드리고 있는 사실을 강조한다. 이러한 무속의 풍속은 일반 백성들만이 아니라 경대부(卿大夫)의 집안까지도 번져 있음을 주목하고 있다. 또한 무당 집에서 조상 제사를 드려 제 조상의 귀신이 무당 집에 가서 먹게 하는 예법에 어긋나는 행위를 규탄하고, 이러한 행위는 '귀신(조상신)'의 이치를 모르는 것이요 집안을 다스리는 도리를 잃은 것이라 지적한다. 그만큼 '귀신' 관에서 유교의 정통적 입장과 무속의 입장이 다른 것을 보여주는 것이다.

따라서 이 상소에서는 무속의 폐단이 발생하는 근원은 국가에서 이미 국무당(國巫堂)을 세워 인정하며, 명산(名山)에 무당을 보내어 제사 지내게 하는 까닭이라 지적한다. '산천'과 '성황'에 무당과 박수들이 제사를 지내면 실제로 흠향하는 '귀신(자연신)'이 어떤 잡다한 귀신인지 알 수 없는 것임을 지적하여, 국무당(國巫堂)을 폐지하고, 아울러 기은(祈恩)하는 제사를 드릴 때에는 조정에서 신하를 보내어 예법대로 제사를 지내도록 함으로써, 무당과 박수들의 요망하고 허탄함을 막고 백성들의 견문을 혁신하도록 요구하고 있다262)

이처럼 당시 유학자 관료들의 무속에 대한 비판적 인식은 엄격한 억압을 요구하는 것이었으며, 조정에서도 무당을 도성에서 쫓아내거나 송악(松岳)·백악(白岳) 등에서 무당이 굿하는 것을 금지시키는 등 다양한 억제 정책을 시행해 보았지만, 정부로서도 금지시키는 것이 사실상 어려움을 절실하게 인식하고 있었다. 정부가 무당을 통제하는 방법으로 지방에서는 백성들을 의원(醫員)과 무당에게 할당하여 환자를 돌보게 하며, 서울에서도 무당을 동서 활인원(活人院)에 소속시켜 병자를 치료하게 함으로써, 무당의 활동 범위를 한정시키고 양성화하여 사회적 봉사 기능을 수행하도록 하는 방법을 동원하기도 하였다.(세종 11년 4월 18일)

---

262) 위와 같은 곳 : "停罷國巫堂, 每於祈恩, 亦遣朝臣以禮祭之, 以斷巫覡之妖誕, 以新下民之耳目."

나아가 세종 26년에 규정된 음사(淫祀)를 금지하는 조례에 따르면,
① 조상의 혼을 무당의 집에 모셔 놓고 '위호(衛護)'라 하면서 형상을
그려 모시거나 무당 집에서 제사를 드리고 무당 집에 신노비(神奴婢)
를 바치는 자 및 질병을 구한다 하여 이른바 '대명노비(大命奴婢)'를
무당 집에 바치는 자는 그 가장을 처벌한다. ② 야제(野祭)와 무당 집
과 송악(松岳) 등 산천과 각 고을의 성황에 직접 가서 제사하는 자와
양가집 부녀자로서 질병을 피한다는 구실로 무당 집에 붙어사는 자는
그 가장을 처벌한다는 조목이 제시되고 있다.(세종 25년 8월 25일) 그
러나 이러한 처벌 규정이 제시되고 있음에도 불구하고 민간의 대중적
신앙을 법으로 금하여 막기가 어려움을 확인할 수 있다.

특히 국가의 가장 다급한 자연 재난인 가뭄에 기우제를 지낼 때 국
가의 의례 체계에 따른 기우제를 지내도 효험이 없을 때는 의례 체계
에 없지만 영험이 있는 신들에 대한 관습적인 제사를 모두 동원하게
되며, 이에 따라 토속적 신앙이 국가 의례로 거행되고 무당들이 국가
의 기우제에 적극적으로 관여하고 있는 현실을 볼 수 있다.

태종 때는 김겸(金謙)이 소동파(蘇東坡)의 시(詩)에서 "독 가운데
도마뱀[蜥蜴]263)이 참으로 우습다"라는 구절의 주석에서 기우(祈雨)하
는 법을 고증하였는데, 이에 따르면 뜰에다 물을 가득 넣은 두 개의
독(瓮)을 놓고, 도마뱀[蜥蜴]을 잡아다 독 가운데 넣고 자리를 베풀고
분향(焚香)하며, 남자 아이 20인을 시켜 푸른 옷을 입고 버들가지를
가지고 빌기를, "도마뱀아! 도마뱀아! 구름을 일으키고 안개를 토하며
비를 주룩주룩 오게 하면 너를 놓아 보내겠다"고 하는 것이었다.(태종
7년 6월 21일) 이 때 도마뱀을 이용한 기우제가 드려진 이후로 도마뱀
이 자주 기우제에 등장하였으며, 도마뱀 기우제는 경복궁 못가나 모화
관(慕華館) 못가에서도 거행되었다. 또한 흙으로 빚어 만든 토룡(土龍)
으로 5방위에서 기우제를 드리기도 하였으며, 용을 종이에다 그린 화

---

263) 석척(蜥蜴)을 이용한 기우제에서 '석척'은 사전에서 '도마뱀'으로 설명하고 있으
    나, 박성래는 '도롱뇽'으로 보고 있다. 박성래, 〈전통적 자연관〉, 《한국사》 27, 국
    사편찬위원회, 1996, 20~21쪽 참조.

룡(畵龍)으로 기우제를 드리기도 하였다. 이 도마뱀 기우제에서는 승려와 무당들을 불러 모아 빌게 하였던 일이 흔히 있었으며, 범의 머리[虎頭]를 한강(漢江)의 양화진(楊花津)이나 한강진(漢江鎭)의 물에 던져 넣고 기우제를 지내기도 하였다.

특히 무당들을 모아 기우제를 지낼 때 송악(松岳)·개성(開城)·덕진(德津)·삼성(三聖)·감악(紺岳) 등 산천에서 비를 빌게 하기도 하고(세종 9년 6월 13일), 한강에 모아 기우제를 드리게도 하며(세종 9년 6월 20일), 가뭄이 극심해지면 이단의 금압을 주장하던 예조에서도 승려와 무당들을 시켜서 기우하게 하면서, 시장을 옮기거나 우산을 자르고 범의 머리를 양화진이나 한강진에 던져 넣는 의례를 하게 요청하고 있다.(세종 4년 7월 4일) 가뭄이 극심하여 다급해지면 국가에서 행하는 온갖 기우제의 시행으로 효험이 없을 때는 모든 가정에서 동시에 기우제를 지내도록 하기도 한다. 서울 안의 모든 집에서 기우제를 지내게 하였던 일도 있고(세종 7년 6월 22일), 매 수일(水日)마다 각호에서 향로와 향탁(香卓)과 깨끗한 물을 배설하고 음식을 진설하여 기도하게 하며, 집집마다 기우제를 드리기 어려우면 두어 집이 아울러 차리고 기도하도록 하기도 하였다.(세종 7년 6월 23일) 이 때 승려나 무당을 불러 기도하게 하면서 일반인들도 자기집 사당과 마을의 고사터에 모여 기도하게 하며, 다시 길일(吉日)을 가려 한날 한시에 시작하여 사흘 동안 기우제를 드리게 하기도 한다.(세종 7년 7월 27일) 그밖에도 무당이 기우제를 드릴 때 솜옷을 입고 화로를 이게 하였던 의례가 있었다. 그러나 이러한 의례는 민속 신앙의 의례로서는 주술적 성격이 강하게 있지만 유교 정통에서 보면 비인간적인 행위로 비쳐지면서 신에게 기도하는 뜻에 어긋난다 하여 금지시키고 있다.(세종 7년 6월 20일)

이처럼 조선 왕조는 유교 정통 의식에 따라 무당의 의례인 굿을 음사(淫祀)로 규정하면서도 이를 불법화할 수 없는 한계를 지니고 있었으며, 이에 따라 국가 의례 속에서 보조적 기능으로 무당이 기우제를 담당하기도 하였고 치병 기능도 맡고 있는 사실을 볼 수 있다.

VI. 결론—세종 시대 종교 정책과 종교 사상의 특성

세종 시대의 종교 정책은 기본적으로 유교의 정통성을 확인하면서 다양한 종교의 적절한 통제와 더불어 사회적 기능을 발휘할 수 있게 이끌어 냄으로써 사회 전반적 균형과 조화를 유지하도록 추구하는 것이었다. 유교의 정통론에 근거한 이단 배척론에 따라 급격하게 억압책을 쓰게 되었을 때 교단의 저항이 사회적 안정에 장애 요인이 되는 사실을 특히 주목하고 있다. 따라서 세종 시대의 종교 정책은 불교나 무속에 대해서는 그 전통이 오래 되었음을 주목하고 갑자기 도태시킬 수 없다는 사실을 강조함으로써 사실상 적절한 수준에서 국가 체제 속에 기능할 수 있도록 이끌어 내고 있다. 도교의 경우에는 유교의 정통에 어긋난다는 것을 인정하여 여러 제단을 폐지해 가면서도 소격전을 중심으로 제천 의례와 성수(星宿)에 대한 제사를 유지함으로써 유교적 국가 의례 체계를 보완하는 기능을 담당하게 하였던 것으로 볼 수 있다.

종교 문제와 관련하여 세종이 가장 많은 관심을 기울였던 것은 불교에 대한 정책이라 할 수 있다. 세종초 의정부와 육조(六曹)의 대신들이 토론을 벌였을 때, 대부분의 대신들이 하연(河演)의 사찰을 도태시키는 급진적 개혁 방책에 찬성하였다. 이 때 세종은 사찰을 도태시킬망정 승려들의 선발 제도, 승려에 내리는 임금의 비답[僧批], 승려를 통괄하는 승록(僧錄) 제도는 천천히 개혁할 것을 주장하는 허조(許稠)의 점진적 개혁론을 채택하였던 것이다. 이에 따라 세종은 불교가 이단이요 나라에 이익이 없는 것이라 인정하면서도, "불법(佛法)이 세상에 행한 지가 오래 되었으니, 어떻게 사람마다 그것이 이단으로 쓸데없는 것이라는 실상을 알려주겠는가. 나도 또한 갑작스럽게 개혁할 수는 없는 일이라 생각한다"264)고 하여, 급격한 개혁에 반대 입장을 밝히고 있다.

그것은 유교 정통의 명분론에 빠지지 않는 통치자로서 세종의 현실

---

264) 《세종실록》 6년 2월 계축(7일) : "此法久行於世, 安得令人人遽知其, 異端無用之實乎, 予亦以爲未可遽革也"

인식을 반영하고 있는 것이라 할 수 있다. 세종은 유학자 신하들의 끈질긴 반대에도 불구하고 궁중에 내불당(內佛堂)을 세워 자신이 불교를 신봉하는 태도를 보였던 사실도 단순히 군왕으로서 세종 자신의 개인적 신앙이 무엇인가를 보여주는 데 한정되는 문제가 아니다. 오히려 그것은 세종이 그 시대 속에서 대중에게 어떻게 종교적 교화 정책을 전개할 것인가에 대한 깊은 배려가 깃들어 있는 것으로 인식할 필요가 있다. 불교 신앙에 대한 억압과 파괴의 극단적 추구는 대중의 신앙 의식을 혼란시키고 파괴하는 부정적 역할도 지니는 것임을 이해할 때에, 불교 교단의 적절한 견제가 확립되면, 오히려 불교를 통해 대중의 건전한 신앙 의식을 배양할 수 있는 방법도 탐색될 수 있음을 주목한 것이다. 세종 때는 수성기(守成期)의 안정성에 대한 요구에 상응하여 불교에 대해서도 적절한 범위의 존립 근거를 확보해 줌으로써 국민적 융화가 가능할 수 있게 된다는 깊은 통찰을 지니고 있는 것이다. 여기에 그 시대 정신의 포용성과 조화성이 제시되고 있음을 엿볼 수 있다.

특히 풍수지리·도참설에 대해 유학자 관료들의 비판과 배척이 지속되었음에도 불구하고 세종이 이를 전면적으로 거부하지 않고 오히려 부분적으로 변호하는 태도를 취하고 있는 사실은 풍수설에 따라 대중의 민심이 동요하는 현실이 왕조의 체제를 유지하는데 얼마나 큰 힘으로 작용하는지 그 중요성을 깊이 통찰하고 있기 때문이라 볼 수 있다. 풍수·도참설은 왕조의 존립을 흔들 수도 있고 안정시킬 수도 있는 힘으로 작용하고 있는 한, 이를 정통성의 명분에만 의지하여 외면하기 어려운 것이 현실이다.

또한 무속이 대중 신앙 속에 깊이 뿌리를 내리고 있는 현실에서 이를 국가 체제의 한계 바깥에 밀어내고 억압하는 태도가 아니라, 오히려 적절한 제약을 가하면서도 민심을 안정시키고 통제를 쉽게 할 수 있도록 국가의 비공식적 의례로 받아들여 기우제에 궁중 안에서까지 굿을 하게 하며, 활인원 등에서 환자를 보살피게 하는 의무를 부과시키고 있는 것도 종교적 통제 정책의 적극적 활용 자세라 할 수 있다.

따라서 세종 시대는 유교 이념을 표방하는 정책에 따라 불교·도교·민간 신앙의 다양한 종교적 세력을 견제하는 정책이 공식적 입장으로 제시되었지만, 이처럼 조선 사회의 다양한 신앙 체제를 급격하게 유교 체제로 이끌어 나가는 데에는 많은 난점과 한계가 있음을 인식하지 않을 수 없었다. 바로 여기에 세종의 종교 정책이 일면으로 통제를 하면서 다른 면으로 일정하게 인정하여 국가 체제 안에서 기능할 수 있는 기회를 확보해 주는데 관심을 기울였던 것이다. 그것은 한마디로 신앙적 다양성의 조화와 균형을 통해 유교 사회의 교화 질서를 점진적으로 구현해 가는 종교 정책이라 할 수 있다.

세종 시대의 종교 사상이 지닌 사상사적 의의를 세 가지 측면에서 요약해 볼 수 있을 것으로 생각된다.

첫째, 사회적 안정과 융성의 시대를 형성하면서 조화와 균형의 성격을 엿볼 수 있다. 유교에서도 성리설·수양론·예학·의리론의 어느 특정한 측면에 치중한 것이 아니라 전체적 구조의 정립을 위해 균형을 이루고 있으며, 특히 예(禮)와 악(樂)의 조화를 추구하거나 혁명론과 강상론의 조화를 이루고 있는 것이 이 시대 정신의 특징이라 할 수 있다. 나아가서 유교의 정통 의식과 불교·도교·민간 신앙 등과의 사이에 긴장과 갈등이 일어났던 것도 사실이나, 세종 자신에 의해서 항상 일방적 입장을 고수하거나 급진적 개혁론을 추구하기보다는 한편으로 균형과 조화를 모색하면서 다른 한편으로 개혁을 위한 사회 기반의 강화와 확산이 추구되었던 것이라 할 수 있다.

둘째, 국가의 종교 체계 속에 대중의 민간 신앙적 부분이 폭넓게 수용되어 소통되고 있는 사실을 볼 수 있다. 국가 체제가 유교적 이념으로 정립되고 제도적 정비가 이루어졌지만, 국가 체제의 권위주의에 안주한 것이 아니라 백성들의 대중적 신앙에 깊은 관심을 유지함으로써 국가적 종교 의례의 부분 속에 불교나 무속·자연신 숭배(산천·성황 등)의 경우처럼 대중적 종교 의례가 받아들여짐으로써 서로 교류하고 소통할 수 있는 기반을 확립하고 있었다. 세종 시대는 훈민정음의 창제를 비롯하여 백성에 대한 애민(愛民)정신이 폭넓게 발휘되었으며, 승려와 무당을 백성들의 질병을 돌보는 사업에 투입하는 사실이나, 부처의 생애나 불경을 훈민정음으로 번역하여 간행함으로써 대중 속에 확산될 수 있는 길을 열어 주고 있다. 특히 백성의 생존에 직결되는 가뭄의 재난을 극복하기 위해 기우제를 지낼 때는 토룡(土龍)·도마뱀[蜥蜴]을 이용하는 민간 신앙을 국가에서 시행하여 조정과 백성이 함께 종교 의례 속에 화합하고 있는 현상을 보여주고 있다.

셋째, 종교의 사회 현실에 대한 역할이 다양하게 계발되고 있다. 유교의 경우는 처음부터 사회를 통해 구현되고 있지만, 《삼강행실도》에서처럼 효자·충신·열녀의 규범으로 사회의 대중적 교화를 추구하고 있으며, 불교에서도 승려들이 부역에만 동원되는 것이 아니라 대중의 질병 치료와 빈민 구제 등에 활동하도록 하고 있다. 이 시대의 대표적 불교 학승인 기화(己和)가 밝히듯이 유교의 비판에 대응하면서 불교의 사회 교화적 기능이 강조되고 있음을 주목할 필요가 있다. 또한 김시습의 도교에 대한 비판에서나 많은 유학자들이 다른 종교에 대한 비판에서처럼 정당성의 기준으로서 건전한 사회적 책임이 중시되고 있는 사실은 이 시대 종교의 건강함을 확보해 주는 역할을 하고 있는 것이라 하겠다.

참고문헌

1. 원전자료

《가례(家禮)》
《강호선생실기(江湖先生實記)》
《경국대전(經國大典)》
《경재집(敬齋集)》
《경제문감(經濟文鑑》
《경제문감별집(經濟文鑑別集)》
《경제육전(經濟六典)》
《고금상정례(古今詳定禮)》
《고려사(高麗史)》
《공적소문경(空寂所問經)》
《국당유고(菊堂遺稿)》
《근사록(近思錄)》
《금강경(金剛經)》
《금강경삼가해(金剛經三家解)》
《금강경오가해설의(金剛經五家解說誼)》
《금강경윤관(金剛經綸貫)》
《금강경제강(金剛經提綱)》
《금강경제강송(金剛經提綱頌)》
《금강경찬요(金剛經纂要)》
《금강경해의(金剛經解義》

《금강반야바라밀경륜관(金剛般若波羅密經綸貫)》
《금강반야바라밀경오가해설의(金剛般若波羅密經五家解說誼)》
《금단(禁壇)》
《남화경(南華經)》
《논어(論語)》
《농사직설(農事直說)》
《농상집요(農桑輯要)》
《능엄경(楞嚴經)》
《단계유고(丹溪遺稿)》
《대반야경(大般若經)》
《대방광원각수다나료의경설의(大方廣圓覺修多羅了義經說誼)》
《대성악보(大成樂譜)》
《대학(大學)》
《대학연의(大學衍義)》
《대학혹문(大學或問)》
《도덕경(道德經)》
《동국세년가(東國世年歌)》
《동국전도비기(東國傳道秘記)》
《동림조담(洞林照膽)》
《동몽수지(童蒙須知)》
《동문선(東文選)》
《매월당집(梅月堂集)》
《맹자(孟子)》
《문종실록(文宗實錄)》
《문헌통고(文獻通考)》
《방언육전(方言六典)》
《법화경(法華經)》
《별동집(別洞集)》
《불씨잡변(佛氏雜辨)》

《사서오경대전(四書五經大全)》

《사시찬요(四時纂要)》

《사육신집(死六臣集)》

《삼강행실도(三綱行實圖)》

《삼봉집(三峯集)》

《서경(書經)》

《석가보(釋迦譜)》

《석보상절(釋譜詳節)》

《선종영가집(禪宗永嘉集)》

《선종영가집설의(禪宗永嘉集說誼)》

《성리대전(性理大全)》

《세종실록(世宗實錄)》

《소학(小學)》

《속동문선(續東文選)》

《속육전(續六典)》

《수미사역경(須彌四域經)》

《시경(詩經)》

《식우집(拭疣集)》

《심경(心經)》

《악기(樂記)》

《악학궤범(樂學軌範)》

《양촌집(陽村集)》

《연려실기술(燃藜室記述)》

《연생경(延生經)》

《영보경(靈寶經)》

《예기(禮記)》

《예기천견록(禮記淺見錄)》

《오례의주(五禮儀注)》

《옥추경(玉樞經)》

《용비어천가(龍飛御天歌)》

《용왕경(龍王經)》

《용재총화(慵齋叢話)》

《용호결(龍虎訣)》

《원각경설의(圓覺經說誼)》

《원각경소(圓覺經疏)》

《원육전(元六典)》

《원전등록(元典謄錄)》

《월인천강지곡(月印千江之曲)》

《유학자설(幼學字說)》

《육전등록(六典謄錄)》

《율곡전서(栗谷全書)》

《율려신서(律呂新書)》

《의례경전통해(儀禮經傳通解)》

《의방유취(醫方類聚》

《임제록(臨濟錄)》

《입학도설(入學圖說)》

《자치통감강목(資治通鑑綱目)》

《장일통요(葬日通要)》

《장자(莊子)》

《정속(正俗)》

《정재유고(貞齋遺稿)》

《정종실록(定宗實錄)》

《제불여래명칭가곡(諸佛如來名稱歌曲》

《제왕운기(帝王韻記)》

《고려사절요(高麗史節要)》

《조선경국전(朝鮮經國典》

《주례(周禮)》

《주역(周易)》

《중용(中庸)》

《중용혹문(中庸或問)》

《진무경(眞武經)》

《청학집(靑鶴集)》

《춘정집(春亭集)》

《춘추(春秋)》

《칠정산내편(七政算內編)》

《칠정산외편(七政算外編)》

《태상인혁례(太常因革禮)》

《태일경(太一經)》

《태조실록(太祖實錄)》

《태종실록(太宗實錄)》

《통감강목(通鑑綱目)》

《팔도지리지(八道地理志)》

《함허득통화상어록(涵虛得通和尙語錄)》

《해동전도록(海東傳道錄)》

《향약제생집성방(鄕藥濟生集成方)》

《현정론(顯正論)》

《홍명집(弘明集)》

《홍무예제(洪武禮制)》

《황정경(黃庭經)》

《효행록(孝行錄)》

2. 저서

국사편찬위원회, 《한국사》.

금장태, 《儒敎와 韓國思想》, 성균관대학교 출판부, 1980.

금장태, 《조선전기의 유학사상》, 서울대학교 출판부, 1997.
왕치심, 《중국종교사상사》, 전명용 역(譯), 이론과 실천, 1988.
이우성 교역(校譯), 《新羅四山碑銘》, 아세아문화사.
정주동, 《매월당 김시습연구》, 민족문화사, 1961.
카마타 시게오(鎌田茂雄), 《화엄의 사상》, 한형조 역(譯), 고려원, 1987.
한영우, 《朝鮮前期 史學史》, 서울대학교 출판부, 1981.
홍이섭, 《세종대왕》, 세종대왕기념사업회, 1971.

3. 논 문

권연웅, 〈世宗朝의 經筵과 儒學〉, 《世宗朝文化研究》 1, 박영사, 1982.
김영두, 〈함허의 금강경설의연구〉, 《한종만화갑기념 한국사상사》, 원광대학교 출판국, 1991.
박병호, 〈法制度面에서 본 世宗朝文化의 再認識〉, 《世宗朝 文化의 再認識》, 한국정신문화연구원, 1982.
박성래, 〈전통적 자연관〉, 《한국사》 27, 국사편찬위원회, 1996.
박해당, 〈기화의 불교사상연구〉, 서울대학교 박사학위논문, 1996.
박흥수, 〈世宗大王의 科學政策과 그 成果〉, 《世宗朝 文化의 再認識》, 한국정신문화연구원, 1982.
서영대, 〈도교〉, 《한국사》 26, 국사편찬위원회, 1995.
송천은, 〈기화의 사상〉, 《박길진박사화갑기념 한국불교사상사》, 원광대학교 출판부, 1975.
이범직, 〈조선초기의 五禮 연구〉, 서울대학교 박사학위논문, 1988.
한영우, 〈朝鮮前期 性理學派의 社會經濟思想〉, 《韓國思想大系》 2, 성균관대학교 대동문화연구원, 1976.

❀ **저자** ❀

금장태   서울대학교 종교학과 졸업
성균관대학교 대학원 수료(철학박사)
동덕여자대학교, 성균관대학교 교수 역임
현재 서울대학교 종교학과 교수

주요 저서
『한국 실학사상 연구』,『다산실학 탐구』,『퇴계의 삶과 철학』,
『성학십도와 퇴계철학의 구조』,『조선전기의 유학사상』,
『조선후기의 유학사상』,『한국유학의 탐구』,
『한국의 선비와 선비정신』,『유학사상과 유교문화』 외 다수

● 세종조 종교 문화와 세종의 종교 의식

❀ 초판 발행 | 2001년 12월 31일
❀ 2 쇄 | 2003년 6월 30일

❀ 지 은 이 | 금장태
❀ 펴 낸 이 | 채종준
❀ 펴 낸 곳 | 한국학술정보㈜
경기도 파주시 교하읍 문발리 파주출판문화정보산업단지 526-2
전화 031) 908-3181(대표)·팩스 031) 908-3189
홈페이지 http://www.kstudy.com
e-mail(e-Book사업부) ebook@kstudy.com
❀ 등 록 | 제일산-115호(2000. 6. 19)
❀ 가 격 | 23,000원

ISBN   89-534-0511-4 93200 (Paper Book)
            89-534-0512-2 98200 (e-Book)